Tras La Sombra de El Che Guevara

Douglas Fuentes

ISBN: 978-1-4269-0973-3

Our mission is to efficiently provide the world's finest, most comprehensive book publishing
service, enabling every author to experience success. To find out how to publish your
book, your way, and have it available worldwide, visit us online at www.trafford.com

Trafford rev. 3/11/10

 www.trafford.com

North America & international
toll-free: 1 888 232 4444 (USA & Canada)
phone: 250 383 6864 ♦ fax: 812 355 4082

Dedicatoria

La publicación de este libro, se la dedico con todo mi corazón a tres personas muy importantes en mi vida, las que me la dejarian marcada con mucha inspiración para seguir adelante en mi vida por el buen camino, ya que estas por su forma de haber vivido sus vidas, siempre llegarian a ser una gran fuente de inspiración, no solo para mi, sinó que para todos los que tuvimos y continuamos teniendo el privilegio de vivir apegados a todo lo bueno y a la enseñanza que cada uno de estos nos dejó como un ejemplo a la forma de luchar por la subsistencia de toda la gente más humilde y desprotegida de todos los pueblos de America Latina.

Comenzando con mi querido padre, a quien siempre desde niño recuerdo haber visto en él, a el hombre más justo y honesto que jamás haya conocido durante toda mi vida, a el que ayudaba de la forma que fuera a toda persona que se lo pidiera, y el que inculcaria en mi personalidad, una de las cualidades más importantes que todo ser humano debemos de tener, lo cual es la "humildad y la honestidad".

La siguiente es para mi gran amigo y compañero "Toño" a quien a pesar de ya haber transcurrido mas de veinticinco años de su desaparición, siempre llevo en mi mente y en mi corazón, ya que este es y ha sido en mi vida un gran símbolo de lucha y un gran ejemplo, de que para llegar a ser un buen revolucionario, la edad no importa, si uno en realidad esta decidido hasta a ofrendar la vida si es posible por tratar de lograr los cambios políticos y sociales que nuestros pueblos tanto han necesitado desde hace ya muchas generaciones, ya que cuando mi amigo decidio poner su vida en peligro por luchar por esos cambios que en esos tiempos nuestro país tanto necesitaba, este contaba con tan solo dieciséis años, al que yo recuerdo ser un muchacho con un ideal muy definido, ya que desde el momento en que nosotros ingresamos a formar parte de el movimiento revolucionario en nuestro país, estabamos muy concientes de que la muerte es algo que nos puede llegar en un momento inesperado, tal como fue el caso de mi gran compañero a quien en una noche de el verano de el año 1982 el escuadrón de la muerte se llevó de su casa y hasta estos días no hemos podido saber nada de su paradero.

"ESTE LIBRO TE LO DEDICO A VOS COMPAÑERO TOÑO Y ESTES DONDE ESTES, ESPERO algún DÍA NOS VOLVAMOS A REENCONTRAR".

por último no puedo terminar mi dedicatoria sin brindarle un merecido homenaje a el personaje principal de esta historia, a quien es y ha sido mi gran fuente de inspiración para luchar en contra de cualquier injusticia que haya vivido en mi vida y quien representa en mi vida, mi más fuerte ejemplo, de como se debe de luchar por defender los derechos de todo ser humano indefenso y desprotegido, de las garras de los que los quieren mantener oprimidos.

El que a pesar de ya haber transcurrido mas de cuarenta años de su partida, este continua muy firme y fuerte, en los corazones de todos los que vivimos para mantener muy vivo su idealismo revolucionario y libertador, a quien lo único que me queda por decirle es

"HASTA LA VICTORIA SIEMPRE   MI QUERIDO COMANDANTE"
(Ernesto El Che Guevara).

PROLOGO

Cuando el señor fotógrafo Alberto Korda tomó la fotografía con la imajen de la sombra de el rostro, de el comandante guerrillero "Ernesto El Che Guevara" en el año 1961, este nunca se imajinó que después de su ejecución en el país sudamericano de Bolivia, esta imajen llegaria con el tiempo, a convertirse en uno de los simbolos más importantes de el siglo 21, ya que después de su muerte, este simbolo, llegaria a ser la bandera de todos los pueblos de el mundo, que aun continúan luchando, por liberarse de las garras de el imperialismo de el gobierno de los Estados Unidos de Norte America, pueblos que después de su muerte, tomaron de el un gran ejemplo de lucha y de la manera en que todo ser humano debe de luchar y si es preciso de entregar hasta la vida con tal de defender los derechos más escenciales de todos los seres más desprotegidos de nuestra sociedad.

Quien también después de su partida, llegaria a convertirse en el principal símbolo de inspiración para todos los revolucionarios de el mundo, quienes a los pocos años de su ejecución, comenzaron a luchar por lograr los cambios sociales y políticos por los que este gran comandante fue capaz hasta de entregar su vida.

Logrando el con esto, despertar conciencia en toda nuestra sociedad, para así unirse y luchar en contra de toda la injusticia y violaciones de derechos humanos que todos nuestros pueblos de America Latina estaban viviendo en esos momentos.

1

Logrando también con esto que todos aquellos con espíritu libertador y revolucionario, comenzaran a partir de esos días a vivir sus vidas.

"Tras la sombra de el che Guevara".

Nacido un día 20 de abril de el año 1966 en una pequeña ciudad llamada San Marcos, la cual esta situada a 5 kilometros de el centro de San Salvador en la república de El Salvador en la America Central, hijo de el señor Francisco Fuentes y de la Señora Maria E Ventura ambos de origen salvadoreño y de descendencia humilde, mi padre nacio en la ciudad de San Miguel en el año 1935 y mi madre nacio en la ciudad de Santa Rosa de Lima en el departamento de la union en el año 1945, estas son dos ciudades que estan situadas a el sur oriente de el país y las cuales estan localizadas cerca de la frontera con nuestro vecino país que es Honduras.

La historia de mi familia comienza cuando mi padre es trasladado a un proyecto de el gobierno de la república a esta ciudad, ya que el era un supervisor muy importante de el ministerio de obras públicas y en esa ocasión el habria venido a ser el hombre escojido por este ministerio para llevar a cabo dicha obra.

Por lo que cuando mi padre se traslada a vivir a dicho lugar y es estando en este lugar que mi padre despues de unos cuantos meses llega a conocer a mi madre y se enamoran, Mis padres tardan unos meses de novios, por lo que después de algún tiempo mi padre toma la decisión de pedir a mi madre en matrimonio y es despues de ya haber contraido matrimonio, que mi padre decide pedirle a mi madre que se fueran a vivir a San Salvador, ciudad en la que deciden instalarse para así tratar de comenzar sus nuevas vidas como matrimonio, el primer fruto de ese matrimonio, es el nacimiento de mi primer hermano a el que ellos nombran Jose Virgilio Fuentes Ventura, Luego a los dos años nace mi segundo hermano Jose Alberto Fuentes Ventura, llegando a ser yo el tercero de sus hijos al nacer un día 20 de abril de el año 1966 poniendome ellos el nombre de Douglas Ernesto Fuentes Ventura, mi hermano Fran a el que mi padre toma la decisión de cumplir con su sueño de que uno de sus hijos llevara su mismo nombre, por lo que a este ellos lo nombran Francisco Fuentes Ventura, el último de mis cuatro hermanos en nacer y al que mis padres nombran Carlos Enrique Fuentes Ventura, esto ya es en el año 1970, año en que ya yo tengo cuatro años de edad.

Una de las primeras cosas que recuerdo de mi infancia, es que la vida de mi familia hasta ese tiempo se desarrollaba en un ambiente de un hogar muy feliz y super estable, ya que mi padre siempre demostró ser un hombre muy trabajador y de muy buenas metas para el futuro de nuestra familia.

Recuerdo que la casita donde viviamos, esta era pequeña y de una condición muy humilde, pero que esta estaba situada sobre una propiedad con muy buena oportunidad de extensión, y la que yo supe que mi padre pudo comprar por medio de crédito de un banco, el cual por su buena posición laboral y su buen salario, no le negaban los prestamos que el les solicitara, Siendo así que mi padre comienza a sacarle muy buen provecho a esta situación y comienza a extender nuestra vivienda, haciendo esto que de esa forma, nosotros comenzaramos a desarrollarnos de una forma más amplia y cómoda. al igual que el personaje que yo más llegaria a admirar durante toda mi vida y a quien yo llamo "mi comandante"! Ernesto El Che Guevara!, a mis cinco años de vida, yo comienzo a sufrir unos fuertes ataques de tos y unas fuertes pulmonías, de las cuales a los meses los doctores llegarian a díagnosticar que he comenzado a desarrollar una fuerte enfermedad llamada "astma", enfermedad que desde esos días comenzaria a desestabilizar tanto como mi salud, así como la economía de mis padres, los que tendrian que luchar por muchos años para tratar de salvar mi vida con una gran variedad de tratamientos especiales para mi enfermedad.

Comenzando en ese tiempo mi padre a recorrer varios lugares de el país, en busca de diferentes productos a los que la gente campesina de nuestro país asocia con propiedades curativas para mi enfermedad, en una de esas ocaciones mi padre se traslada hasta una de las playas que esta situada a unos cincuenta kilometros de la ciudad de San Miguel, ya que era ahí el lugar que un amigo le habria recomendado que podía encontrar con mucha facilidad el aceite de tiburón, aceite que el le recomienda a mi padre que me lo compre para probar si este es efectivo en mi enfermedad, siendo así que cuando mi padre regresa de ese viaje con este producto, y comienzan con el proceso de darmelo a beber, viene a ser hasta después de unas semanas de yo estar con ese tratamiento, que vimos que este no estaba causando ninguna mejoría en mi salud, por lo que la lucha de mis padres por aliviar mi enfermedad continuaria por muchos años más.

En otra ocasión alguien le recomienda a mi padre, darme de beber la sangre de tortuga la cual a mi padre no le es difícil de encontrar, pero al igual que paso con el aceite de tiburón, esta tampoco haria ningún cambio benéfico en mi salud.

Esta enfermedad estaria conmigo hasta mis primeros once años de vida, los cuales fueron muy dificiles para mis padres en lo económico así como en lo psicológico, ya que ellos tuvieron que sufrir a mi lado las penurias de mi enfermedad, y nunca descansaron de luchar hasta encontrar la forma de hacerla desaparecer totalmente de mi vida.

A los nueve años mis padres me comienzan a suministrar unos tratamientos especiales de vacunas, las cuales eran para tratar de fortalezer mis pulmones, y las que si ayudarian a estabilizar mis ataques de astma, pero vendrian a ser estos tratamientos los que comenzarian a marcar mi vida con mucho dolor y sufrimiento, debido a que la forma de aplicación de estas vacunas llegaria a ser una tortura de todos los días a mi corta edad, ya que estas tendrian que ser aplicadas una cada día en la parte conocida como gluteos o vulgarmente conocidas como "nalgas", vacunas de las cuales los lotes eran hasta de cincuenta unidades, de los que muchas veces este tratamiento tendria que repetirse hasta por unas tres o cuatro veces por año, por lo que cuando ya yo llego a los diez años de edad, es cuando ya yo comenzaría a sentir el efecto de tantos años de tratamientos y de todas las clases de medicinas que ya para ese tiempo habria tratado, pero el tratamiento más importante vendria a ser, cuando a mi padre le recomiendan darme unas pastillas que en ese tiempo se llamaban tedral, pastilla que era fabricada por una droguería salvadoreña muy reconocida la cual era la única que tenia esta clase de pastilla en el mercado farmacéutico, por lo que cuando mis padres comienzan a darme unas pequeñas dosis de esta pastilla, ellos lo tendrian que hacer de una forma muy cuidadosa ya que debido a mi corta edad, ellos tendrian que tener extremadas precauciones a la hora de darme dicha medicina, ya que esta era especialmente fabricada para personas mayores de edad., lo bueno seria que no pasaria mucho tiempo en verse los resultados de esta medicina, ya que a un par de meses de estar con este tratamiento mis ataques de astma se fueron volviendo cada día mucho más raros y fue hasta cumplir mis quince años, que yo comenzaria a tener una infancia un poquito más tranquila, ya que para este tiempo lo mas fuerte de mi enfermedad habria comenzado a desaparecer de mi vida, por lo que después de todo este tiempo y ya con mi salud en un mejor estado, yo comienzo a desarrollar mi infancia de una manera más apropiada para mi edad.

Cuando yo estoy por iniciar mi siclo de educación, recuerdo haber sido un niño muy rudo y testarudo, ya que la escuela fue algo que a mi nunca me gustaría.

Ya que cuando comienzo a asistir a la escuela a la edad de seis años, esto para mi madre y mis hermanos mayores pasaria a ser un gran martirio, debido a que tendrian que forzarme para yo tener que asistir a mis clases durante todos los días, ya que muchas veces tuve que hasta ser cargado por mis hermanos mayores hasta la entrada de mi escuela, la cual esta situada como a aproximadamente un kilómetro de distancia de nuestra casa y la que esta localizada en la colonia El Milagro, llevando esta el nombre de "escuela rural mixta El Milagro", escuela donde yo estudíaria toda mi primaria y en la que yo llegaria a tener mis primeros amigos de infancia, de los cuales algunos de ellos llegarian a ser unas personas muy importantes durante toda mi vida.

Es entonces que después de tanto sacrificio, a mis once años yo termino mi primaria y como ya en esos tiempos mi salud es mucho mejor y ya sin el astma que prácticamente habia desaparecido de mi vida, y como en esos tiempos también mi padre habria comenzado a tener unos cambios muy positivos, tanto en su posición profesional así como en lo económico, esto le da la oportunidad a mi familia de poder vivir en una posición más estable y de mejor abundancia económica y es por lo consiguiente que esta situación les da a mis padres la oportunidad de brindarnos a todos una mejor forma de educación.

Mi hermano mayor Virgilio resulta ser el mejor y el más inteligente de todos mis hermanos, llegando a ser él, el único que llegaria a graduarce como bachiller industrial en el instituto tecnológico industrial, el cual esta localizado en el centro de San Salvador graduandoce el en el año 1980, para este tiempo ya yo tengo casi catorce años de edad, por lo que luego de haber salido de mi enfermedad de el astma, yo comienzo en ese tiempo a vivir mi vida como cualquier otro niño sano y normal de mi colonia, dando esto lugar a que conosca a muchos de los hijos e hijas de todos nuestros vecinos, siendo de esta forma que yo comienzo a interactuar con muchos de los niños de mi colonia y con algunos de los amigos de mis hermanos mayores, uno de los pasatiempos favoritos de todos era el de jugar pelota, comunmente conocido como futbol en todos los países de "Latino America", aunque después de este siempre teniamos algún otro juego por inventarnos, ya que habeses jugabamos, "salta burro" otras veces nos poniamos a jugar, "trompo", capirucho, chibolas, todos estos son juegos a los cuales en otros países de America Latina usan diferente vocabulario para darles nombres a muchos de ellos, pero los cuales son tipicos de todos los países de todo el continente.

Recuerdo que en el año 1980 nosotros siempre soliamos jugar a los ladrones y policias por todas las calles de nuestra colonia a las que les dabamos vuelta de punta a punta, pasando a ser este nuestro juego favorito, ya que recorriendo toda la colonia teniamos de esta forma la oportunidad de conocer a muchos de los niños de las colonias vecinas.

Todos esos años eran tiempos muy bonitos en nuestro país, ya que todo era muy tranquilo y la situación económica de el país se encontraba en una muy buena posición de estabilidad a nivel latinoamericano, dando esto mucha libertad de movimiento así como de expresión.

Pero como no todo buen momento dura para siempre las cosas en el país no tardarian en cambiar política y socialmente, ya que un día veinticuatro de marzo de ese mismo año de 1980, "monseñor Oscar Arnulfo Romero y Galdamez" el cual era un sacerdote muy reconocido a nivel mundíal por su lucha en contra de la injusticia cometida por cualquier gobierno en contra de las clases obreras y campesinas de el país que fuera.

Cuando monseñor Romero es asesinado el se encontraba oficiando una misa en una pequeña capilla de el hospital la divina providencia que se encuentra por el centro de San Salvador, siendo el asesinado por un tiro muy certero hecho por un franco tirador que habria estado apostado en una parte afuera de la iglesia y en una posición perfecta donde poder tener a su víctima exactamente en la mira de su rifle especial de mira telescópica, por lo que cuando este le hace este tiro a monseñor Romero este es muy certero, dandole en el corazón y no dandole tiempo de esta forma de auxiliarlo a algunos de los presentes que trataron de ayudarlo a sobrevivir, supuestamente por lo declarado por algunos de los medicos que realizaron la autopcia a su cadáver, el daño más fuerte y lo cual fue lo que le arranco la vida a monseñor Romero, fue que la bala disparada por este asesino le destrozó la arteria aorta, la cual es la arteria más importante de el cuerpo humano, llegando a ser el declarado oficialmente muerto en la policlínica de San Salvador, y abriendose de esta forma el camino a un estado de mucha desestabilidad política y social a la república de El Salvador, que en esos años se encontraba bajo la presidencia de el señor Carlos Humberto Romero, quien era un general de el ejército y un hombre conocido popularmente por su forma ruda y rígida de querer solucionar los problemás que en ese tiempo aquejaban a nuestro país, pero los cuales a partir de la muerte o más bien dicho después de el vil asesinato de monseñor Romero,

8

las cosas en el país llegarian a tener un cambio político de tan grandes magnitudes de los cuales nadie se podria imaginar.

Yo recuerdo que cuando se llego el día de el sepelio de monseñor Romero, mi padre, mi hermano menor Fran y yo, nos fuimos a visitar a un muy buen amigo de mi padre y la ciudad donde vivia esta familia esta situada a un costado de San Salvador, teniendo nosotros de esta forma que viajar en un autobús hasta el centro de San Salvador y de ahí abordar otro que seria el que nos llevaria hasta nuestro destino, por lo que este viaje lo comenzamos muy temprano en la mañana, ya que mi padre tenia muchas cosas que tratar y platicar con su amigo, siendo asi que todo ese día lo pasamos en dicha casa, lo bueno fue que yo y mi hermano no perdimos el tiempo y nos lo pasamos todo ese día jugando con los hijos e hijas de esta familia.

Ese día domingo el cual era un 30 de marzo nos lo pasamos muy bien en casa de este amigo de mi padre, pero ya como a las cuatro de la tarde nosotros tendriamos que emprender nuestro camino de regreso a casa, por lo que después de proceder a despedirnos de las amistades de mi padre, nos dispusimos a ir a esperar un autobús que nos llevaria a el centro de San Salvador, pero cual seria el gran susto que nos esperaba, ya que cuando llegamos cerca de el centro todo paresia como un campo de guerra, ya que ese día se llevaria a cabo el sepelio de monseñor Romero y como lo informaron después reportes de periodistas y reporteros de noticias nacionales y extrangeros, en ese día se cálculo que pudiera haber llegado una multitud de unas 300 a 400 mil personas, las cuales se disponian a dar su último adiós a nuestro querido monseñor Romero.

La tragedía de ese día ha quedado registrada como una de las más graves que nuestro país jamás hubiese vivido durante toda su historia, segun los reportes hechos por periodistas de todo el mundo, cuando todo se encontraba listo para partir con el féretro que contenia los restos de monseñor Romero rumbo a el cementerio general de San Salvador, el que esta ubicado como a unos quince minutos de la catedral metropolitana, de repente se comenzó a escuchar el estruendo de ametralladoras, por lo que esto causaria que la gente comenzara a correr en estampida y sin rumbo, ya que como lo informaron todos los medios de información ahí presentes, se comenzó a observar a cientos de agentes vistiendo los uniformes pertenecientes a los cuerpos de seguridad de el gobierno de la república, los que desde ese momento daban inicio a una gran másacre en contra de cientos de personas de clase humilde y campesina, que lo único que querian ese día era darle su último adiós a este hombre que tanto lucho por sus derechos y que fue capaz de ofrendar hasta su propia vida con tal de lograr los cambios necesarios para que esta gente tuviera una mejor condición de vida en nuestra sociedad.

Se calcula que fueron muchos los fallecidos en esta másacre, ya que los cuerpos de seguridad se apostaron en todos los techos de los edificios que estan a los alrededores de la catedral, siendo desde ahí que estos comenzarían su ataque con ametralladoras de todos los calibres más reconocidos de ese tiempo.

Cuando esta másacre comienza, todo en el centro de San Salvador se vuelve un caos total y se comienza a poner muy difícil el poder encontrar un medio de transporte hacia cualquier lugar seguro fuera de el alcance de las balas de esos asesinos que en ese momento se ensañaban en contra de todo ser viviente que se les cruzara por su camino, no importandoles ni la condición física y mucho menos su edad, ya que la orden que estos hombres tenian era la de exterminar a todos los que para ellos por el simple hecho de haber asistido a este funeral se habian convertido en ese día en sus peores enemigos.

En esa ocasión recuerdo que cuando nosotros estabamos por entrar a el centro, comenzamos a escuchar el fuerte estruendo de las bombas y ametralladoras en diferentes puntos de la ciudad capital, y la decisión que mi padre tomaria en ese momento, fue la de darle la vuelta a toda el area principal que era donde se estaba llevando a cabo esa gran masacre.

Siendo así que cuando nosotros logramos rodear todo el centro, fuimos a salir a un costado de el parque Libertad, el cual es uno de los parques más bonito y famoso de el centro de San Salvador, el cual esta ubicado exactamente buscando la salida de el centro rumbo a nuestro lugar de residencia que es San Marcos.

Ese es un día que yo recuerdo y llevo en mi mente como uno de los días que jamás podria olvidar, debido a que fue ese día que yo vi por primera vez, lo malo que puede ser el ser humano en contra de lo que para el pueda significar talvez la perdida de poder o simplemente demostrar de lo que es capaz si alguien se atreve a ponerse en contra de sus decisiónes aun que estas hayan sido tomadas de una forma muy errónea, ya que toda la evidencia existente en esos tiempos indica hasta el día de hoy, que la decisión de asesinar a monseñor Romero fue todo un gran error y talvez el peor de los errores cometido por el gobierno de ese tiempo.

Ese día cuando nosotros llegamos a una esquina donde tendríamos que esperar algún medio de transporte que nos llevara a nuestra casa, esquina que esta ubicada como a unas cinco cuadras de el cuartel general de la policia nacional, ahi observamos como un muchacho muy joven como de unos veinte años de edad, habia sido asesinado por una bala de un fusil que en esos tiempos era el fusil oficial usado por todos los miembros de las fuerzas de seguridad pertenecientes a el gobierno de la república de El Salvador (G-3).

Al ser esta la primera vez en que con mi padre y mi hermano y que aunque a pesar de el miedo que nos causaba el estar por primera vez frente a una situación tan atroz como en la que estabamos en ese momento, siendo la curiosidad la que nos hizo tener que ver lo que estaba frente a nosotros en ese instante, por lo que pudimos observar que este muchacho habia sido alcanzado por una bala que le habia destrozado toda su cabeza y que dicha bala después de atravezar la cabeza de este muchacho se habría impactado sobre un poste de los que detienen los cables de la electricidad y que tan potente era su fuerza que a pesar de ya haber acabado con una vida, esta todavía tuvo la fuerza suficiente de destrozar la base de este poste de concreto, haciendo de esta forma que este se doblara a un lado de la víctima que ya se encontraba tirada a su lado, siendo esa escena muy fuerte para mi y para mi hermano, debido a que en ese tiempo nosotros dos eramos apenas unos niños de 13 y 11 años respectivamente, siendo todo lo vivido este día una de las cosas que marcaria mi vida para siempre, ya que estos eventos vendrian a ser de esos momentos que uno lleva muy grabados en su mente hasta el último momento de su vida, por lo que ese día después de haber visto y vivido todo lo que tuvimos que vivir, nosotros logramos llegar sanos y salvos a nuestra casa a lado de mi madre y de el resto de mis hermanos, y por lo consiguiente ese día domingo lo terminamos relatando toda la mala experiencia de la que fuimos testigos durante todos los hechos históricos ocurridos ese día.

Ya al día siguiente que fue el lunes, todo lo sucedido se pudo ver con mucha más claridad, ya que por todos los medios de prensa y televisión enseñaron gran parte de lo sucedido y lo cual puso en evidencia lo salvaje que actuaron los cuerpos de seguridad pertenecientes a el gobierno de el señor presidente de la república "Carlos Humberto Romero" y toda su inmensa cúpula de asesinos, pero lo más importante estaria por venir, ya que después de el asesinato de monseñor Romero, todo el mundo repudíaria y pediria con mucha exigencia una investigación muy detallada de como y de donde salio la orden de cometer esta ejecución, siendo así que se pone a ese gobierno con una presión política muy delicada, ya que este se ve en la obligación de tener que presentar una declaración concreta de la investigación y a la vez obligados a presentar toda la evidencia existente relacionada con dicho asesinato, siendo así que lo de el asesinato más lo de la gran másacre ocurrida el día de el sepelio de este, esto agravó y puso mucha más presión a este gobierno, debido a que después de todos estos eventos ocurridos, esto abriria el camino a que muchas organizaciónes de derechos humanos internacionales, enviaran a muchos delegados a observar muy de cerca la forma en que el gobierno de este país solucionaba los problemás tanto políticos así como los sociales que vivia su población en general en esos tiempos.

Pero como todo lo que pasa en todo país con alto índice de corrupción, lo único que este gobierno hizo, fue mantener a la opinión pública y a el pueblo en general con puras mentiras, ya que ese caso para todos los partidos que llegarian al poder habrian hecho como si este crimen nunca hubiese ocurrido, dejandolo completamente en la impunidad, todo esto a pesar de la evidencia acumulada, la cual apuntaba a que uno de los autores intelectuales de dicho crimen habria sido un mayor de el ejército nacional muy reconocido por su dureza y su forma cruel de tratar a los soldados en los diferentes cuarteles de el ejército en que este estuvo prestando su servicio militar, el nombre de este mayor es "Roberto Dabuisson", siendo este el nombre más implicado con el caso de quien fue el que dio la orden de asesinar a monseñor Romero, pero como ya era de esperarse a este señor mayor de el ejército nunca se le llegó a comprobar su participacion en dicho crimen, ya que este todo el tiempo fue protegido por el gobierno de este país.

Haciendo esto que hasta estos días ese caso este en el olvido y que todos sus autores gozen de una total impunidad.

Fue así que después de toda la inestabilidad política que se vivio en el país tras el asesinato de este religioso, las cosas en el país en ese año 1980 volvieron otra vez poco a poco a su normalidad, ya que toda la población en general trató de continuar su vida de una forma muy normal a pesar de todos los hechos violentos sucedidos esos días.

Nosotros los niños de la colonia retomamos nuestras actividades de entretenimiento y tratamos de seguir viendo la vida desde nuestra perspectiva, ya que eramos todos unos niños, que para ese tiempo era muy difícil para nosotros el poder comprender los cambios tanto sociales como políticos que se estaban generando en nuestro tan pequeño país.

Ese año yo recuerdo que ya después de todo el escándalo político que el país vivio, cuando nosotros los niños y los jóvenes de la colonia comenzamos a volver a tener nuestras reuniones de juegos en las calles, ya yo con mucha más madures, más la independencia que me dio el ya estar libre de el "astma", comenzé a tener una relacion mucho mas estrecha con todos los amigos de mis dos hermanos mayores, los cuales eran como de cuatro o cinco años mayores que yó, y que a pesar de yo apenas haber salido de recuperarme de mi enfermedad, yo no se de donde me salio tanta fuerza y energía ya que a partir de esos días yo llegué a ser uno de los niños más activos de mi colonia, ya que cuando todos los niños tanto los de mi edad, así como los más grandes incluyendo los de las colonias vecinas, nos reuniamos en una piscina la cual habia sido construida por el gobierno de la municipalidad de la ciudad con el propósito de que esta sirviera como un centro de recreación y parque para la comunidad, y la que yo recuerdo haber visto llena una tan sola vez, ya que muchisima gente habria asistido a su inauguración, pero después no se supo que fue lo que paso, por que nunca más la volvieron a abrir al público, dejandola totalmente en el olvido, por lo que esta en muy poco tiempo comenzó a deteriorarse, cosa a la cual nosotros los niños de la colonia le comenzamos a sacar mucho provecho, ya que como esta medía como unos sesenta metros de largo y unos veinticinco metros de ancho y la posición de sus dos escaleras en el centro de cada punta y estas con las medidas exactas para poder ser usadas como porterias de futbol de salón, esto fue lo que nos dio la idea para que a partir de esos días la usaramos como una cancha de futbol de salón.

Los días principales para jugar eran los sábados y domingos, debido a que por lo general durante los días de semana la mayoría asistíamos a clases y los más grandes ya la mayoria tenian sus responsabilidades de trabajo, siendo de esa forma que los sábados y domingos no dejabamos ni perdíamos el tiempo y nos reuniamos para tener nuestros grandes encuentros de futbol, y yo recuerdo que la forma en que nos habiamos organizado debido a que eramos demásiados niños y la cancha muy pequeña, lo que haciamos era formar equipos de cinco o cuando mucho de seis jugadores y comenzabamos a jugar unos campeonatos en los cuales el equipo ganador de cada encuentro seguia jugando hasta que llegaba un equipo que lo pudiera vencer.

Teniendo que volver a quedar el equipo perdedor hasta el último lugar en la lista de equipos apuntados para los siguientes encuentros, otra de las cosas que nosotros haciamos para ponerle mucha más emoción a dichos partidos, era que cada jugador ponia uno o dos colones, (moneda nacional de El Salvador), por lo que el equipo ganador se llevaria la cantidad acumulada como un premio por su triunfo en la cancha.

Todos estos hechos ocurren entre los años 1979 y el 1980, Siendo así que a un año de nosotros estar jugando en este lugar, el que llego a tomar una gran fama entre todos los jóvenes de todo San Marcos, haciendo esto que el lugar se convirtiera en el lugar de más sano entretenimiento de todas las familias de toda la ciudad y sus alrededores durante los fines de semana, yo en ese tiempo pase a ser uno de los más buscados por los equipos, ya que a pesar de mi corta edad y de ser uno de los niños más pequeños, ni yo mismo se como yo llegaria a desarrollar una gran agilidad para dominar el balón de futbol, siendo eso por lo tanto el motivo para que todos los equipos de los amigos de mis hermanos, que eran mucho más grandes que yo, me buscaran para que yo jugara con ellos, dandome esto la oportunidad de llegar de esa forma a ganarme el cariño y la amistad de la mayoría de esos muchachos, a los que siempre llevo en mi mente y en mi corazón.

Una de las cosas que no podía faltar en nuestra colonia es que por el motivo que fuera, siempre habia un sobrenombre para cada uno, y el que a mi me pusieron fue el de "calavera", sobrenombre que no me gustaba mucho que me lo dijeran, pero como se trataba de mis amigos no me quedó otra alternativa más que aceptarlo, ya que podria haber sido otro mucho más peor que ese, debido a que algunos de mis amigos si tuvieron que soportar sobrenombres un poco más feos que el mio, y el cual la mayoría de ellos los ha mantenido de por vida.

La mayoría de ellos han sido mis amigos de por vida y con los que ya fallecieron, nuestra amistad traspasó la barrera de la muerte, ya que con estos fuimos amigos hasta los últimos días de sus vidas.

Estos son algunos de los sobrenombres de algunos de mis amigos de los que más recuerdo, a uno que es nuestro vecino que vive en la casa junto a la nuestra, a este por ser muy moreno y como su nombre es Antonio a el le pusimos " el negro Toño", a otro el cual su madre se dedicaba a hacer tortillas para ganarse la vida de una forma muy digna, a el por llamarse Salvador cuyo nombre a el que nosotros le llamamos popularmente "chamba" y ya que nuestro amigo se dedicaba a repartir las tortillas que su madre hacia para vender, por lo consiguiente a este le pusimos "chamba tortilla", a otro muchacho el cual era muy allegado a mi padre a el que yo recuerdo haber visto tener muy buenas conversaciones junto a el, a este por ser muy blanco y por tener sus ojos verdes, por ese motivo a el le llamamos "el gato", a un primo mio que se llamaba "Eduardo" (Q E P D), a este por también ser muy moreno y como a su nombre nosotros popularmente le llamamos "guayo" le pusimos "el negro guayo", a mi hermano Beto que era en esos tiempos uno de los muchachos más de buen ver de toda la colonia, por su físico y sus ojos verdes por eso lo bautizamos con el sobrenombre de " el muñeco", y bueno no creo que hubiera habido tan siquiera uno de mis amigos que no hubiera llegado a tener un sobrenombre, haciendo esto una lista para mi no tan fácil de recordar, por lo consiguiente esto queda a su propia imaginación de todos y cada uno de los que saben de que se trata este tema.

Otra de las cosas que sucedieron ese mismo año de 1980, la cual fue una de las cosas que más lleno de orgullo a toda nuestra familia, fue el hecho de que en la ciudad donde nosotros vivimos, se comenzó a llevar a cabo desde esos años en el mes de abril durante las fiestas patronales de la ciudad, las que se celebran en honor a San Marcos, quien es un santo muy reconocido de la religión católica y de la cual es la mayoría de los habitantes de nuestra ciudad, siendo este el motivo por el que le nombraron a la ciudad con este nombre, para de esa forma agradecerle algunos milagros hechos por este santo a algunas de estas personas.

Por lo que durante toda una semana en el mes de abril se comenzó a celebrar unas fiestas dedicadas a su nombre, fiestas en las que un día se comenzaría a llevar a cabo una carrera de atletismo para promover de esa forma el deporte en la juventud de nuestra ciudad, carrera en la cual mi hermano mayor Virgilio comenzaría a hacer historia en el ambito deportivo de la ciudad, debido a que durante esta semana de fiestas siempre se tomó hacer como una tradición, esta carrera en la que mi hermano se volvio para toda la ciudad uno de los atractivos más importantes de dicho evento, ya que el era el mejor en su categoría durante todos los años que el tomo parte de dicho evento, en el que durante todos sus años de participación, nunca hubo nadie que lo pudiera vencer, siendo de esa forma que el hizo de esas competencias una carrera de toda su vida.

Ya que a los años el llegaria a ser uno de los mejores corredores de atletismo de todo el país.

Otra de las tradiciones importantes durante esa semana, era que a la entrada de la ciudad sobre la carretera principal en la colonia "El Milagro", habia un terreno baldio que le pertenecia a la alcaldía municipal y el cual ellos alquilaban a una empresa muy grande y reconocida a nivel nacional por tener los juegos mecanicos para niños y adultos más modernos de el país, por lo que la tradición también siempre era la de asistir a este campo de juegos por lo menos una o dos veces durante la semana que estos se instalaban en ese lugar, y así aprovechar de disfrutar de muchas comidas y dulces tipicos de nuestro país, haciendo esto que las familias disfrutaran el estar junto a sus seres queridos y vivir de esa forma muchos momentos de felicidad, los cuales son algo muy importante en todo ser humano y de toda familia, yo por lo general recuerdo que con todos mis amigos de la colonia grandes y chicos nos ibamos todos los días a dichos juegos, así fuera solo para ir a ver la gente divirtiendose o muchas veces para tener la oportunidad de encontrarnos a alguien de la colonia y hacerlo que por lo menos nos comprara un ticket para poder subirnos a alguno de nuestros juegos favoritos.

Ya en el año de 1981 otro de los sucesos de mayor trascendencia política, fueron parte de los sucesos que dejó el asesinato de monseñor Romero, ya que debido a dicho crimen, el pueblo habria comenzado a organizarse en más de alguna de las muchas organizaciónes de derechos humanos que comenzaron a invadir la zona central de San Salvador, llegando estas organizaciónes a ganar miles y miles de miembros a nivel nacional, por lo que todas estas al verse con mucho apoyo a nivel nacional se unieron y convocaron a todo el pueblo en general a participar de una gran marcha para exijirle a el gobierno, la aclaración de el asesinato de monseñor Romero y para también exigir el respeto de parte de todos los cuerpos de seguridad de el gobierno, ya que debido a todo lo ocurrido desde el asesinato de monseñor y tras la llegada al país de todas estas organizaciónes no gubernamentales, estas fuerzas de seguridad públicas comenzaron a recurrir en hechos y ataques de violencia en contra de toda la población civil, tratando de esta forma evitar que la población se organizara para defender sus derechos más escenciales, los que en ese tiempo a el gobierno no le importaban y los violaba de la forma que se le daba la gana.

Violaciones que día a día se fueron volviendo mucho más comunes, lo cual fue lo que creo unos cambios muy grandes en la forma de comportamiento de la población en general, por lo que después de tanta propaganda por medio de todos los medios de información del país, cuando se llego el día diez de enero, que era el día tan esperado por toda la población que se encontraba dispuesta a demostrar su incomformidad con el gobierno, la gente comenzó a hacerse presente por todo el centro de San Salvador creando todo esto un gran caos en el transporte de el centro de la ciudad.

Una de las cosas que yo recuerdo de ese día, fue que dos amigos mios, mi hermano Beto y yo nos escapamos de la escuela y nos fuimos a curiosear todo lo que pasaria en tan esperada manifestación, cuando nosotros llegamos a el centro, nos desplasamos hasta el lugar donde se reuniria toda la multitud, para dar inicio a esa gran marcha, una de las cosas que más nos llamó la atención fue el ver que mucha de esa gente se unia a algunas de muchas de las organizaciónes, a las cuales ellos les llamaban "organizaciónes populares", y lo que nos llamaria mucho la atención, fue que mucha gente de esos grupos que supuestamente participarian de una movilización pacífica, a la cual los organizadores en todo momento pidieron a todos los participantes que fuera de una forma muy pacífica para no alterar en ningún momento de ninguna manera el orden público de la ciudad, por lo que nosotros nos preguntabamos el por que de ver a muchas de estas personas con unos pedasos de tela, los cuales se podía observar que habian diceñado especialmente para no ser reconocidos en dicho evento, ya que estos usarian esos pedasos de tela para ocultar su rostro, poniendoselos desde los ojos para abajo, no dando esto la oportunidad de ser reconocidos tan fácilmente.

Otra cosa era que cuando estas personas se ponian estas piezas, se podía observar que muchos de ellos tenian en ellas las iniciales de algunas de las organizaciónes presentes en esta gran manifestación, fue entonces que cuando todo estaba listo para dar inicio a esta gran marcha nosotros nos unimos a una de las que nos llamo mucho la atención, ya que estas usaban unas iniciales que eran " LP-28", la cual era una organizacion llamada "Ligas Populares 28 de febrero", usando este nombre en memoria a un suceso histórico para el país ocurrido un día 28 de febrero, cuando dicha manifestación dio inicio, todo se comenzó a ver muy bonito y de una forma muy bien organizada, siendo ahí que yo veo por primera vez en mi corta vida, una foto que me llamo mucho la atención, ocurriendome esto no solo a mi sino que también a mi hermano y a nuestros amigos, por lo que comenzamos la misión de preguntar que quien era ese personaje de esa fotografía, la que también llevaba en la parte de abajo la consigna que decia "Hasta La Victoria Siempre", por lo que cuando nosotros tuvimos la oportunidad de preguntarle a uno de los muchachos que portaban esa gran fotografía, uno de ellos nos responde que ese era "El Che Guevara", haciendonos saber que ese personaje habia dado su vida por defender los derechos de todos los pueblos de America Latina, por lo que fue de esa forma que yo llegué a tener conocimiento por primera vez en mi vida, de quien era y quien fue "mi comandante Ernesto Che Guevara", siendo también este el primer día en que yo tengo contacto con el personaje que yo más admiraria durante el resto de mi vida.

Otra de las fotos que muchos portaban en dicha manifestación también fue la de monseñor Romero, ya que el centro principal de esa multitudinaria movilización, era el exigirle a el gobierno exclarecer y presentar ante la opinión pública a los autores de dicho crimen. Cuando este evento estaba listo para iniciar, esto fue desde una de las avenidas más amplias y principales de el centro de San Salvador, teniendo como punto final, la catedral metropolitana, al momento de todo dar inicio se comenzó a ver a muchos de los organizadores con altoparlantes comenzar a incitar a la multitud a gritar muchas consignas de repudio y exigencia en contra de el gobierno y de las fuerzas de seguridad pública.

Entre la mayoría de la gente en esa manifestación, la cual se llegó a calcular que pudo haber llegado como a medio millón, de toda esa multitud se pudo observar que la gran mayoría era gente de todos los departamentos de el país, (estados como se les conoce en algunos países de latinoamerica), y que la gran mayoría de esta gente era de origen campesino, los que tendrian que haber hecho un gran sacrificio para poder estar presentes en dicho evento de mucha historia política para el país, a unos 30 o 45 minutos de haber comenzado esta manifestación, la que hasta ese momento se podía observar que era en un ambiente de protestas muy pacífico, también se comensó a observar a muchos jóvenes de apariencia universitaria, con botes de pintura de spray pintando las paredes y las puertas de seguridad de muchos de los negocios, que por razones generadas por el miedo de tener que ver como miles y miles de personas que pasarian por la calle, la mayoría de los propietarios mejor optaron por no abrirlos ese día, para así evitar de esa forma que sus negocios fueran saqueados o incendíados en caso de que ocurriera un disturbio callejero.

Desde el momento en que estos universitarios comenzaron a pintar todo espacio público que tenian frente a ellos, se comenzó también a observar el incremento de fuerzas de seguridad pública de el gobierno nacional, dando esto lugar a que desde ese momento ambos comenzaran a demostrar su fuerza política, y esto causó que a unos minutos antes de que la parte de la multitud con la que nosotros ibamos, estos provocados por la presencia de todos estos cuerpos de seguridad, lo que hicieron fue comenzar a destruir toda propiedad pública que se les cruzaba en su camino, haciendo esto que las fuerzas de seguridad pública comenzaran a tratar de evitar toda esa clase de hechos de vandalismo, pero lo único que lograron fue, encender la mecha a esa bomba que ya estaba a punto de explotar.

Recuerdo que cuando nosotros acababamos de pasar por la zona central donde esta ubicado el edificio de el teatro nacional, ahí se comenzó a observar a muchos miembros de la policia nacional y de la guardia apostados en todos los techos de los edificios que estan a los alrededores de la avenida por donde la manifestación tendria que pasar antes de llegar a la plaza donde se encuentra la catedral metropolitana, por lo que cuando nosotros pasamos dicho lugar y observamos todo ese movimiento de esta gente de el gobierno, nosotros nunca nos imaginamos lo que ya estaba por suceder, ya que a unos diez minutos de nosotros haber atravezado ese lugar, de repente se comenzó a escuchar las fuertes ráfagas de las ametralladoras y este sonido se podía escuchar que probenia desde el lugar donde nosotros unos minutos antes habiamos observado todo ese movimiento de agentes de las fuerzas de seguridad pública, y fue ahí que comprendimos que lo que estos estaban haciendo, era que estaban esperando la orden de mando para dar inicio a otra de las másacres más salvajes y brutales que este país haya vivido en su historia, por lo que cuando nosotros comenzamos a escuchar esa gran balacera, lo primero que hicimos

21

fue buscar un lugar seguro donde poder escondernos y comenzar a avanzar poco a poco hasta salir de ese lugar en conflicto, pero lo malo de todo esto vendria a ser que al comienzo de esa másacre también comenzaria una gran estampida humana que ningún ser humano se puede imaginar, ya que todo se volvio un caos total y todo mundo buscaba la mejor forma de poner a salvo su vida, fue entonces que cuando nosotros logramos alejarnos y llegamos a la orilla de el centro, donde yá nosotros no corriamos mucho peligro y ya que nos habiamos deshecho de algunas de las banderas que habiamos recibido de parte de algunos de los encargados de repartir toda la propaganda que se usaria durante dicha marcha, las cuales nosotros decidimos aceptar con el simple propósito de llevarnoslas a nuestras casas como un trofeo y recuerdo de haber participado en un evento tan histórico como ese para nuestro país, pero las cosas para nosotros no serian así, ya que durante todo nuestro recorrido en busca de un lugar seguro, siempre nos encontrabamos con algunos de los cuerpos de seguridad que en ese momento se dirigian hacia el lugar en que en ese mismo instante mucha gente inocente estaba siendo másacrada, teniendo de esta forma nosotros que tirar todo lo que esperabamos llevar para enseñar con todo orgullo el haber estado presentes en ese histórico evento a todos nuestros amigos de la colonia y de la escuela, todo esto debido a que cuando no nos encontrabamos con agentes de seguridad en nuestro camino, nos encontrabamos con muchos de los jóvenes de los cuales habiamos visto como una hora y media antes de que iniciara dicho evento, de los cuales la mayoría eran universitarios, y los que en ese instante observamos como quemaban autobuses pertenecientes a personajes ricos e importantes a nivel nacional y también pudimos ver como muchos de estos jóvenes portaban algunas armás de muy bajos calibres, las cuales no les serviran para enfrentarce a las fuerzas de seguridad de el gobierno, debido a que estos para esa clase de ocaciones, sacaban a relucir lo mejor de su arsenal militar, para de esa forma ensañarse bien equipadamente en contra de su misma

22

población, a la misma por la que ellos recibian un sueldo para proteger.

Esa tarde cuando nosotros logramos llegar sanos y salvos a nuestra casa después de todo lo vivido, por suerte logramos ocultarle a nuestra madre de lo que habiamos sido testigos, todo debido a que como esa manifestación dio inicio como a las once de la mañana y la másacre ocurrio como a una hora de esta haber iniciado, ya como para las dos de la tarde ya nosotros estabamos en casa, donde pudimos observar que en todos los canales de televisión lo único que enseñaban era todo lo relacionado con esa másacre, algo a lo que mi hermano Beto y yo nos tuvimos que hacer los fuertes para contener nuestros sentimientos, al ver como mi madre y padre se ponian de tristes, al ellos ver algunos de los cadáveres que en ese momento enseñaban en la mayoría de noticieros.

A los días de esa másacre volveria a ocurrir lo mismo que con la muerte de monseñor Romero y con la másacre ocurrida durante su sepelio, ya que todo el mundo volveria a exigirle a ese gobierno una explicación de lo sucedido y en esta ocasión sucederia como la vez anterior, y a ese gobierno no le importó lo que todo el mundo dijera o hiciera, ya que ellos nunca presentaron ninguna clase de evidencia para encontrar a los responsables directos de haber dado la orden de másacrar a su misma población, llegando a ser esta la segunda másacre cometida por este gobierno en contra de la clase trabajadora y humilde de el país, gobiernos que hasta este día a pesar de toda la cantidad de evidencia existente y mostrada por todos los medios de información nacionales y extrangeros no han hecho nada por tratar de exclarecer dichos crímenes y estos continúan en la total impunidad.

En ese mismo año de 1980 después de todo lo vivido al comienzo de el mismo, todo en San Salvador fue volviendo poco a poco a la normalidad y nosotros comenzamos a seguir con nuestras actividades habituales, en esos días ya después de yo haber terminado la primaria en la escuela El Milagro unos meses antes de que todo esto ocurriera, ya con el receso de fin de año a punto de terminar, ya que en El Salvador el año escolar termina en el mes de octubre y comienza en el mes de febrero, por lo que ya después de este receso, era tiempo para mis padres comenzar a buscarme una escuela adecuada donde yo tendria que comenzar a estudíar mis 3 años de secundaria y dandose la situación que como mi padre atravesaba por un buen momento económico en su trabajo, el tuvo la oportunidad de inscribirme en un colegio privado, que se encontraba situado cerca de el cementerio general de la ciudad, el que lleva el nombre de "Colegio San Marcos" este estaba situado como a un kilómetro de nuestra casa, haciendo esto que yo tuviera que caminar y subir dos grandes cuestas (subidas) y las que cada una de ellas es de aproximadamente como de unos 150 metros de largas las cuales yo tendria que caminar durante todos los días, pero las cuales de todas maneras era para mi una buena forma de mantenerme en forma, ya que toda esa caminata de ida y vuelta me serviría como un buen ejercicio, el cual era muy necesario para mi salud.

Ese mes de febrero cuando las clases dieron inicio, lo primero que hice fue hacerme amigo de la mayoría de alumnos de mi misma clase y una de las mejores cosas que me podrian suceder en ese colegio, fue el volverme a reencontrar con mi gran amigo de casi toda mi infancia (Cesar) con el cual pasamos juntos toda la primaria en la escuela El Milagro, haciendo este reencuentro en este colegio que nuestra gran amistad se hiciera mucho más estrecha, por lo que ese principio de año escolar fue muy bonito y una gran experiencia en mi corta vida, ya que en ese lugar comenze a tener muchos amigos y amigas con los que a partir de ese tiempo comenzariamos a compartir mucho tiempo juntos en nuestros recreos de clases.

Después de unos meses todo comenzó a ser mucho mejor, ya que teniendo muchos amigos comenzamos a visitarnos en nuestros hogares para supuestamente hacer nuestras tareas juntos, y ya después de terminarlas lo que haciamos era ponernos a jugar por un buen rato y después de todo esto ya cada quien tendria que llegar a sus respectivas casas, Algunas veces comenzamos a hacer la travesura de escaparnos del colegio y lo que haciamos era reunirnos en un lugar que previamente habiamos acordado y de ahí nos ibamos para diferentes lugares a los que queriamos y acordabamos entre todos ir ese día, pero la mayor parte de el tiempo nos ibamos para un lugar turístico que se llama "Los Planes de Renderos", el que esta situado como a unos 20 minutos de San Marcos (en automóvil), recorrido el cual nosotros lo que haciamos muchas de las veces para poder sacarle mejor provecho y así tener la oportunidad de compartir más tiempo juntos, era caminar hasta el lugar que hubieramos escojido.

Lo que a la mayoría nos gustaba mucho de ir a los planes, era de que ahí hay muchos arboles de mango por donde fuera y también muchos de guayaba los cuales son unas de las frutas más ricas de cualquier país de latinoamerica, las cuales ahí era de gratis que nosotros agarraramos las que quisieramos comer.

Muchas de las veces nos quedamos en la alcaldía municipal, ya que ahí habian varias canchas de jugar basketbol quedandonos ahí a jugar hasta que se daba la hora de llegar a la casa y hacer como si de verdad habiamos asistido a clases.

En ese mismo año de 1980 mis padres después de tanto desear el procrear una niña por fin hicieron ese sueño una realidad, ya que mi madre logra quedar nuevamente embarazada, teniendo esto como resultado que a nueve meses después y en un parto muy ansiado y esperado por mi padre, mi madre da a luz, trayendo de esta forma al mundo una niñita que incluso recién nacida paresia toda una muñequita y la que desde el día de su nacimiento fue una locura para nuestro padre, volviendose para el esta niña la reina de la casa, que fue como mi padre la comenzaria a llamar desde ese día de su nacimiento, a esta niña mis padres deciden nombrarla "Maria Esther Fuentes Ventura".

Desde ese día recuerdo como mi padre comenzó a ser el padre más feliz del mundo después de haber hecho ese sueño que tanto anhelaba en una realidad, que era de tener una muñequita de verdad en la casa y la cual nos trajo mucha felicidad también a todos sus hermanos.

Pero ya después de todo lo bueno que nos trajo el nacimiento de mi hermanita las cosas tendrian que volver a su total normalidad con mis amigos de la colonia.

Ya en ese año yo con casi catorce años y ya entrando a otra nueva etapa de mi vida y ya con un poco más de maduréz, comenzé a relacionarme mucho con todos los amigos más grandes de mis hermanos y una de las nuevas aventuras que nos inventamos ese año, fue la de irnos caminando por toda la orilla de un río que atravieza todo San Marcos y el cual llega y desemboca sobre otro río más grande, que esta en la entrada de el centro de San Salvador por la colonia La Vega.

Otro de ellos también era el de irnos a caminar por todo San Marcos en busca de cualquier pedaso de metal o chatarra como es más comunmente conocido esta clase de desperdicio, y el que nosotros le vendíamos a un señor vecino de nuestra colonia que se dedicaba a esa clase de negocio "compra y venta de metales usados", y con todo el dinero que recolectábamos lo que haciamos era comprarnos entre todos una pelota de futbol o guardarlo para tener dinero para jugar el fin de semana.

En ese mismo año recuerdo que cuando ya se llegó el mes de abril y dieron inicio las fiestas patronales de San Marcos y como yo me sentia más grande y mucho más andando con mis amigos que eran más grandes que yó, y que ya de los cuales algunos de ellos habian comenzado a tomar más de alguno de los vicios existentes de esos tiempos y de los cuales los más comunes eran el fumar y el de tomar cerveza o agua ardiente, los que en esos tiempos eran muy baratos y muy faciles de comprar aun siendo menor de edad, unas de esas noches en que se llevaria a cabo un carnaval nos fuimos un grupito como de unos diez muchachos de la colonia, incluyendome yo, ya que no se como esa noche me les pude escapar a mis padres por un buen rato, ya que mi padre siempre se caracterizó por ser un padre muy serio y estricto pero el cual a la vez era el padre más responsable del mundo.

Esa noche no se me olvida nunca porque fue la primera vez en mi vida que prove lo que era tomar una bebida conteniendo alcohol, la que mis amigos me dieran como una forma de ellos divertirse, ya que como siendo yo tan apenas un niño, el efecto de esa bebida en mi organismo no se hizo esperar y comenzé a sentir el resultado del alcohol, haciendo esto que yo comenzara a caminar como un borracho, dando esto lugar a que mis amigos tuvieran un ataque de risa al verme en esa condición por primera vez, pero ya a la hora de regresar a nuestras casas lo que ellos hicieron fue darme a tomar mucha agua, para ver si así se me bajaba un poco el efecto del alcohol, aunque fuera solo para lograr llegar a casa e irme directamente a dormir, la gran suerte que tuve esa noche, fue que cuando logré entrar a la casa, ya mi padre se encontraba durmiendo, ya que esa era una costumbre en nuestra familia, la de irnos a dormir muy temprano todas las noches.

Esa noche nos divertimos mucho todo el grupo, pero ya al día siguiente comenzaria lo bueno para mi, ya que mis amigos no perdieron el tiempo en contarles lo sucedido a todo el resto de mis amigos de la colonia, haciendo esto que todos se rieran de mi por lo ocurrido la noche anterior.

Ese Año de 1981 todos lo comenzamos a vivir como el año anterior, pero no nos imaginamos que las cosas en el país estaban teniendo un cambio político y social, el cual cambiaria también mucho el rumbo de nuestras vidas y el futuro de todos y cada uno de los miembros, de no solo toda nuestra colonia, sino que el de todo nuestro querido país.

Ya que después de todo lo sucedido a principio de año con lo de la másacre, las cosas políticas de el país se pusieron de una forma muy violenta, más que todo en la forma de protestar de las organizaciónes que se organizaron con el propósito de representar y defender los derechos de la gente más indefensa de todo el país, llevando estas acciones, a el gobierno de la república a tomar medidas más estrictas en la forma de ellos poder mantener el control sobre toda la ciudadanía en general, debido a que en esos tiempos de muchas protestas y de mucha violencia en algunas de las ciudades más importantes de el país, ese gobierno comenzó a sentir con estas acciones que el poder se les iba de las manos, haciendo esto que como ese era un gobierno militar que la decisión principal que ellos tomaran, fuera la de poner a miles y miles de miembros de las fuerzas armadas por las calles de todo el país, país en el cual a pesar de esto todavía se podía vivir con un poquito de libertad, aun que esta fuera un poquito más restringida, pero que por lo menos se podía decir que eramos un pueblo con cierta clase de libertad de expresión y movimiento.

Durante el transcurso de todo este año de 1981 nosotros continuamos con todas nuestras formás tradicionales de divertirnos en la colonia, de día ir a estudíar y por la tarde jugar mucho futbol, y ya por la noche reunirnos y ponernos a jugar y corretear por toda la colonia, pero ya las cosas políticas en el país estaban tan calientes, que esto nos comenzó a afectar a todos en general, llegandose el tiempo en el que habia ya muchas ocasiones, en las que teniamos que interrumpir nuestros momentos de juego muy a menudo, ya que de repente se aparecian de cualquier lado de nuestra colonia algunos pelotones, que en ocasiónes eran de la guardía nacional y en otras de la policia nacional o de la guardía de hacienda, todos estos cuerpos de seguridad eran los que después de las dos másacres ocurridas anteriormente, habrian tomado la fama entre toda la población, de ser los tres cuerpos de seguridad más represivos y violentos en contra de la población civil por todos los rincones del país, llegando esto a afectarnos tanto que cuando nosotros los veiamos venir, lo primero que haciamos era correr cada quien a nuestras respectivas casas y esperar hasta asegurarnos que ya se hubiensen marchado para poder volver a salir a la calle a ver si podíamos continuar con nuestros juegos.

Todo ese miedo político del gobierno, fue escándalo de las protestas de toda la población, que tanto era su inconformidad en contra de este gobierno que en lugar de buscar la forma de arreglar los problemás sociales y políticos del país, lo que hizo fue militarizarlo a tal manera que comenzaron a limitar a el pueblo de muchas de las garantias de derecho civil.

Todo ese año de 1981 transcurrio de una forma a la que todo estaba abriendo el camino a los graves problemas que se estarian por agravar en el país, tanto fue eso que en el año de 1981 ya con un país totalmente militarizado y con la población limitada a derechos de expresión y de manifestación, este año nuevo comienza todo normal hasta lo que es el día 9 de enero ya que todo en el país estaria por dar un gran giro político extremadamente inesperado tanto para el gobierno así como para nosotros la población civil y desprotegida, por lo que cuando llega el día 10 de enero de 1981 todo se encuentra muy normal por todo el país, ya que apesar de todo lo ocurrido en el transcurso de los años 1979 y 1980, por ninguna parte del país nunca se vio que se estuviera organizando alguna clase de movimiento armado para contrarestar la represión del gobierno contra su misma población, lo que nadie ni el mismo gobierno se esperaba fue que al comenzar a caer la tarde de ese 10 de enero, se comenzaria a escuchar por casi todas las radios del país y también se comienza a observar por la televisión grupos armados pidiendo el apoyo de toda la ciudadanía para organizarse y armarse para luchar contra las fuerzas de seguridad del gobierno.

A ese día de rebelión armada estos grupos lo llamaron "El día de la ofensiva final", el cual no tuvo el resultado que ellos esperaban debido a que talvez todo lo planificaron clandestinamente y no tenian los elementos suficientes para poder derrotar a un gobierno con una fuerza de seguridad nacional super equipada militarmente, esa ofensiva militar da inicio cuando estas organizaciónes armadas dan la señal de ataque en contra de todas las fuerzas militares, por medio de tomarse por sorpresa todas las estaciones de radio y televisión más importantes de todo el país.

Yo recuerdo que cuando la ofensiva final comenzó, por la calle comenzamos a ver pasar vehículos llenos de hombres que levantavan las armás y pedían al pueblo unirse a su lucha.

Esa ofensiva la habian planificado para hacer un ataque simultáneo en todos los cuarteles del ejército y de todas las instalaciones, tanto de la policia nacional, guardía nacional y policia de hacienda, a los que se pudo sentir que se vieron en muy grandes aprietos, ya que no se les vio por las calles durante un par de horas mientras sus instalaciones eran atacadas por este pequeño ejército revolucionario.

Cuando estos se instalaron en todas las estaciones de radio y televisión esto lo hicieron para tratar de pedir la ayuda de toda la población a que se unieran a esta ofensiva militar encontra del gobierno.

Tambien se podía uno dar cuenta de los varios grupos armados que participaban de dicha ofensiva, algunos de ellos de los cuales nunca se habria escuchado nada de su existencia, tales como las "FPL" (Fuerzas Populares de liberación) y el "ERP" (ejercito revolucionario del pueblo), estas eran dos organizaciónes por lo que se logró ver durante la ofensiva que ya estaban bien preparadas militarmente para este ataque, ya que por la forma tan perfecta con la que tomaron por sorpresa hasta a las mismas fuerzas armadas del país, esta ofensiva militar por parte de estos grupos no pasó desapercibida, ya que el daño que le ocacionaron a todas las fuerzas tanto políticas como militares fue muy cuantioso tanto en lo militar así como en lo económico.

Dicho ataque duró en ciertos lugares del país toda la noche y cn San Salvador por ser la capital del país y la que cuenta con muchas instalaciones de cuerpos de seguridad nacional, no duro más de unas cuatro o cinco horas, ya que debido a lo reducido que era este pequeño ejército de fuerzas populares, y ya que esta no encontraba nada que poder hacer, debido a que toda esta ofensiva militar tomo a todo el país por sorpresa, dando lugar esto a que estos pequeños grupos armados después de cumplir con el cometido de dejarle saber al gobierno que después de dicha ofensiva ya el pueblo contaba con una fuerza militar revolucionaria que seria la que se encargaria desde esos días de defender sus derechos, fuera de la forma que fuera, si por vias de diálogo o militares, dando esto paso debido a estar el país gobernado por un sistema militar a luchas armadas muy constantes por todo el país, después de el buen resultado obtenido por estos grupos revolucionarios ese día 10 de enero, se comenzó a ver por todo el país la gran incorporación y apoyo que comenzaron a recibir de parte de toda la población lo cual era lo que esta esperaba para voltearsele encontra a dicho gobierno y de esta forma demostrarle lo cansado que ya estaba de tanto maltrato y de tanta desigualdad política y social, algo a lo que estos grupos representantes del pueblo comenzaron a sacarle mucho provecho, para de esta forma agradecer el gran apoyo a su ejército revolucionario una de las formás que ellos utilizarian, fue la de mandar a pequeños grupos de sus miembros tanto hombres como mujeres a dar clases de política y concientización a todas las escuelas y colegios de todo el país, esto serviría para ellos obtener nuevos reclutas para sus diferentes organizaciónes tanto políticas asi como las armadas.

Otro de los objetivos también era el de dejar saber a toda la juventud estudíantil del país sobre todos los cambios políticos que estaban por comenzar y a los que estos serian los que más contribuirian tanto con apoyo económico así como el más importante y el que estos grupos más necesitaban que era el apoyo político, ya fuera con ayudar a dar clases de política y concientización o con el apoyo como miembros activos de cualquiera de las fuerzas de choque armado ya existentes, pero las cuales en ese tiempo se encontraban muy cortas de miembros activos preparados militarmente para luchar en contra de las fuerzas armadas de ese gobierno, teniendo que estar consientes de esta forma que tendrian que ofrendar hasta su propia vida con tal de lograr los cambios que el pueblo tanto necesitaba en ese momento.

Después de esta ofensiva militar lanzada por esos grupos revolucionarios a nivel nacional, ya al día siguiente las cosas en todo el país no volverian a ser igual, ya que al día siguiente de ocurrido dicho suceso, el gobierno se volcó a las calles con todo su poder militar, para tratar de evitar de esta forma que le volviera a ocurrir lo mismo.

Las cosas para nosotros los niños también cambiaron ya que apartir de eso ya nunca volveriamos a poder jugar libremente por todas las calles de nuestra colonia, ya que el gobierno habria declarado un toque de queda el cual para nosotros era muy difícil de comprender que era su significado, pero esto fue algo que no tardariamos mucho en comprender, ya que el resultado de un toque de queda limita la libertad de organización en el tiempo estipulado por el gobierno y el que el gobierno en esa ocasión lo decretara desde las siete p.m. hasta las cinco a.m. haciendo esto que nadie podía estar en la calle reunido con más de una persona y fue ese el motivo por el que nosotros a partir de ese día tuvieramos que cambiar nuestras rutinas de juego, debido que apartir de las seis de la tarde todos teniamos que estar ya cada quien respectivamente en sus casas.

Otro de los resultados negativos que también nosotros comenzamos a sentir encontra de nuestra libertad de expresión y movimiento, fue que a partir de los días después de la ofensiva, que en muchas de las ocasiones en las que nos encontrabamos jugando ya fuera futbol o unos de nuestros otros juegos favoritos de la calle, era que de un momento a otro se nos aparecian de repente, a veces la policia nacional o la guardía los cuales lo que hacian era llegar donde nos encontrabamos jugando y nos interrumpian nuestro juego y ponian a todos mis amigos más grandes los cuales la mayoría talvez de entre 18 o 19 años a los que ponian con las manos hacia arriba y con las piernas bien abiertas comenzando de esta forma unos de ellos a proceder a revisarlos uno por uno para ver si de esta forma le descubrian a más de alguno tal vez una arma o alguna clase de propaganda política perteneciente a algunos de los grupos revolucionarios existentes en ese momento, esas rutinas se volvieron cada vez más comunes y más violentas debido a que esa clase de comportamiento de parte de los cuerpos de seguridad fueron escalando de tal manera que como a un mes de la ofensiva comenzaron a no tener consideración ni con gente de edad ni con las mujeres jóvenes o las de un poquito más de edades avanzadas, generando esto un gran miedo hacia los cuerpos armados del gobierno y haciendo esto peor la situación del país, ya que esto genero más inconformidad entre la población y abrio el camino a que mucha más gente se organizaran para luchar en contra de este gobierno, que cada vez buscaban la oportunidad de mantener al pueblo sometido a su sistema militar y limitandole cada vez más sus libertades y garantias, tanto de expresión así como las de organización social y política.

Por lo que después de unas dos o tres semanas de la ofensiva todo volvio un poco más a la normalidad, esto debido a toda la vigilancia que ese gobierno montó a partir de esos días por todo el país, más el toque de queda, que hacia más difícil el poder operar libremente de todos los grupos armados defensores de los derechos de el pueblo.

Pero en ese mismo año 1981, ya a dos meses de la ofensiva y otra vez como sucediera con la ofensiva que nadie se imajinaba como y de que forma se estaba planificando, ni de donde habrian salido todos esos hombres y mujeres, la mayoría muy jóvenes, de los cuales se podía observar que la gran mayoría de estos no llegaban ni a los veinte años de edad, pero los que ya habian tomado la decisión de ofrendar si era posible hasta su vida con tal de defender a su pueblo de las injusticias y maltrato a el que este estaba siendo sometido durante los últimos tres años por parte de el gobierno nacional, por lo que después de casi dos meses de haber surgido de la clandestinidad y de haber propinado su primer gran golpe militar a el gobierno de la república.

Un día 28 de febrero en conmemoración de el nacimiento de las (ligas populares 28 de febrero), estas cambiaron la forma de combatir en contra de las fuerzas armadas de el gobierno, y una vez más tomaron a estos desprevenidos, principalmente a todos los de las ciudades más grandes de todo el país, y de todas las colonias más importantes de el area metropolitana de San Salvador, ya que esa mañana de ese 28 de febrero, todos estos grupos ya mejor organizados y armados más adecuadamente y con todo ya perfectamente planificado, se dispusieron a llegar por sorpresa a todas estas ciudades, llegando estos en pequeños grupos de aproximadamente 25 a 30 combatientes cuando mucho, y se tomaron todas las entradas y salidas de todas las ciudades que en ese día habian acordado atacar, usando ellos el termino para llamar a esas ciudades de "zonas liberadas" a las cuales ellos liberaban dejandolas al momento de su llegada sin ninguna fuerza de seguridad perteneciente a el gobierno nacional, ya que al hacer una entrada simultánea a cada uno de los cuarteles de cada uno de estos cuerpos de seguridad y contando estos con mejor armamento y mucho más de poder militar, estos lo que hacian era atacar dichos cuarteles con algunas bombas de frabricacion casera, logrando con esto que los pocos elementos que se encontraban en esos lugares ya viendose atacados y completamente rodeados por toda esta gente, a estos no les quedaba más que obedecer al llamado que estos les hacian de rendirce y de entregar sus armás, llamado al que muchos de ellos si obedecian y se rendían entregando sus armás para de esa forma poder salvar sus vidas.

Yo recuerdo que cuando ya San Marcos, que habia sido uno de los lugares acordados por estos grupos a liberar estaba en el poder total y absoluto de estas fuerzas de choque militar perteneciente al pueblo, fue cuando ya nosotros comenzamos a ver estos pequeños grupos que se veian fuertemente armados pasar por la calle frente a nuestra casa y después de comprobar que de verdad estas gentes habian cometido la hazaña de sacar de su propio territorio a las fuerzas de seguridad del gobierno, una de las primeras cosas que estos grupos armados del pueblo hicieron, fue abrir todos los centros de abastecimientos de productos alimenticios de primera necesidad pertenecientes a el gobierno y lo que estos grupos hacian era dejar que toda la población tomara estos productos de gratis y se llevaran todo lo que pudieran para sus hogares, ya que para ellos eran productos que le pertenecian al pueblo.

Otra de las formás de estos grupos de devolverle algo al pueblo era de retener por un buen rato a todos los camiones tanto de bebidas gaseosas así como de cerveza y dejar que toda la población asistiera a agarrar y llevarse a sus casas todas las cajas de estos productos que pudieran, después que ya estos camiones que eran pertenecientes al gobierno se encontraban completamente vacios, ellos procedían a usarlos como barricadas colocandolos en el centro de la calle donde estos estuvieran situados y los prendían en fuego para que ya no pudieran volver a ser utilizados por el gobierno.

Esa mañana debido a todo lo que sucedía por todo el país todas las clases fueron suspendidas a nivel nacional y eso dio lugar a que yo me fuera a ver todo lo que sucedía junto con mi hermano Beto, un primo que se llama Julian y otro amigo, que en esos tiempos era campeón nacional de ciclismo a nivel universitario, por lo que cuando estabamos todos juntos, entre todos habiamos decidido ir a ver todo lo que sucedía para así ser testigos de una gran historia que estaba por escribirse en nuestro país, al primer lugar que fuimos fue a la alcaldía municipal, ya que era ahí donde se encontraba la estación central de la policia nacional y la municipal, pero antes de llegar a ese lugar pudimos ver como a medio camino sobre la carretera principal en un lugar conocido como la farmacia San Jose, siendo ahí que pudimos ver y comprobar que lo de los grupos armados era cierto y de que si se habian apoderado de toda la ciudad.

También pudimos ver como habian atravezado autobuses publicos urbanos y los habian quemado y atravezado en medio de la carretera para usarlos como barricadas para obstaculizar el paso de vehículos pertenecientes al ejército y toda fuerza de seguridad que se atrevieran a entrar a esa zona que para ese momento se encontraba bajo el control de las fuerzas revolucionarias del pueblo.

Después de ahí nos fuimos a la alcaldía y vimos como ahí habian tirado bombas para destruir todo lo que le pertenecia al gobierno de la república, otros lugares que vimos como los habian destruido y quemado fueron las oficinas del correo nacional y las del servicio de telecomunicaciones también nacionales, después de ser testigos de toda esa destrucción a propiedades del gobierno nos tomamos la misión de ir a ver todos los lugares en donde se habrian apostado todos estos miembros de este grupo armado y nos dirigimos hacia la colonia El Milagro a un lugar conocido como la man, la cual era una fabrica que estaba ubicada en la colonia Los Andes, la que es la primera colonia de San Marcos entrando por el lado del centro de San Salvador y siendo por este motivo el punto clave para que este pequeño grupo armado decidiera apostar ahí a la mayor cantidad de sus combatientes y a los que estaban mejor armados, ya que seria ese punto por donde ellos esperarian a que las fuerzas armadas del país trataran de penetrar por esta area para tratar de retomar el control de la ciudad.

Así fue que cuando nosotros llegamos a esta zona pudimos ver e incluso hacerles unas preguntas a algunos de los combatientes que ya se contraban atrincherados, nomás esperando el momento en que llegaran los que para ellos eran los enemigos del pueblo.

A los pocos que nosostros vimos y les preguntamos algo era la mayoría muy jóvenes pero a los que si se les podía sentir lo decididos que estaban a enfrentarse con las fuerzas armadas.

Entre todo este grupo de jóvenes armados vimos a una muchacha de aspecto muy bonita a la que se podía adivinar por su forma de expresarse y lo bien armada que estaba que era una persona muy educada y de buena familia, ella sobre su cuerpo portaba varias bombas especiales y granadas de fabricación cascras, también portaba en sus manos una ametralladora de calibre semi automatico muy moderna y otra colgandole sobre su espalda, a la que también se le podía ver que estaba bien preparada militarmente para combatir, por lo que también la mayoría de ellos se veian bien entrenados militarmente y suficientemente armados.

Otra cosa que también nos llamó la atención fue el ver todo el apoyo que recibieron de parte de toda la población, ya que vimos como todos los ayudaban en la construcción de barricadas, bloqueando de esta forma todo acceso de entrada y salida a la ciudad.

Después de unas tres horas aproximadamente y ya con todo bajo su control, este grupo comenzó a tratar de reclutar miembros entre la población que se habian hecho presentes a curiosear, logrando incorporar a sus filas a algunos cuantos de ellos que si decidieron unirse a este movimiento armado.

Entre uno de esos nuevos miembros que se incorporaron ese día, estaba un muchacho que nosotros conociamos muy bien, ya que era el hijo de el dueño de la peluquería donde mi padre acostumbraba llevarnos a recortarnos el pelo, cuando vimos a este muchacho lo primero que hicimos fue saludarlo y preguntarle el porque de su decisión de incorporarse a ese movimiento revolucionario, a lo que su respuesta fue muy corta y concreta, contestandonos que ya era tiempo de que el pueblo se uniera y luchara contra tanta injusticia y represión de parte de las fuerzas de seguridad de el gobierno, haciendonos ver de esta forma que el estaba dispuesto hasta a ofrendar su vida si era necesario, lo único de malo que vimos en nuestro amigo, fue que como este grupo no contaba con armamento suficiente para equipar adecuadamente a todo aquel que se les incorporara ese día, la única arma que le pudieron atorgar a el fue un revolver de calibre 38 muy viejo, el cual yo recuerdo muy bien haberle hecho el comentario en forma de broma que que iba a poder pelear con esa 38 vieja y oxidada, luego de ese comentario nos pusimos todos a reir ya que eramos amigos, después de hablar y felicitarlo por su decisión.

Despues nos dispusimos sin nunca imaginar las consecuencias que eso nos traeria a irnos a poner a el justo lugar donde arrivarian todos los cuerpos de seguridad para tratar de retomar la ciudad, tomando nosotros posición en una gran pared frente al taller conocido como la man, ya que ahí estaba situada una colonia que habia sido construida en lo alto que es la falda de el cerro San Jacinto, nosotros nos apostamos en ese lugar para ver todo lo que se esperaba que sucediera y fue entonces que nos pusimos sobre un bordo en alto y sobre esa gran pared perteneciente a una de las viviendas de esa colonia, nosotros y mucha gente que no nos imajinabamos lo que estaba por suceder en unos minutos.

Cuando todo estaba por comenzar fue cuando vimos llegar a varios camiones llenos de policias, guardías y soldados de el ejército nacional, cuando ellos arrivaron a ese lugar y comenzaron a desmontarse de todos los camiones y se apostaron sobre toda la orilla de la carretera quedando de esta forma frente a frente los dos grupos armados separados por unos 200 metros de barricadas esperando nomás la orden ambos de atacar, sin darle tiempo a nadie de todos los civiles que nos encontrabamos ahí presentes de llegar a nuestras casas, ya en esos momentos nada detendria la historia que estaba por escribirse tanto en nuestras vidas así como en todo el país. Después de ver como a unos cien o docientos miembros de las fuerzas armadas, comenzamos a sentir y a escuchar una gran balacera que habia comenzado en ese instante, la cual comenzamos a sentir muy cerca de nosotros, ya que ambos bandos comenzaron a disparar sus ametralladoras, volviendose ese lugar en ese mismo instante en un campo de guerra, dandonos esto a nosotros muy poco tiempo de reaccionar y correr en busca de un lugar seguro, por lo que cuando nosotros sentimos que los disparos pasaban muy cerca y pegaban por la parte alta de la pared sobre la que nosotros estabamos parados, lo que hicimos fue comenzar a correr despavoridamente, y conforme sentiamos que avanzábamos corriendo, también así sentiamos como las balas se impactaban a nuestro alrededor, haciendo esto que nos asustaramos mucho más de lo que ya estabamos y corrieramos aun más en busca de encontrar un lugar seguro o una casa en la que nos dejaran refugiarnos para mientras pasaba este gran enfrentamiento armado, cosa que por suerte no tardaria mucho en suceder ya que a unas cuadras de correr logramos llegar a una casa de una familia conocida que esta a dos cuadras de la escuela El Milagro, familia que por suerte de nosotros conocian muy bien a mi hermano Beto, por lo que estas personas no dudaron en darnos refugio y ayudarnos de esa forma a que no corrieramos el riesgo de morir en las calles a causa de el fuego cruzado de los que se encontraban combatiendo por todas las calles de esta ciudad, siendo entonces que después de casi tres horas de estar ahí con esta familia escuchando lo muy fuerte que estaba ese enfrentamiento armado, el cual duraria como unas tres horas sin que parara de escucharse el estruendo de las ametralladoras de muchos diferentes calibres, así como también el fuerte impacto de bombas y granadas, las que se podía sentir que estremecian a toda la ciudad, por lo que después de esas casi tres horas de continuos combates por toda la ciudad de San Marcos, se comenzó a sentir que ya estos estaban por llegar a su fin, ya que de repente todo volvio a ser un silencio total y lo único que se escuchaba era alguno que otro disparo en diferentes zonas, pero ya lo más fuerte de ese combate habria llegado a su fin, pero a pesar de esto nosotros nunca nos imajinabamos la pesadilla que para nosotros estaba por suceder, todo esto debido a que después de la retirada de los combatientes de el grupo revolucionario que tomo por asalto la ciudad, todos los miembros de los cuerpos de seguridad pertenecientes a el gobierno de la república, se dieron a la tarea de revisar casa por casa en busca de sospechosos de dicho grupo armado, debido a que estos tuvieron la sospecha de que algunos de estos se hubiesen refugiado en algunas de estas casas después de ellos haber recibido la orden de retirada, pero que al estos ver que toda la ciudad se encontraba completamente rodeada por las fuerzas armadas, no teniendo estos la forma de salir de la ciudad, por lo que no les quedó otra alternativa más que la de buscar a esconderse entre la población civil, mientras todo en la ciudad volvia completamente a su normalidad y que las fuerzas armadas también se hubiesen retirado.

Por lo que esto dio lugar a que como nosotros estabamos refugiados en una casa muy cerca de el area en conflicto la cual estaria muy cerca a la falda de el cerro, por lo que por ese motivo no tardó mucho tiempo y sentimos que unos hombres golpeaban la puerta principal de esta casa donde nos encontrabamos nosotros cuatro y estos decian con voz de mando que sino abrian esa puerta que en ese mismo instante ellos la tirarian, a los cuales también se les podía escuchar sus voces muy agitadas, esto debido a que ese combate apenas habia llegado a su fin, por lo que al momento que la señora de la casa abrio la puerta, ahi todos nos llevamos un gran susto al ver como al abrirse esta, lo que vimos fue como se abrieron camino entre nosotros como unos quince efectivos de la guardía nacional, los cuales desde que entraron lo primero que hicieron fue comenzarnos a preguntar que donde teniamos las armás escondidas, por lo que a nosotros no nos quedó más que responderles, que ahí nadie tenia ninguna clase de armás escondidas, por lo que después de ellos buscar por todos los rincones y de asegurarse que ahí no habia ninguna clase de armas, por lo que después de esto, ellos procedieron a dar la orden de que los que vivian en esa casa y eran de la misma familia se hicieran a un lado, lado que ellos mismos señalaron, siendo al momento de que todos los miembros de esa familia se hicieron a un lado, los unicos que quedamos que no eramos parte de esa familia fuimos nosotros cuatro, por lo que en ese mismo instante estos procedieron a interrogarnos y a preguntarnos que donde habiamos escondido nuestras armás, y también que a cual de esas organizaciónes revolucionarias perteneciamos, preguntas a las cuales nosotros les comenzamos a responder que no teniamos ninguna arma y que no eramos miembros de ninguna organización, explicacion la cual ellos no nos quisieron creer, comenzando en ese momento a amenazarnos con matarnos sino les deciamos la verdad, pero que lo único que nosotros en todo momento les desiamos era de que nosotros el único motivo de estar en esa casa era por que después de haber andado toda la mañana viendo todo lo que sucedía y que a la hora que comenzo el enfrentamiento, ya no nos dio tiempo de correr hasta nuestra casa y que por eso fue el motivo de refugiarnos en esa casa donde estabamos, pero a pesar de esto ellos seguian sin creernos, pero lo bueno fue que en ese momento nuestro amigo que en ese tiempo era campeón nacional de ciclismo, el les comenzó a decir que nosotros antes de que ese combate comenzara ibamos para el círculo estudíantil, que era donde el se entrenaba todos los días en la pista de ciclismo que tienen en ese lugar, procediendo el incluso a enseñarles sus trajes de ciclismo que el traia en una pequeña bolsa, pero tampoco todo esto los convencio y continuaron con sus amenazas de fusilarnos, siendo entonces que después de todo esto y de un buen rato de estarnos interrogando, estos nos dieron la orden de ponernos en linea viendo hacia una pared, siendo esta la señal de que si estaban dispuestos a fusilarnos, fue entonces que yo por ser el más chico de los cuatro, no pude aguantar el miedo y comencé a llorar pidiendoles por favor que no nos mataran, por que todo lo que les habiamos dicho era la verdad y que no teniamos nada que ver en todo lo que habia ocurrido en la ciudad, pero a pesar de eso a ellos no les importaba y nos querian matar, por lo que en ese momento lo único que nos quedó a nosotros fue encomendar nuestra vida a Dios, ya que el era el unico que nos podía salvar de esa situación, y es ahí que cuando ya nosotros estabamos viendo hacia esa pared y todos ellos en posición detrás de nosotros listos para dispararnos, que de repente en ese instante ocurrio el milagro que tanto necesitabamos, ya que inesperadamente salio de una esquina de la calle pero entrando a esta casa, un señor de avanzada edad que vestia el mismo uniforme de la guardía nacional, el que con voz de mando les pregunto a todos sus compañeros, que que era lo que pensaban hacer con nosotros, a lo que uno de los guardías le respondio que nos iban a fusilar por que tenian la sospecha de que nosotros eramos de los que participamos con el grupo revolucionario que se tomó la ciudad, haciendo esto que este señor nos comenzara a preguntar a nosotros que qué era lo que haciamos ahí, y es después de nosotros explicarle todo lo que ya les habiamos explicado a los otros guardías y más al el verme llorar, el también nos pregunta a todos nuestra edad, y que donde era que viviamos, siendo entonces que después de nosotros decirle nuestra edad y el nombre de la colonia en la que viviamos, el toma la decisión en ese mismo instante de dejarnos ir a nuestras casas, no antes advertirnos que nos fueramos directamente a casa y que no nos detuvieramos a andar más de curiosos, ya que en muchas areas de la ciudad se encontraban muchos cuerpos tirados, tanto de gente civil, así como de algunos combatientes de el grupo revolucionario que habian muerto en ese combate, por lo que después de el decirnos esto, nosotros los cuatro sentimos que en ese instante habiamos vuelto a la vida, ya que ese señor nos salvo la vida, por que si el no hubiese llegado en ese momento sus hombres si nos hubieran fusilado.

Por lo que ese día cuando nosotros logramos llegar a nuestras casas sanos y salvos, después de todo lo vivido y de lo muy cerca que estuvimos de que nos mataran, ya a nosotros no nos quedaron ganas de volver a salir a la calle ni para ver el resultado de ese choque armado, ya que por lo que podíamos escuchar por parte de algunos de nuestros amigos, los que si pudieron ir a las calles a ver todo lo sucedido y los que contaban de la cantidad de muertos que se podía observar por todos los alrededores de la ciudad, por lo que nosotros no nos ibamos a quedar con la curiosidad de ver esos cuerpos, ya que debido a que la mayoría de estos eran de algunos de los combatientes, la única diferencia seria de que fue hasta el día siguiente que nosotros ya pudimos salir a ver todo esto, y ya estos cadáveres no se encontraban en las calles, ya que estos habian sido recogidos por la policia nacional y llevados a la entrada de el cementerio municipal, por que era ahí donde estos iban a esperar todo ese día para ver si algún familiar o alguien reconocia a más de alguno de esos cuerpos, los cuales al momento de nosotros ir a ver eran nomás tres, debido a que según las versiones de algunos testigos, a la mayoría de estos muertos los habian recogido en un camión de la policia que era la encargada de ir recogiendo a todas las bajas, principalmente las sufridas por las fuerzas armadas, las cuales fueron muchas según testificaron algunas de las personas que aseguraron haber visto desde sus casas a estos combatientes matar a muchos de los efectivos de las fuerzas armadas, a los cuales no les convenia dejar saber a la población ni al país entero lo de todas sus bajas, ya que esto para ellos significaria reconocer la fuerza y la valentía con la que esta gente se les habria enfrentado el día anterior.

Fue entonces que después de haber ido al cementerio y no reconocer a ninguno de los muertos que ahí se encontraban, al momento de ir de regreso rumbo a nuestra casa escuchamos el rumor de que por un bordo a la orilla de la carretera por la colonia El Milagro, habían encontrado en ese momento el cadáver de uno de los combatientes, el cual habria caido sobre algunos arbustos y que esto fue lo que causo que encontrarlo fuera un poco tardado, fue así que cuando nosotros nos dirigimos hasta ese lugar y llegamos por el lote baldio donde se instalan los juegos mecanicos durante las fiestas patronales, ahí pudimos ver que muchas personas se dirijian hasta cierto lugar, haciendo esto que nosotros nos dirijieramos también a ese lugar donde nos llevariamos una fuerte sorpresa, ya que al momento de ver el cadáver que se encontraba ahí, nosotros descubrimos que se trataba de nuestro amigo, el hijo de el señor de la peluquería, el que un día antes se habria incorporado al grupo armado y al que estos le habrian dado la pistola de calibre 38 para combatir, por lo que al nosotros ver que se trataba de nuestro amigo y de llevarnos esa fuerte impresión, no nos quedo de otra más que de desearle el eterno descanso a lado de nuestro Creador.

Por lo que después de ya haber visto todos los cadáveres y el estado de destrucción en que algunos se encontraban, ya que algunos de estos tenian la cabeza totalmente destrozada a causa de los fuertes impactos de bala y de ser testigos de el daño de disparos que sufrieron muchas viviendas de el area en donde comenzó ese combate, nosotros mejor dicidimos irnos de regreso a nuestra casa para tratar de recuperarnos de esa fuerte impresión, ya que eso era algo que a todos nosotros nos causo mucho miedo, debido a que esta era la primera vez que pudimos observar seres humanos muertos de esa manera, y que ese era el resultado de el comienzo de una guerra entre hermanos e hijos de la misma patria.

Al día siguiente nos dimos cuenta que los cuerpos de los combatientes caidos que se encontraban a la entrada del cementerio ese día, tuvieron que ser enterrados en una fosa comun, debido a que estos no fueron reconocidos ni reclamados por nadie.

Después de esta nueva estrategia usada por estos grupos revolucionarios, de atacar a las fuerzas de el gobierno y de que el mismo gobierno y las fuerzas armadas vieran todo el apoyo que estos estaban recibiendo de parte de la población civil, esta vez el gobierno comenzó otra nueva ofensiva para tratar de evitar el avance y crecimiento de estos grupos, pero lo malo para el país fue, que la estrategia que el gobierno comenzó a utilizar, fue que este formaria en esos días un escuadrón de la muerte, especializado en secuestrar y eliminar de la forma que fuera a toda aquella persona de la que su nombre llegara a su poder, ya fuera cierto o no la información de inteligencia que ellos recibian por parte de todos sus informantes que en esos días tenian por todo el país.

Estos recibieron el nombre de "escuadrónes de la muerte", ya que toda aquella persona que era secuestrada por estas personas, las posibilidades de regresar a sus casas eran muy minimás, ya que talvez un 95 por ciento de esas personas secuestradas nunca regreso a lado de sus seres queridos, y la mayoría de estas fueron asesinadas de las formás más crueles que un ser humano pueda ser capaz.

Por lo que después de todo esto, en ese año 1981 yo cumplo mis quince años de vida y mi vida y la de todas las personas a mi alrededor comenzó a ser de una forma muy distinta a la forma en que la viviamos unos tres años antes, debido a que a partir de el nacimiento de esos escuadrónes de la muerte, ya nada en el país era igual para ninguna familia, ya que durante el transcurso de ese año 1981 y todo el año siguiente o sea en el año 1982, se desató por todo el país una ola de secuestros y asesinatos que marcaron al país de una forma nunca imaginada.

En ese año de 1981 después de que la mayoría de las organizaciónes representantes y defensoras de los derechos del pueblo se armaran mucho mejor para intensificar sus ataques en contra de las fuerzas armadas del gobierno, así también se intensificaron la represión de el gobierno en contra de toda la población civil, ya que debido a el alto índice de crecimiento de todas esas organizaciónes revolucionarias, todo el resto de ese año lo vivimos en un completo estado de guerra, debido a que los combates se hacian día a día mucho más frecuentes e intensos por todo el país, dando esto lugar a que los escuadrónes de la muerte también aceleraran el accionar en la forma de ellos tratar de prevenir el crecimiento de esos grupos, a los que ellos llamaban:

"Rebeldes" o "Subversivos", y otras veces a estos también los trataban hasta de terroristas.

Durante todos esos meses yo recuerdo que todos los días por la mañana se escuchaban los rumores de muchos secuestros, que habrian ocurrido durante toda la noche por todo el país y que pasando los días, conforme estos escuadrónes de la muerte secuestraban a mucha gente, también así fueron comenzando a aparecer muchos muertos por las calles de todo el país.

Recuerdo que el lugar favorito para deshacerse de sus victimas en nuestra ciudad, fue lo que en esos días era la construcción de la autopista que va de San Salvador hasta el aeropuerto internacional de El Salvador que lleva el nombre de "Aeropuerto Internacional de Comalapa", construcción que en esos días habria sido abandonada por el gobierno de la república, debido a ese conflicto armado que día a día se estaba generalizando por todo el país, por lo que a partir de esos días se volvio muy comun para nosotros, ir todos los días después de salir de nuestro colegio a observar algunos cadáveres, ya que durante muchos meses no habia un solo día en que no aparecieran uno o más cuerpos de gente que unos días antes habrian sido secuestrados por estos escuadrónes, a los que estos nomás los hacian prisioneros unos dos o tres días para interrogarlos y sacarles la información que ellos necesitaban y luego de obtener toda la información que les pedían estos los ejecutaban, no antes de torturarlos de una forma muy salvaje, para luego trasladarlos hasta la autopista y ahí los terminaban de ejecutar.

Ese mismo año yo recuerdo que todos los días que salia de mi colegio, me iba a ver muertos por diferentes lugares de la ciudad o a veces cuando ya la policia los habia levantado y llevado a la alcaldía municipal, ya que ahí estos comenzaron a utilizar como morgue un gran patio que ellos no usaban, siendo por eso que cuando no habian muertos en la autopista o en las calles, ya nosotros sabiamos donde ir para poder ver esos cadáveres, a los que yo recuerdo ver visto cientos de ellos durante el periodo de los años 81 y 82, de los cuales hubo algunos de los que nunca

45

me he podido olvidar todo debido a lo macabro de su forma de haber sido torturados, pero unos de los que más se me vienen a la mente, fueron tres cuerpos que amanecieron en la autopista a inmedíaciones de un tiradero de carros y autobuses que perteneció a una compañia que se llamaba "dicasa", la cual fabricaba autobuses y que en esos días en que inicio ese conflicto armado decidieron salirse de el país, dejando ese lugar en el abandono, los cuales eran dos hombres y una mujer muy jóvenes, y estos presentaban una forma de tortura inimaginable para cualquier ser humano, ya que antes de estos ser ejecutados a todos les habian quitado las uñas de pies y manos y los habian agujerado como si eso hubiese sido con alguna clase de maquina, ya que todo su cuerpo presentaba agujeros por todas partes y al final antes de ejecutarlos se podía ver que a la muchacha le habian cortado sus pechos, para después de esto darles un tiro a cada uno en la frente.

Ese año de 1981 transcurre lleno de violencia tanto política así como armada, la cual llenaria de luto a miles de familias por todo el país, cosa que por suerte hasta estos tiempos a nosotros en nuestra colonia todavía no habiamos recibido el impacto de tanta violencia, pero la que estaria por cambiarnos la vida a todos en los primeros meses de el año 1982, ya que cuando da inicio el año escolar, todas las organizaciónes revolucionarias se dan a la tarea de tomarse por asalto las escuelas, colegios y universidades de todo el país, usando esta tactica para reclutar y hacer parte de sus filas a una parte de su población, la cual resultaria la más vulnerable y fácil de convencer, todo esto debido a la corta edad de la mayoría de toda esta gente, por lo que cuando nosotros en mi colegio comenzamos a recibir las visitas de estos grupos, una de las cosas que a mi me llamo mucho la atención, fue que a las muchachas les gustaba mucho la forma en que estos muchachos llegaban, ya que estos usaban cualquier cosa para no dejar que nadie les decubriera su rostro y eso a todas ellas las volvia locas, haciendo esto que a mi me entrara la curiosidad por unirme a uno de estos grupos, todo por la curiosidad de saber que se sentia el ver que la gente lo admirara a uno por ser parte de algo a lo que para la mayoría de ellos, era gente que estaban luchando y arriesgando su vida por defender sus derechos más principales de su vida, más todo lo que habria vivido casi dos años atrás con lo de la guardía que nos habian querido fusilar sin tener nada que ver con lo que sucedía ese día, yo senti que desde esos días desperto en mi persona un gran odio hacia toda fuerza de seguridad que tuviera que ver con ese gobierno, siendo así que una mañana de el mes de marzo con un amigo muy cercano mio, nos fuimos a meter a la universidad nacional, ya que ahí habiamos escuchado que era el lugar donde se reunian todos los días algunos de los grupos que llegaban a las escuelas y colegios, cuando nosotros entramos a la universidad ese día todo al comienzo parecia muy normal, pero después de que entramos a uno de los salones de clases pudimos ver y escuchar que ahí no era clases lo que estaban recibiendo, sino que estaban planificando y organizando estrategias de como combatir y atacar a las fuerzas del gobierno, después que salimos de esa clase nos llevamos una gran sorpresa con mi amigo, ya que saliendo de otra sala de clases continua a la de donde estabamos saliendo nosotros, nos encontramos con que mi hermano Beto y un amigo que era de los más allegados a nosotros y casi siempre estabamos juntos el cual se llamaba Juan Antonio Franco pero a quien nosotros le llamabamos "Toño" este era hijo de una de las señoras vecinas de nosotros y familia de las cuales nosotros desde niños simpre nos llebamos muy bien.

Ese día lo que pasó al encontrarnos ahí nos tomo a todos por sorpresa, ya que por lo que pudimos ver, ya Beto mi hermano y nuestro amigo Toño eran parte de uno de esos grupos, el cual era las LP - 28 y al nosotros ver que ya ahí estaban organizados mi hermano y Toño, no nos quedó más que organizarnos e incorporarnos con ellos en esa misma organización para así estar siempre juntos.

A partir de la segunda reunión a la que yo asisti, y ya siendo un miembro más de esa agrupacion al igual que mi amigo.

Lo bueno que yo recuerdo de habernos organizado en las LP-28 fue que esa era una organización de política y no participaba en choques armados, ya que para eso ellos tenian su propio frente de choque armado y este era el E.R.P. (ejército revolucionario del pueblo).

Después de que nosotros comenzamos a formar parte de esta organizacion, nos pudimos dar cuenta un poco más de los problemas políticos que el país habia estado viviendo desde hace muchos años atrás, ya que la población no se daba cuenta de nada debido a que el gobierno siempre la mantenía engañada y en una total ignorancia, fue también en esas clases de política donde aprendí a fondo lo que "Ernesto El Che Guevara" significaba, ya que en algunas de ellas nos enseñaron a fondo las causas por las que el lucho toda su vida, despertando eso no solo en mi sino que en casi todos los de la clase, ese espíritu revolucionario que todos llevamos en cada uno.

Esos meses después de nuestra incorporacion a las LP-28, transcurren para nosotros metiendonos cada día más profundamente y sin medir las consecuencias, tanto para nosotros o para nuestros padres en estos problemás políticos.

Esos meses yo recuerdo como nosotros eramos organizados en pequeños grupos como de unos 8 y nos daban la misión de ir a tomarnos las escuelas por asalto en nombre de nuestra organización política y dabamos la orden a los maestros de suspender las clases, para que nosotros dieramos charla de concientizacion política y para repartir propagandas con informacion de lo que era nuestra lucha.

Otra de las misiones de esas tomas de escuelas, era la de recolectar la mayor cantidad de dinero que se pudiera, y esto se hacia pidiendoles su colaboracion a los alumnos voluntariamente para no dar lugar a que el gobierno nos tildara de ser unos delicuentes, ya que desde el principio de todo este movimiento, esta fue la tactica que ellos usaron para hacer creer a toda la población civil, que todo esto se trataba nomás de un grupo de delicuentes y no de una organización revolucionaria.

Todo ese dinero que se recolectaba lo poniamos a un fondo, el cual servia para ir modernizando toda la estructura política y militar de nuestras organizaciónes.

Ya como para el mes de junio comenzamos a ver la forma de como este movimento revolucionario estaba creciendo a un nivel el cual era ya prácticamente imposible evitar la guerra civil que se estaba abriendo camino en nuestro país, ya que para esos meses toda accion propagandística estaria acompañada de un choque armado, dando esto lugar a que nosotros nos expusieramos cada vez más a los peligros que nuestras acciones traerian a nuestros futuros, todo esto debido a que en varias ocaciones en que cuando nosotros teniamos algunos minutos de haber abandonado más de algún recinto escolar, muchas veces en el instante estaban en ese mismo lugar la policia o la guardía nacional, haciendo todos estos operativos cuestion de pura suerte para todos nosotros, debido a que nosotros en esos días eramos enviados a esos operativos y las unicas armás con las que muchas veces contabamos para defendernos en caso de ser perseguidos por miembros de algún cuerpo de seguridad, eran a veces una o dos pistolas de verdad pero de muy bajo calibre y dos o tres de juguete, las cuales nomás las usabamos para asustar a quien nos las viera, lo único bueno que a veces llevabamos con nosotros talvez eran una o dos bombas de fabricación caceras y esto era lo único con lo que contabamos para poder defendernos de una forma muy eficas y para talvéz poder asustar a los del gobierno y talvez tener tiempo de podernos escapar.

Recuerdo que en una de esas ocaciones, fuimos a hacer un operativo a una escuelita situada a las afueras de San Marcos y lo que nos pasó ahí fue algo que me dejó a mi con ganas de ya no meterme más en problemas , por que cuando ya estabamos por abandonar ese lugar, en lo que nosotros nos paramos en la entrada principal, ahí nos llebamos el gran susto al ver como al mismo tiempo de nosotros estar por salir a la calle, también en ese mismo momento se apareció por la calle un convoy de el ejército nacional, los cuales lo único que nosotros esperabamos al momento de verlos, fue que estos nos hicieran el alto y nos revisaran y que descubrieran todo lo que traíamos con nosotros, pero Gracias a Dios en esa ocasión eso no ocurrio.

Recuerdo otra ocasión en la que fuimos enviados a un instituto en el centro de San Salvador el cual se llama (instituto Francisco Menendez) "inframen", lugar en el que tendríamos la mision de recoger unas cajas de propaganda, las cuales tendriamos que llevar hasta San Marcos a el lugar donde teníamos nuestra oficina de reuniones clandestinas, donde era que organizabamos todas las actividades de nuestra organización, ese día lo que sucede es que cuando nosotros salimos de ese lugar, ya en la calle se encontraban muchos agentes de la policia nacional exacto afuera de el instituto, por lo que a nosotros no nos quedó otra alternativa más que la de botar toda la propaganda en unos botes de basura y hacernos como si nada estaba pasando, llegando a ser este otro de esos grandes sustos que tendriamos que pasar.

Otras de las cosas que nos toco vivir muy de cerca, fue la de ir a ver como el ejército nacional o el escuadrón de la muerte asesinaban a familias completas solo por el hecho de que talvez uno de sus hijos o hijas fueran miembros de alguna organización revolucionaria, todo esto nosotros lo haciamos no sabiendo que también estabamos corriendo ese mismo riesgo o aun peor que también estabamos poniendo en ese mismo riesgo a toda nuestra familia, pero todo esto talvez nosotros no lo mirabamos de esta forma, talvez debido a nuestra edad y más que todo a nuestra ignorancia, pero ya en esos tiempos las cosas se estarian poniendo muy feas a todo nuestro alrededor sin que nosotros nos diéramos cuenta, por lo que un día de el mes de junio de ese mismo año que nosotros nos fuimos a reunir en la universidad, ese día comenzamos a recibir instrucciones sobre un nuevo plan, que todas estas organizaciónes habian acordado para unir sus fuerzas en la lucha contra las fuerzas armadas de el gobierno, y el cual consistía en una unidad revolucionaria en la que todas estas organizaciónes pasarian en un futuro no muy lejano a formar parte de una sola organización política la que llegaria a tomar el nombre de F.M.L.N lo que significa "Frente Farabundo Marti para La Liberación Nacional" llevando esta organización el nombre de uno de los pioneros de la lucha por los derechos del pueblo.

Todo lo que se organizaria ese día en dicha reunión pasaria a ser un hecho histórico para la vida política de todo el país, debido a que con la unión de todos estos grupos, los que pasarían a formar un solo frente y los que en muy corto tiempo le declararían una guerra abierta y directa al gobierno y a sus fuerzas armadas, siendo esto algo que en un futuro no muy lejano pondria a nuestro país en un hecho histórico sin precedentes, ya que este era el principio de una guerra que viviríamos por muchos años, y la cual cambiaria el destino de mucha gente en todo el país.

Pero este movimiento también traería más actividades en las operaciones políticas, ya que para poder llevar a cabo dicha unidad revolucionaria, se tendria primero que preparar política y militarmente a los miles y miles de integrantes de todo este movimiento y como todavía no se contaba con el armamento suficiente ni sofisticado como para poder hacer frente a una fuerza armada super equipada, y como en esos tiempos tampoco se contaba con los medios económicos para efectuar los gastos necesarios para comprar el equipo militar que tanto nos hacia falta, se tuvo que recurrir a muchas formas para poder obtener ese dinero, y una de ellas fue mediante el secuestro de gente importante, a los que se les exigiría a sus familiares las cantidades que se calculaba pudieran cubrir, para de esa forma poder estos recuperar a su familiar secuestrado, llegando a ser uno de esos casos y el que más publicidad obtuviera por su triste desenlace, el secuestro de un multimillonario muy reconocido en todo el país de nombre Roberto Poma, el que a la hora de ser secuestrado por una celula de las F.P.L (fuerzas populares de liberación) este pensó poder evitar el ser secuestrado al querer sacar ventaja a su condición física, debido a que como este era un hombre de una estatura alta y de complexión muy robusta, siendo esto lo que lo llevaria a que en el momento de ser secuestrado y que al estar

51

adentro de el vehículo en que estos lo transportarían hasta una casa de seguridad, en un momento de descuido de sus secuestradores, este vío el momento oportuno para querer escapar y comienza de esa forma a forcegear y es en ese momento de forcejeo que a uno de los integrantes de ese grupo de secuestro, a este accidentalmente se le escapa un tiro de su arma, el que desgraciadamente impacta a este sujeto secuestrado en una parte crítica de el estómago, haciendo esto que esta gente agilicen el viaje para llegar a la casa de seguridad acordada, la cual estaria situada exactamente frente a el mirador de los planes de renderos, lugar en el que ya los estaría esperando un doctor y algunos de los dirigentes principales de dicha organización para también comenzar con el proceso de negociación y para exigir un rescate económico a su familia y otro a el gobierno que consistía en la liberación de algunos dirigentes políticos de algunas organizaciónes que se encontraban detenidos por las fuerzas de seguridad de ese gobierno.

Pero lo que sucedería seria que después de unos días de esta gente estar luchando por salvarle la vida a este hombre y de estar haciendo las negociaciónes con su familia y con el gobierno, a este hombre de repente se le complica su herida y fallece en manos de sus secuestradores, y esto sucede en el momento cuando ya todos habian llegado a un acuerdo para su liberación, ya que su familia iba a pagar el rescate exigido y el gobierno a cumplir con la liberación de los presos políticos en su poder, por lo que cuando este muere a esta organización no le quedó otra alternativa más que la de continuar con el plan acordado, recurriendo de esta forma con el plan de engañar a sus familiares y a el gobierno, haciendoles creer a estos que este señor se encontraba muy bien y que gozaba de muy buena salud, dando esto lugar a que las negociaciónes se llevaran a cabo de la forma pactada por los secuestradores, la cual era de dejar libre a este hombre secuestrado al momento en que los prisioneros fueran puestos en libertad y que ya se encontraran en el aeropuerto internacional para en ese mismo instante salir de el país y que también estos recibieran el rescate económico acordado, siendo entonces que después de todo esto y ya que esta organización recibe todo lo pactado en esas negociaciónes, estos llaman a las autoridades para decirles donde era que se encontraba el señor Roberto Poma, pero lo que nadie ni de el mismo gobierno ni de su familia se imaginarian, seria que lo que iban a encontrar era su cadáver, abriendo esto lugar a una lucha de acusaciones entre ambas dirigencias implicadas en este conflicto de negociaciónes políticas.

En esos tiempos hubo muchos secuestros de gente importante por todo el país y al igual que en el caso poma hubieron más secuestrados que en esas ocasiones por el no cumplimiento de las demandas, las victimas también fueron asesinadas, haciendo esto para demostrarle a ese gobierno que ellos no estaban jugando.

Otra de las tácticas que también se usarian en ese tiempo, fue la de formar pequeños comandos urbanos y mandarlos por todos los rincones de el país, con el fin de decomisarle toda clase de armas que la población tuviera en su poder, siendo de esa forma que se logran recolectar miles de armas, las cuales servirian para armar a muchos de los nuevos combatientes de esa lucha que ya para esos días estaba por profundisarse por todo el país.

Fue así que cuando ya se llegó el día en que se llevaria a cabo la unidad revolucionaria, la misión de nuestra organización era la de llegar a la alcaldía municipal de San Marcos y ya al tener todo el control de la ciudad, por medio de un vocero el que ya llevaba todo el mensaje por escrito, se le daria a conocer a toda la población por medio de altoparlantes lo de la unidad revolucionaría y lo que esto significaría para el país, pero todo esto nosotros lo tendriamos que hacer después de haber recibido la señal por parte de nuestros grupos de choque armado, ya que estos serian los que se encargarían de entrar a la ciudad y asegurarse de dejarla libre de cuerpos de seguridad de el gobierno, siendo así entonces que cuando todo esto ocurrió, nos reunimos mi hermano Beto mi amigo Toño y yó y nos fuimos rumbo a la alcaldía para hacer nuestra parte del plan acordado, fue entonces que al nosotros llegar a la carretera que se encuentra entre medio de las dos cuestas que hay rumbo a la alcaldía, carretera en la que se sale para el centro de San Salvador y para el departamento de Usulutan, por lo que esto hace que ese sea el punto principal de la ciudad para abordar los autobuses, tanto locales así como los departamentales y este es el punto favorito para mi padre tomar el autobús para poder llegar a el centro de San Salvador, por lo que esa mañana recuerdo que como todo esto se habia organizado para llevarse a cabo muy temprano en la mañana.

Cuando mi padre salio de la casa para irse rumbo a su trabajo, nosotros salimos unos 10 minutos detrás de el, para irnos a reunir con los demás compañeros de nuestra organización a la alcaldía, pero esto ya que la ciudad estaba bajo control de nuestro grupo armado y la ciudad completamente controlada, siendo así que cuando ya nosotros estamos en la alcaldía repartiendo toda la propaganda y después de haberle dado a toda la población la noticia referente a la unidad revolucionaria y de también anunciarle todos los cambios políticos que se venian a nuestro país, es en un momento de descuido que yo volteo a ver para la parte de abajo de la alcaldía o sea para el area de la carretera, llevandome en ese instante un fuerte susto, ya que entre toda la multitud que estaba buscando la forma de como poder irse rumbo a el centro yo observo a mi padre, el que siempre recuerdo haber visto que era un hombre muy responsable en su trabajo y fuera la forma que fuera el nunca faltaba un solo día a su lugar de empleo, por lo que en ese momento de ver a mi padre sentí que me preocupe mucho por el, debido a que en unos minutos nosotros esperabamos que ya las fuerzas armadas trataran de llegar a recuperar la ciudad, por lo que se esperaba un gran combate armado, el cual pondria en peligro a toda esta gente civil y los que todavía no sabian que ya las fuerzas armadas estaban de camino rumbo a esta ciudad, pero lo bueno de todo esto fue que en ese mismo instante que yo estoy observando a mi padre, por suerte el logra subirse a un autobus y sale de esa area en peligro, siendo así que como a unos veinte minutos de ya nosotros estar en la alcaldía y después que ya nosotros habiamos colgado la bandera que anunciaba el nuevo movimiento político y de ya haber cumplido con repartir toda la propaganda que llevabamos para la población, es después de todo esto que pasó algo que nadie de nuestro grupo nos esperabamos, ya que nosotros tendriamos que recibir la orden de retirada al momento que se supiera que las fuerzas armadas del gobierno, hacian su entrada a la ciudad por el area de la colonia Los Andes, ya que de esa forma nosotros tendriamos el tiempo suficiente para poder llegar a nuestras casas, pero lo que pasó ese día fue algo inesperado, ya que nuestras fuerzas de choque armado decidieron retirarse para no enfrentarse con el ejército nacional, pero lo malo de esto fue que a nosotros en ningún momento se nos informo de ese cambio de plan y en un momento que nosotros no esperabamos, vimos como de la parte de abajo sobre la carretera se dejaron venir hacia nosotros varias tanquetas y vehículos blindados de el ejército y a muchos policias y guardías nacionales, los que ya se dirigían hacia donde nosotros nos encontrabamos, haciendo esto que cuando nosotros los vimos dirigirse a nosotros, no nos quedó más que salir corriendo de ese sitio a como diera lugar, ya que sinos arriesgabamos a que ellos nos tubieran frente a ellos lo más seguro era que nos iban a matar, pero en esa ocasión corrimos con mucha suerte, ya que todos logramos llegar sanos y salvos a nuestros hogares a lado de nuestros familiares.

A los días después de dicha unidad revolucionaria, el gobierno perdio el control de el país y a esto algunos políticos muy importantes, buscaron la forma de sacarle provecho y se unieron en contra de el presidente en turno, logrando derrocarlo de el poder, quedando el país desde esos días gobernado por una junta de gobierno provicional, la cual tomaría las riendas del país hasta que se pudieran efectuar las proximas elecciones, para volver a elegir democraticamente un nuevo presidente para nuestro país, por lo que después de todos estos cambios políticos en el país, para nosotros también se acercaban muchos cambios, los que cambiarian nuestras vidas de una forma no muy esperada, ya que despues de el surgimiento de el F.M.L.N. y de el derrocamiento de el Presidente Carlos H Romero, el país pasó de un tiempo de estabilidad social y política muy estable a un estado de guerra inevitable, debido a que a estas alturas de la guerra política, ninguno de los dos bandos estaria dispuesto a negociar.

En ese mismo mes de junio de ese año 1982 un día en la tarde que nosotros ibamos para la universidad nacional, cuando ya estabamos por ingresar, escuchamos desde el interior ráfagas de metralletas y unos minutos más tarde observamos como arribaban a ese lugar cientos de agentes de la guardía y policia nacional bien armados y con muchos vehículos blindados, los que en ese mismo instante se dispusieron a tomar militarmente esa universidad, para así tratar de evitar el avance de lo que ya por todo mundo era muy conocido, ya que ese lugar se habría convertido en un campo de entrenamiento, tanto político así como militar de todos los grupos revolucionarios existentes en esos tiempos, por lo que al nosotros ver como este lugar quedaba bajo el control de el gobierno y de las fuerzas armadas, a nosotros despues de esto no nos quedó otra alternativa, más que la de buscar otros locales para hacer nuestras reuniones, y fue así que ya para el mes de junio todo para nosotros estaria por golpear a nuestras familias, debido a que una tarde que mi amigo y compañero Toño y yo nos fuimos a ver a una familia completa que habia sido asesinada por efectivos de la guardía nacional, por lo que después de esto fuimos a reúnirnos con los de nuestro grupo para luego de esto tener que regresar a nuestras respectivas casas, siendo a nuestro regreso en la colonia que lo último que hicimos con mi amigo fue despedirnos y lo último que hariamos juntos fue irnos a la orilla de un bordo que esta frente a mi casa y en ese lugar enterramos unas balas que teniamos, las cuales no podíamos correr el riesgo que nadie nos las viera por lo que entre los dos acordamos que lo mejor que podíamos hacer era enterrarlas en ese lugar y que solo nosotros dos eramos los unicos que sabiamos donde encontrarlas en caso de que se llegaran a necesitar.

Por lo que después de hacer esa maniobra procedimos a despedirnos, no sabiendo que esa seria la ultima vez que nos vieramos en nuestras vidas, ya que esa misma noche el escuadrón de la muerte llegó a nuestra casa en busca de mi hermano Beto, el cual se salvaria de puro milagro gracias a que ya para ese tiempo nuestra casa contaba con varias habitaciones separadas, las que mis padres alquilaban a algunas familias y las que recuerdo eran como unas cinco, de las cuales dos estaban a el lado derecho de nuestra casa y otras tres a el lado izquierdo, dando esto lugar a que nuestra casa quedara en el centro, y como estos miembros de el escuadrón de la muerte no conocian esta area, eso hizo que estos se confundieran, ya que lo único que ellos tenian era el nombre de mi hermano, y como estos vieron que la casa era muy grande esto los despistó y como ellos talvez tenian la orden de no perder mucho tiempo en cada casa donde secuestrarian a muchas de sus victimas fue así que después de unos minutos de tocar en algunas de las puertas y como ya era más de la medía noche y nadie se levantava a abrirles, estos se desesperaron y se largaron sin llevarse a mi hermano con ellos, siendo entonces que después de un buen rato y ya que a mis padres les paso el susto, mi padre reaccionó y en ese mismo instante salio a tratar de ver lo que estaba sucediendo, por lo que al el salir de la casa es que se da cuenta que a nuestro amigo Toño si se lo habian llevado, por lo que mi padre en ese mismo instante decide sacar de la casa a mi hermano para esconderlo en un lugar seguro, por si a caso a estos se les ocurria volver por el.

Y es desde esa noche hasta el día de yo estar escribiendo esta historia, que nunca supimos lo que paso con nuestro amigo ni lo que pudo haber pasado en sus últimos días de su vida en manos de esos asesinos, lo único que se llegó a escuchar fue un rumor de que a el y a varios de los secuestrados los habrian ejecutado esa misma noche, pero esto es algo que nunca se ha podido comprobar, ni saber el lugar donde esto habria ocurrido, quedando ese crimen en el olvido de cualquier autoridad de el país, menos en los corazones de su madre y de sus hermanas y de todos los que siempre lo recordamos y llevamos en nuestro corazón, fue así que después de el secuestro de mi amigo Toño y después de que mi hermano Beto se salvara de ese secuestro y que tuviera que salir de la casa para ir a refugiarse a la casa de nuestra abuelita en Santa Rosa de Lima, para de esa forma poder salvar su vida.

Yo a pesar de todo lo que estaba pasando a mi alrededor continue reuniendome con los demás miembros de nuestra organización, lo único que esta vez, ya seria sin tener a mi lado a mis dos compañeros inseparables "Beto" y "Toño", y con el amigo de la colonia que yo comenzaría a salir mucho a partir de esos días y con el que continue hasta el último momento que pude para pertenecer y ayudar a este movimiento político fue con "Juan", el que también es otro gran amigo de nosotros desde la infancia y a quien nosotros le habiamos puesto el sobrenombre de "titijuan", esto debido a que el desde muy niño siempre fue tartamudo para hablar y todos en la colonia nos burlabamos mucho de él debido a este mal, Juan es un primo de mi gran amigo y compañero Toño, y con quien yo y mi hermano Beto también desde niños nos juntabamos mucho, así fuera para jugar o para cuestiones de trabajo, ya que a Juan siempre desde muy chico, le gustaron las cosas de negocios, y recuerdo que cuando eramos unos niños, una tía de Juan vendía pollitos, de esos tiernos que la gente compra en los mercados especialmente para ellos criarlos en sus casas, por lo que nosotros nos ibamos a unos lugares con unas cajas y nos poniamos a vender en los mercados y luego que terminabamos de venderlos todos, nos regresabamos a nuestras casas.

En otra ocasión también recuerdo que mi amigo habia encontrado un negocio que dejaba muy buenas ganancias, el cual consistia en comprar medicinas directamente de alguna droguería farmacéutica y después irse de tienda en tienda por todas las colonias de San Salvador ofreciendo todas estas medicinas, las cuales si compraban en la mayoría de las tiendas en las que se ofrecian, haciendo esto que mi amigo en muy corto tiempo obtuviera una muy buena clientela y que comenzara a obtener unas ganancias increíbles, ya que la ganancia que este negocio le dejaba era a veces hasta de más de el cincuenta por ciento, siendo así que cuando no teniamos reunión con los de nuestra organización, el me invitaba a que me fuera con el para ayudarle con una de las cajas de medicina que el llevaria a vender y como en esos tiempos el único día que yo tenia disponible era los sábados, debido a que entre semana estudíaba, todos los sábados yo me iba con el y le ayudaba hasta que prácticamente vendíamos todo, regresándonos después de esto a nuestras casas, ya el con una muy buena ganancia de todas sus ventas y yo con la mia de todo lo que me embolsaba sin que el pobre de mi amigo se diera cuenta (jajajaja).

Ya en esos días las cosas estaban muy malas y ya muchos muchachos por todo el país habian sido secuestrados y la mayoría asesinados, y ya por ningun lugar habia tranquilidad, por lo que en el mes de agosto de ese mismo año la desgracia vuelve a tocar a nuestra puerta, ya que el día 19 de ese mes, el escuadrón de la muerte llega otra vez a nuestra casa y desgraciadamente en esta ocasión si tenian la información correcta de donde tocar, siendo así que estos llegaron directamente a nuestra puerta y comenzaron a patearla y a ordenar que se les abriera o que sino la iban a tirar y que la iban a ametrallar, por lo que después de escuchar esto a mis padres no les quedó otra alternativa más que la de abrirles, y es cuando mi padre les abre que lo primero que estos hacen es tirarlo al piso con una ametralladora apuntandole en la cabeza para que no se moviera, por lo que después de esto ellos subieron a el segundo piso que era donde estaban nuestras recamaras y comenzaron a preguntar ¿quién es Douglas?, haciendo esto como unas tres veces, por lo que a la tercera vez yo decidí decirles que era yo, siendo entonces que ellos procedieron a sacarme de la casa, pero antes de todo esto yo pude ver como ellos tenian a mis padres y a todos mis hermanos en el piso con ametralladoras apuntandoles en la cabeza, siendo esa una de las cosas que nunca he podido borrar de mi mente, ya que por el hecho de mi irresponsabilidad pude haber arriesgado la vida de todos mis seres queridos, cuando ya bajamos al primer piso también pude ver como estos tenian en el piso a una sobrina de mi padre que por casualidad en esos días se encontraba viviendo con nosotros, pero lo malo de esto fue que ella en esos días se encontraba recién parida, por lo que ella tenia a su bebe a su lado, cosa que a estos no les importó y también a ella la tiraron en el piso con todo y su bebe, apuntandoles con las armás en su cabeza para evitar que se movieran.

Recuerdo que antes de yo salir de la casa, lo último que pude hacer, fue pedirle a mi padre que tratara de comunicarse con mi tío Roberto para pedirle ayuda, siendo eso algo que a estos hombres les desperto mucha curiosidad al escuchar lo que yo le dije a mi padre, pero lo único que hicieron fue voltearse a ver entre ellos y despues procedieron a llevarme para afuera de la casa y ya que llegamos a la calle, ellos me tiraron en la cama de un pick up que ellos tenian a un lado de nuestra casa y el cual era por casualidad, el mismo que unos días antes habiamos visto con mi amigo Cesar cuando veniamos de el colegio, ya que un día por casualidad este mismo vehículo se para a la par de nosotros al momento de nosotros estar esperando para cruzar una calle y en esa ocasión yo recuerdo que al ver que unos de ellos iban sentados en la parte de atrás, nosotros pudimos observar muy claro todas sus armas y su equipo militar que ellos tenian en el piso de ese vehículo, por lo que yo le hice el comentario a mi amigo de que talvez esos eran de el escuadrón de la muerte, por lo que esto fue lo primero que a mi se me vino a mi mente a la hora de ver que este era el vehículo en que estos me iban a transportar hasta un lugar que en ese momento yo desconocia, teniendo todo muy claro en ese momento de que era a mi el que ya estos me estarian vigilando desde no se cuanto tiempo antes de llegar por mi a la casa, por lo que antes de subirme a este vehículo estos lo último que hicieron fue que me amarraron de las manos y me cubrieron toda la cara para que de esa forma yo no pudiera ver para donde era que me llevaban y para no correr el riesgo que yo les viera su rostro y los pudiera reconocer, en esta ocasión yo fui el primero en ser secuestrado, por lo que en ese momento yo era el único que estaria tirado sobre la cama de dicho vehículo, pero después de mi ellos se dirigieron a otras colonias, en las cuales yo pude escuchar cuando estos pateaban las puertas de otras casas, en busca de más muchachos, en las que yo recuerdo si lograron secuestrar a dos más, ya que a estos los tiraron uno a cada lado de donde yo estaba, siendo entonces que al ellos ya tenernos en su poder, procedieron a dirijirse a su cuartel general, donde ellos comenzarian con el proceso de interrogatorio contra nosotros.

Por lo que cuando llegamos a este lugar, ellos nos llevaron hacia unos cuartos de tortura e interrogatorio, donde en esa primera noche, yo recuerdo ya estaba por amanecer y donde se escuchaba de la parte exterior como muchos hombres corrian cantando cierta clase de himnos militares y también se podía escuchar muy claro a uno de ellos que los dirigia al correr, llegando yo en ese momento a darme cuenta de que estabamos en un cuartel militar de uno de los cuerpos de seguridad de el gobierno, llegando a ocurrir que después de que a nosotros nos tiraron en el piso, yo muy pronto comenzé a perder la noción del tiempo, ya que al estar con la cabeza totalmente cubierta no podía darme cuenta de cuando era de noche o cuando era de día, lo único que recuerdo es que ya para este tiempo lo único que yo esperaba era de que uno de esos hombres se acercara a donde nos tenian tirados y que de una vez por todas terminaran con mi sufrimiento, todo esto debido a que desde el primer momento de mi secuestro esa era la única palabra que escuchaba de parte de estos, por lo que durante ese primer día de cautiverio, recuerdo que estos llegaban a cada rato y nos comenzaban a golpear y donde también nos ponian el cañon de sus armás en la cabeza, y nos preguntaban que a cual organización política perteneciamos, también preguntandonos que donde era que nos reuniamos, con lo que conforme fueron pasando las horas, estos se fueron volviendo cada vez mucho más violentos, cuando ya se llego mi primera noche en cautiverio, la forma de interrogarnos cambio de una forma completamente salvaje, por lo que recuerdo que cuando estabamos tirados en el piso comenzamos a escuchar cuando estos torturaban a un muchacho, el que por lo fuerte de sus gritos se podía deducir que este estaba siendo interrogado por medio de toques electricos muy fuertes, ya que nunca en mi vida yo habría escuchado a alguien gritar con ese dolor y la fuerza con la que este lo hacia, por lo que incluso yo llegué a sentir que este ya estaba en sus últimos minutos de vida debido a lo fuerte de esa tortura, siendo así que cuando yo escuche todo esto lo primero que sentí fue que me entro un gran miedo, esto debido a que para esos días yo nomás contaba con apenas diecisis años de edad, y no creía estar preparado para poder soportar esa clase de tortura como la que estaba escuchando en ese momento, por lo que también en ese mismo instante yo sentí que entré en una face muy difícil de mi vida, la cual era la de darme por muerto, ya que eso fue algo que sentí desde el primer momento de haber sido secuestrado, estando yo muy consiente que eran muy minimás las posibilidades de regresar sano y salvo a lado de mis seres queridos.

Otra de las cosas que más se me viene a mi memoria, es que cuando nosotros estamos tirados en el piso, ellos llegaron por el primero de estos muchachos que estaban con migo, y sucede que cuando estos se lo llevaron para comenzar a interrogarlo, a mi de repente me dieron unas ganas muy fuertes de orinar, por lo que cuando se llegó el momento en que ya no podía soportar el contenerme, a mi no me quedó otra alternativa, más que decirle a uno de los que estaban cuidandonos que me estaba orinando, pero lo que sucede en ese momento es que lo que este me responde es que sino me cayo el lo que va a hacer es meterme un tiro en la frente, hablandome con unas palabras muy fuertes y vulgares, por lo que yo mejor decidí callarme y tratar de soportar lo más que pudiera esas fuertes ganas de orinar, pero al yo darme cuenta que esto no lo iba a poder lograr, lo que hice fue ponerme a pensar que para que me aguantaba si de todas maneras me iban a matar, por lo que en ese mismo instante lo que hice fue, orinarme en el pantalón y esperar que era lo que estos decían cuando se dieran cuenta de esto.

Al tiempo en que estos terminan de torturar al primer muchacho y lo traen de regreso a donde nosotros, es cuando uno de ellos se da cuenta de lo que habia hecho yo, pero este pregunta bien fuerte que quien era el cochino que habia hecho eso, a lo que yo le respondo que fui yo, preguntandome el usando un vocabulario muy vulgar el por que, respondiendole yo que antes le habia dicho a uno de sus compañeros que me estaba orinando y que este me habia amenazado con matarme y que como de todos modos me iban a matar yo por eso decidí hacerlo, a lo que el me volvió a hablar de una forma muy vulgar diciendome por último que era un cochino, levantandome en ese mismo momento para llevarme al cuarto de tortura, en el que ya estando ahí, lo primero que estos hacen es sentarme en una silla eléctrica la cual tenia un cinturón para las manos y otro para los pies, en la cual al primer momento que me sentaron comenzé a sentir una leve vibración eléctrica por todo mi cuerpo, la cual aumentó un poco más cuando estos me quitaron los zapatos y me pusieron un pedazo de tela mojado adentro de mi boca, y ya estando en esa condición ellos comienzan con preguntarme si queria hablar y colaborar con ellos, pero lo bueno fue que en ese mismo momento a uno de ellos se le vino a su memoria lo que yo le habría dicho a mi padre, por lo que este viene y me pregunta el por que le habia dicho a mi padre que se comunicara con Roberto, preguntandome en ese instante que quien era este, por lo que yo al estar muy confiado de que esta era mi única carta de salvación, procedo a explicarles que yo era sobrino de un mayor muy reconocido de las fuerzas armadas y como ya para todo esto yo estaba muy seguro que ellos eran parte de estas, yo estaba más que seguro que esto iba a ser lo que me iba a salvar de ser torturado, ya que eso era lo que más me preocupaba en ese momento, por lo que al yo terminar de decirles a ellos todo esto, ellos reaccionaron de una forma muy extraña, ya que cuando yo les dije que si iba a hablar ellos pensaron que yo les iba a dar la información que ellos esperaban, pero al ellos ver que yo era sobrino de alguien que en realidad era su jefe, ya que en ese tiempo mi tío era el segundo oficial encargado de la tercera brigada de infantería, por lo que al yo decirles todo esto, ellos centraron su interrogatorio en comprobar si esto era cierto y lo que hicieron fue hacerme la misma pregunta muchas veces para ver si me confundía y así descubrian si les estaba mintiendo, pero después de un buen rato de estar en este interrogatorio, ellos se dieron cuenta que de verdad yo era sobrino de alguien que era su jefe, por lo que después de esto ellos lo que hacen es hablar entre ellos en privado para decidir que hacer conmigo, y al regresar lo que hacen es sacarme de ese cuarto de tortura y llevarme a un cuarto aislado muy reducido, donde para entrar me tuvieron que hacer que entrara incado debido a que la entrada era muy pequeña, es así que cuando estos me dejan en ese cuarto, yo lo único que podía hacer, era escuchar cuando ellos torturaban a algunos de los secuestrados que tenian en su poder, de los cuales algunos de ellos se daban por vencido y al ya no poder soportar más el ser torturados, estos comenzaban a hablar, dandoles de esta forma toda la información que estos les pedían.

Durante el transcurso del tiempo que yo estuve en ese cuartito, lo único que algunos de ellos hacian, era entrar con su arma en la mano y me la ponian en la cabeza, diciendome que ya se llegaba la hora de matarme, pero eso lo hacian con el propósito de asustarme, y más que todo con la intención de mantenerme nervioso, para que estando en esa condicion no escuchara lo que ocurria a los alrededores, otra de las cosas que se me hicieron muy raras en ese lugar, fue que como yo sabia ya muy claro que todos estos hombres pertenecian a las fuerzas armadas, yo no entendía al principio el motivo por el que durante casi todo el tiempo que permanecí en cautiverio, estos todo el tiempo escuchaban música de protesta revolucionaria, la que se podía escuchar a todo volumen en ese lugar, pero lo que llegué a comprender mucho después fue que eso se trataba de engañar a los secuestrados, y que esto lo hacian para causarles cierta clase de daño psicológico, debido a que para alguien que se encuentra en esa situación, es muy fácil de hacerlo sentirse confundido con esa clase de música.

Toda esa segunda noche transcurrió para mi un poco más tranquila, ya que no se cual fue el motivo por el que estos ya no se metieron para nada conmigo e incluso hasta me llevaron comida, la que yo no pude ni probar, esto debido a que como iba a poder comer si me encontraba completamente con la cara cubierta y con las manos atadas hacia atrás, por lo que yo llegué a pensar que eso lo habian hecho con el propósito de burlarse de mi y de ver cual era mi reacción en ese momento, por lo que después de esa mi segunda noche y de todo lo que ya habia sufrido, más que todo tras haberme salvado de ser torturado, pero no de haberme salvado de escuchar a muchos muchachos sufrir esas torturas, yo creo que para ese momento mi suerte estaba hechada y que Dios me iba a dar una oportunidad más de seguir viviendo, ya que como a la media noche de mi tercer día en cautiverio, ellos me arreglaron a mi y a otro muchacho al que en ese momento no me podía ni imaginar de quien era que se trataba, debido a que ninguno de los dos sabiamos hasta ese momento ni de que colonia era cada quien ni de que familia, fue así que cuando los hombres de el escuadrón de la muerte estaban listos y tenian la orden de sacarnos y llevarnos para un rumbo para nosotros desconosido, fue que entonces procedieron con la misma maniobra de cuando nos habrian secuestrado de nuestras casas, la cual fue la de tirarnos en la cama de el mismo pick up blanco en el que nos habian traido, y ya al tenernos tirados y completamente cubiertos, se subieron como cuatro de ellos en la parte de atrás donde nosotros ibamos y nos tiraron todo su equipo militar sobre nuestros cuerpos, haciendo esto para taparnos más de lo que ya estabamos, para así evitar que alguien en la carretera tuviera la oportunidad de vernos y que descubrieran quienes eran ellos.

Recuerdo que después de unos minutos de haber salido de el lugar en el que nos tuvieron secuestrados, ellos se detuvieron en un lugar y comenzaron a hablar con unas mujeres, las que se podía deducir por su forma vulgar de expresarse, que estas eran mujeres de la calle o mejormente conocidas como prostitutas, siendo después de unos minutos de ellos estar hablando con estas mujeres, que yo recuerdo como ellos subieron a dos de ellas en la misma cama de el pick up donde nosotros estabamos tirados, no importandoles a estos que ellas se dieran cuenta de que nosotros estabamos ahí, ya que lo único que ellos hicieron para evitar que nosotros nos movieramos mucho, fue que nos pusieron todos ellos sus pies sobre nuestras cabezas y como ibamos con la cara hacia abajo, los pies nos los pusieron en la parte de atrás de nuestras cabezas, haciendo esto que este viaje fuera para nosotros mucho más incomodo de lo que ya era al viajar solo con el equipo de ellos sobre nosotros, haciendonos sufrir un poco más mientras llegabamos a nuestro destino, el cual hasta ese momento para nosotros era incierto, pero lo bueno seria que como en unos quince minutos, ya llegamos a el lugar donde ellos se pensaban deshacer de nosotros, por lo que cuando llegamos a ese lugar, ninguno de nosotros dos nos imaginabamos de donde se trataba, debido a que ya para esto teniamos tres días después de haber sido secuestrados y sin poder ver nada, el volver a ver la luz nos volvio un poco confusos por unos cuantos minutos, pero ya que ellos nos quitaron las esposas de las manos y cuando ya estos estaban listos para tirarnos de ese vehículo, lo último que estos hicieron fue identificarse con nosotros, haciendonos saber que ellos pertenecian a el escuadrón de el general Humberto Medrano Martinez, el cual fuera en su tiempo un general muy reconocido por ser otro de esos tantos generales de las fuerzas armadas muy salvajes y despiadados de los que nuestro país a tenido durante toda su historia, por lo que después de ellos identificarse lo último que también hicieron fue amenazarnos y advertirnos que lo mejor que podíamos hacer, era largarnos de la ciudad o de el país, ya que si volviamos a caer en sus manos, la proxima vez no ibamos a correr con la misma suerte y no tendriamos una segunda oportunidad de vivir, siendo después de decirnos esto, que ellos procedieron a quitarnos el vendaje de nuestra cara y fue que nos bajaron de el vehículo, diciendonos que nos fueramos corriendo y que no volteramos a ver para atrás, ya que si lo haciamos que en ese mismo instante nos mataban, fue entonces que como nosotros estabamos con nuestra vista muy confundida, cuando ellos nos dieron la orden de correr lo primero que nosotros hicimos, fue meternos a el deshuesadero de autobuses abandonados que estaba a la orilla de la autopista en construcción abandonada, ya que para suerte de nosotros ese habia sido el lugar escojido por ellos para irnos a tirar, al menos vivos por el momento, ya que ellos tenian otros planes en su mente, pero lo bueno de todo fue que por suerte de nosotros que cuando estos nos dan la orden de correr, al nosotros encontrarnos con nuestra visión confundida, nosotros tomamos la decisión y la cual fue la que nos salvó la vida, de meternos a ese deshuesadero abandonado y escondernos en la parte de el motor de uno de los autobuses, el cual por suerte ya casi no tenia nada de su motor por lo que nosotros pudimos meternos y escondernos sin ningún problema, teniendo la suerte de que al nosotros habernos metido ahí, como a unos cinco minutos de ellos habernos dejado ir, estos volvieron a buscarnos en toda el area donde se imaginaban que podíamos estar, y esta vez regresaron con un vehículo más y con una motocicleta la cual entraba muy seguido a dar vueltas por todo el lugar donde nosotros estabamos escondidos, por lo que nosotros también podiamos escucharlos decir que al nomás nos encontraran que nos mataran, ya que la estrategia que ellos se habian inventado, fue la de que como el país en esos días se encontraba en estado de ley marcial, lo cual significa que ningún civil puede andar por las calles durante la hora establesida por el gobierno de la república, algo que también le da a todas las autoridades el derecho de matar libremente a toda persona que estos encuentren en las calles, por lo que a estos de el escuadrón de la muerte lo que se les ocurrio fue matarnos, para que de esa forma toda la ciudad escuchara la balacera y que al día siguiente toda la población pensara de que nosotros habiamos sido asesinados por andar en la calle en las horas prohibidas, siendo así que ellos pensaban burlarse también de mi tío Roberto, el cual yo estaba más que seguro les habia dado a estos la orden de no hacerme ningún daño.

Pero que al morir de la forma que ellos planificaron, ellos así se deslindaban de toda responsabilidad con mi tío, pero por suerte de nosotros en esa ocasión nos escondimos en un lugar muy seguro en el que ellos nunca se imaginarían que podíamos estar, es entonces que después como de una hora de ellos dar vuelta y vuelta en busca de nosotros, por todos los rincones y calles donde ellos se imaginaban podíamos estar, al no dar con nuestro paradero, estos tomaron la decisión de poner fin a su búsqueda, por lo que en ese mismo momento emprendieron su retirada de ese lugar, dejando el camino libre para que ahora si, nosotros tuviéramos la oportunidad de regresar a nuestras casas a lado de nuestras respectivas familias, pero todo esto no seria nada fácil, ya que después de tres noches en cautiverio y de tres días de no poder ver nada, nosotros habíamos perdido la noción del tiempo por completo y no podíamos ni pensar que hora podía ser en ese momento, siendo esto algo que en ese momento jugaría un factor muy importante para que nosotros pusieramos nuestras vidas en peligro una vez más, esto debido al estado de nerviosismo, más la ansiedad de querer llegar lo más pronto posible a lado de nuestros seres queridos, por lo que después de un buen rato en que estos miembros de el escuadrón de la muerte se retiraron, nosotros tomamos la decisión de quedarnos ahí un buen tiempo mas, para de esa forma asegurarnos que ya no corriamos ningún peligro a la hora de emprender nuestro camino a casa, por lo que después de una hora más de que estos se marcharon, nosotros decidimos salir de nuestro escondite, y ya que habiamos recuperado un poco más nuestro sentido de la vista, nosotros en el momento de salir pudimos observar que se veia muy claro, haciendo esto que nosotros pensaramos que ya estaba amaneciendo, pero no tomamos en cuenta que lo que esa noche hacia que se viera muy claro, era que esa era una noche de luna llena, siendo ese el motivo de tanta claridad, pero nosotros confundidos y sin saber ni que hora era, decidimos salir rumbo a nuestras casas, no imaginandonos lo que nos pasaria por el camino, ya que a unos minutos de haber decidido salir de el lugar seguro donde estuvimos, cuando llegamos a una esquina de la colonia que esta continúa a la nuestra y la que por suerte de nosotros, en esa parte de la colonia en la que teniamos que voltear, es una avenida muy larga, en la cual al momento de nosotros voltear en la esquina, en la otra punta pudimos observar sobre la otra esquina, que también estaban volteando para venir rumbo a nosotros a un pelotón de soldados, los que para esos días era muy común verlos salir a patrullar todas las noches las calles de toda la ciudad, los cuales nosotros pudimos ver antes de que ellos nos vieran a nosotros, esto debido a que ellos siempre eran recibidos por perros callejeros los cuales en ningún momento les dejaban de ladrar, haciendo esto que como a nosotros también nos ladraban los perros, dandonos esto tiempo de que como ellos no nos vieron de que corrieramos de regreso en busca de un lugar muy seguro para escondernos mientras ese pelotón de soldados se alejaba de ese lugar, y fue después de unos 30 minutos de estar escondidos y como ya no escuchamos el ladrar de los perros por ningún lado, nosotros sentimos que ya era una ocasión segura para emprender nuestro viaje a casa, lo malo sería que cuando nosotros emprendemos dicho viaje, en una parte de el camino nos teniamos que separar, ya que este muchacho cuando llegamos a dicha intercepción donde nos tendríamos que separar, este se tendrá que ir sobre la calle de la derecha y yo tendria que irme sobre la de la izquierda, lo único malo de esto sería de que yo tendria que irme por un caminito que esta a la orilla de el río que pasa por el frente de mi casa, por lo que antes de llegar a este caminito, yo también tendria que atravezar el río, esto debido a que esta era la mejor opción para yo poder llegar a mi casa, ya que si lo hacia por la calle principal corria mucho el riesgo de ser visto por alguna patrulla que estuviera por el area, al yo en esos tiempos ser un niño muy miedoso no se de donde me salio tanto valor, pero esto lo hice de una forma tan rapida la cual fue impulsada por el miedo, teniendo que hasta correr con tal de salir de ese momento de pánico, logrando llegar hasta la entrada de mi casa, en la que ya para esos tiempos mi padre habia instalado un porton principal, el cual habia que tener llave o llamar a alguien para que lo viniera a abrir, yo dado a la circunstancia de todo lo sucedido no tenia otra forma más de entrar que tocando, lo que en ese momento me hacia correr el riesgo de que en ese instante pasara por el frente de la casa algún peloton de los que acostumbraban patrullar las calles, pero la suerte estaba de mi lado, ya que cuando toqué la puerta, en una de las primeras veces una de las muchachas a las que mis padres les alquilaban una de las habitaciones que esta a lado de la puerta principal, por suerte ella pudo escuchar y se levanto cuidadosamente para ver quien era el que tocaba, siendo ahí que ella se lleva una fuerte impresión al tenerme frente a ella, ya que para todos era muy mínima la posibilidad de que yo regresara con vida a mi casa, por lo que lo primero que ella hace al verme es abrir rapidamente la puerta y decirme que mis padres no se encontraban en la casa, esto por que mi padre habia decidido ir donde mi tío Roberto a el cuartel de San Miguel, para asegurarse personalmente de que mi tío hiciera algo para salvarme la vida, ya que debido a lo delicada que estaba la situación para toda nuestra familia en esos días, mi padre tomó la decisión de llevarse con el a el resto de mis hermanos y a mi madre, para así tener control de todo lo que pasará mientras se sabia algo de mi paradero, de otra de las cosas que me pude dar cuenta al hablar con esta muchacha, fue lo temprano que todo esto habia sucedido desde el momento en que los de el escuadrón de la muerte nos liberaron, ya que ella me dijo cuando me vio, que apenas eran las cuatro de la mañana, y que habia corrido con mucha suerte al no haberme sucedido nada en el camino, fue entonces que después de hablar con ella por un buen rato, yo fui a mi casa para buscar la forma de poder entrar, ya que como mis padres no se imaginaban que mi regreso llegara a ser de una forma tan inesperada como esta, ellos en ningún momento pensaron al irse, en dejar la llave con alguno de los vecinos por si se daba el caso de que yo regresara, lo bueno fue que yo no tarde mucho tiempo en recordar una de las travesuras de niños que siempre haciamos con mis hermanos, la cual era de que cuando nuestra madre se iba de compras al mercado, algunas ocaciones ella nos dejaba jugando en el patio, esto debido a lo muy traviesos que eramos y este era el motivo por el que a veces al ella tener que ir al mercado, preferia dejarnos jugando afuera y dejar la puerta cerrada para que no le hicieramos los desastres que siempre que nos dejaba solos haciamos, pero nosotros sin que ella se diera cuenta habiamos inventado una forma de poder entrar a la casa, y esa forma era que en la parte de arriba de la puerta habia un pequeño cuadro de madera, por el cual al quitarlo si podía entrar un niño de la condición física que yo tenia en esos tiempos, ya que yo era un niño muy delgadito y de muy poco peso, fue así que cuando a mi se me ocurrio esto, lo primero que hise fue desprender ese pedaso de madera y en muy poco tiempo pude entrar a mi casa, por lo que ya estando adentro lo único que se me vino a mi mente debido a lo cansado que estaba tras tres días en cautiverio, fue irme a dormir y en ese instante no se cual fue el motivo o instinto, pero el único lugar en el que se me ocurrió hacerlo, fue en la cama de mis padres, acostandome en la cama de mis padres para reponerme y esperar a que amaneciera, para comenzar a investigar donde era que ellos se encontraban, pero al quedarme profundamente dormido, lo que yo no esperaba ese día sucedio de repente, ya que después de un tiempo de estar durmiendo, no se que instinto me hizo despertar, y lo primero que veo frente a mi es a mis padres y a mis hermanos que estaban a mi lado llorando todos de alegria y felicidad, por verme de regreso en casa sano y salvo y luego de un buen tiempo de estar todos platicando y de yo narrarles gran parte de lo que habia vivido en manos de esa gente, se llego el momento en que yo le tenia que decir a mi padre sobre la amenaza que estos me hicieron a la hora en que me dejaron en libertad, la cual era de que lo mejor era que me largara de la ciudad o de el país o que si me volvian a ver o a secuestrar de nuevo ya no iba a tener otra oportunidad de vivir, por lo que mi padre decide sacarme de la casa ese mismo día y llevarme para un lugar seguro donde estos no me pudieran encontrar, marcando esto el principio de la desintegracion de nuestra familia.

Recuerdo que en esos días el único lugar seguro que a mi padre se le ocurrio, fue el llevarme para la casa de una tía de el, y con la que mi padre se llevo muy bien durante toda la vida, ya que mi tía vivia con un señor de escasos recursos y mi padre siempre estaba pendiente de que a ella ni a sus hijos nunca les faltara nada, pero lo malo de esto seria que ellos vivian en una casita muy humilde con sus tres hijos, y eso hacia muy difícil que ellos pudieran vivir mejor, otra de las cosas que también vendria a hacer todo un poco más difícil, seria que después de un día de yo estar en casa de mi tía, mi padre también decide traer a mi hermano Beto a vivir a esta casa, por lo que las cosas para nosotros no son nada faciles, debido a que todos ellos vivian muy incomodos en un espacio muy redusido donde prácticamente no habia lugar para nosotros, siendo ese el motivo que después de una semana de nosotros estar en este lugar, a nosotros nos comienza a entrar una fuerte desesperación por ya salir de ahí, todo esto a causa de tanta incomodidad y la molestia que nosotros sabiamos le estabamos causando a mi tía con nuestra presencia, pero lo bueno para nosotros fue, que en un rato de enojo de el esposo de mi tía, a la hora de este estar muy enojado por la situación, este de repente comienza a ofendernos y a corrernos de su casa, diciendonos en un tono muy fuerte, que nos largáramos de su casa, por que ahí no era un lugar de escondite para guerrilleros, y que por culpa de nosotros cl no iba a poner en peligro la vida de toda su familia.

Fue entonces que al nosotros escuchar todos estos insultos, lo que hicimos fue aprovechar este momento y nos largamos para la casa de mis padres para decirles todo lo sucedido, y que el esposo de mi tía nos habia corrido de su casa, siendo entonces que cuando llegamos a casa de mis padres, corriendo el riesgo de que algo nos sucediera al ser vistos por mucha gente, es al terminar de contarles a mis padres todo lo ocurrido, que mi padre en ese mismo instante decide que nosotros nos fueramos inmediatamente para un pueblito donde mi padre en esos días estaba realizando un gran projecto para el ministerio de obras públicas de el gobierno de El Salvador, pueblito el cual esta situado como a una hora y media de nuestra casa, lugar en el que al estar ahí la diferencia para nosotros vendria a ser que podriamos tener mucha más libertad, esto debido a que como ahí nadie nos conocia y por ser hijos de el encargado de el projecto de el gobierno que les iba a pavimentar todas las calles y avenidas principales de todo el pueblo, por lo que toda la gente de el lugar comenzaria a tratarnos con mucho respeto al igual que lo hacian con nuestro padre, todo esto hizo que esa primer semana que pasamos en ese lugar, nos la pasariamos muy bien, todo esto por que cuando mi padre se fue a pasar el fin de semana con nuestra madre y el resto de nuestros hermanos, al el dejarnos completamente solos, nosotros aprovechamos para salir a conocer a algunas de las gentes de ese pueblo, y uno de los lugares que a nosotros nos gusto mucho de ese pueblo fue una calle muy reconocida, la que era conocida como la "calle sin ley", calle la cual no era muy difícil de llegar a la conclusión de el por que de ese nombre y este se debe a que por todo lo largo y ancho de esa gran avenida, lo único que se puede encontrar es muchos bares y centros de prostitución.

Por lo que esto la convierte en una calle sin ley, debido a que para las autoridades municipales de la ciudad es muy difícil de poder controlar todos los problemás que estos negocios atraen, lugar en el que se podía encontrar prostitutas de todas las edades y de cualquier parte de el país, llegando a ser esto a una de las cosas a las que mi hermano Beto le sacaría mucha ventaja, ya que el para ese tiempo tenia 18 años de edad y por lo tanto ya estaba sexualmente activo, en cambio yo apenas contaba con 16 años y estaba todavía muy pequeño como para estar sexualmente activo, pero eso para mi no era ningún pretexto como para no irme con mi hermano aun que fuera a admirar todas las mujeres de dichos lugares, lo que nosotros haciamos durante los primeros fines de semanas que mi padre nos dejaba solos, era que nos ibamos con algunos de sus trabajadores que eran de ese lugar, los que nos llevaban de bar en bar enseñandonos los lugares donde estaban las mujeres más bonitas de todo el lugar, y lo que ellos hacian para sacar ventaja de quienes eramos nosotros, era que a todas las muchachas de los bares que visitabamos, ellos les decian que nosotros eramos los hijos de el supervisor encargado de el projecto del gobierno, el cual se encargaría de hacer que su pueblo quedara muy bonito, siendo esto algo que a todas ellas les gustaba mucho escuchar, dando esto lugar a que muchas de ellas se hicieran muy buenas amigas de nosotros desde ese día, a lo que mi hermano le comenzó a sacar mucho provecho, ya que de esa forma se hizo novio de algunas de ellas que se le ofrecian, no teniendo de esa forma la necesidad de tener que pagarles por sus servicios sexuales.

Ya para el tercer fin de semana de nosotros estar en ese lugar, las cosas para nuestra familia estarian por dar un nuevo cambio, esto debido a que cuando mi padre se fue a pasar el fin de semana a lado de nuestra familia, ese día cuando el estaba por llegar a nuestra casa, por casualidad pasó a saludar a un señor, el cual durante toda su vida habian sido muy buenos amigos, el que al ver a mi padre, lo primero que hace es darle la gran mala noticia, de que el ejército habia pasado por su casa un día antes y que estos le habian preguntado por nuestra familia, y que ellos incluso llevaban una lista con los nombres de todos y cada uno de los miembros de nuestra familia, por lo que este señor le dice a mi padre que cuando el vio la forma en que ellos le habrian preguntado por toda la familia, y lo primero que este pensó fue de que ellos talvez llevaban la orden de asesinar a toda la familia, pero que lo bueno de esto fué que el señor al ver que ellos le preguntaron, el pudo ver que ellos no conocian esa area, haciendo esto que el los engañara, diciendoles que la única familia que el conocia con ese apellido, vivian hasta muy arriba de la colonia, y que luego de el darles esta información, ellos se fueron rumbo hasta donde el los habia mandado, logrando con esto que al ellos no dar con nuestra familia, ellos desistieran de la búsqueda, dando esto el tiempo suficiente para que mi padre se diera cuenta de esta situación, y ya que su amigo le aconsejara que sacara a toda la familia de la casa en ese mismo momento, algo lo cual mi padre hizo en ese mismo momento en que llego a la casa, llevandose a toda la familia para la casa de mi abuelita en Santa Rosa de Lima, pero lo que sucede en esa ocasión fue, que cuando ellos llegan a la casa de mi abuelita, ellos se encuentran con la desgracia de que un primo, con el que nosotros siempre nos llevamos muy bien habia fallecido ese mismo día, y con el que el día que mi padre nos llevo para el pueblito donde estaba trabajando, por suerte mi padre nos dejo pasar al hospital a saludar y a despedirnos de nuestro primo Daniel, ya que este se encontraba hospitalizado en el hospital Rosales de el centro de San Salvador, pero en esta ocasión la despedida supuestamente iba a ser temporal, esto debido a que como ya nuestro primo sabia de todos los problemas que nosotros estabamos viviendo politicamente en esos días, ya que al nosotros pasar a despedirnos de el, nosotros le hacemos saber que en unos pocos días saldriamos rumbo a México, siendo ahí que el nos dice que ya se sentia mucho mejor y que no nos olvidaramos de el, ya que al nomás fuera dado de alta de el hospital, lo primero que iba a hacer era arreglar su pasaporte y emprender camino rumbo a México, para ahí reunirse con nosotros, lo malo de todo esto fue que a casi tres semanas de nosotros haber pasado a despedirnos de el y de haber hablado de todo lo que hariamos juntos al reunirnos en otro país, Dios decidio llevarselo con el, ya que después de un momento de el ya estar muy bien y prácticamente recuperado de su enfermedad, el fallece de repente y sin nosotros su familia saber como fue que esto pudo suceder, siendo así entonces que cuando mi padre llega a Santa Rosa de Lima con el resto de mi familia, se encuentran con esa gran desgracia familiar, y con que ellos ya tenian todo preparado y un gran camión de un gran amigo de la familia para irse a San Salvador a recoger el cuerpo de mi primo, para trasladarlo y darle sepultura en su pueblo natal, dando todo esto la oportunidad de que debido a la emergencia con la que mis padres salieron y abandonaron nuestro hogar, y se tuvieron que marchar llevandose nomás con ellos una poca de ropa y algunas de las cosas mas escenciales para poder estar bien unos cuantos días, dejando abandonadas todas nuestras pertenencias en la casa, y es así entonces que todo se comenzó a dar positivamente, ya que debido a lo mucho que toda la familia de mi madre quería y respetaba a mi padre, ellos acordaron pedirles a mis padres que aprovecharan el viaje de el camión, ya que este era muy grande y lo único por lo que iba en ese viaje era por recoger el cuerpo de mi primo "Daniel", oferta a la que mi padre acepta y termina saliendo con unos de mis tíos y algunos de mis primos y se fueron para San Salvador, recogiendo primero las pertenencias de mi familia para después pasar a el hospital a recoger los restos de mi primo, emprendiendo después de todo esto su viaje de regreso rumbo a Santa Rosa de Lima, donde ya era mucha la gente que los esperaban, para poder ver y despedirse de mi primo por ultima vez, todo esto estaria sucediendo sin que nosotros nos dieramos cuenta, ya que esta seria la noticia que mi padre nos daria al regresar a el pueblo donde nosotros estabamos, por lo que cuando mi padre regresa y nos da esta noticia, eso seria algo que a mi hermano Beto y a mi nos llenaria de mucha tristesa, esto debido a que nosotros desde muy niños siempre compartimos mucho con nuestro querido primo, el cual se nos fue con apenas 17 años de edad.

Después de que mi familia tuviera que mudarse a vivir con la familia de mi madre, las cosas para todos nunca serian igual, ya que después de todos vivir una vida muy cómoda en nuestra propia casa, ahora todos tendrian que tratar de adaptarse a una de mucha incomodidad, por que nada seria lo mismo en casa de mi abuelita, debido a que en esos tiempos ella todavía tenia viviendo en su casa a tres hermanos de mi madre, los que también estaban muy metidos en el vicio de el alcoholismo, y le daban muy mala vida a mi abuelita, algo que seria muy difícil para mi padre que era un hombre muy responsable y sin ningún vicio, que pudiera soportar toda la clase de escandalos que estos causaban en sus borracheras en la casa de mi abuelita, siendo por este motivo que como a la cuarta semana de nosotros estar refugiados en el pueblito en el que mi padre se encontraba realizando el projecto de el gobierno, el decide abandonar su trabajo temporalmente, para hacer el primero de nuestros viajes, en busca de abandonar el país, y buscar a rehacer una nueva vida en un país desconocido, siendo así que cuando mi padre reune todo el dinero necesario, lo primero que hace es mandar adelante de nosotros, a mis dos hermanos mayores, para dar así tiempo a que cuando ya ellos estuvieran establecidos en México, el pudiera recoger un poco más de dinero para que nosotros también salieramos rumbo a ese país, lo bueno de esto seria que para ese tiempo mi padre tenia un tío de el viviendo en la ciudad de México y este le prometio recibirlos para ayudarlos en todo lo que ellos necesitaran para mientras se adaptaban a el gran cambio que este cambio de vida en el extrangero les iba a traer.

Por lo que mis dos hermanos logran llegar a ese país sin ningún contratiempo, lo único seria que después de ellos estar con este señor por una semana, ellos comienzan a recibir cierta clase de maltrato y desprecio por parte de la familia de ese tío de mi padre y es así que mis hermanos se ven forzados a abandonar esa casa y se lanzan a la aventura de conocer otras gentes, para asi tener la oportunidad de vivir más independientemente, aventura en la cual conocen a una gran cantidad de muchachos que al igual que ellos, ya habian abandonado El Salvador debido a tanto problema político, más el comienzo de la guerra, que ya para esos días se habia generalizado por todo el país, a partir de los meses de agosto y septiembre de ese mismo año 1982.

Por lo que después de que mis hermanos viajaran a México y conocen a toda esta gente que también era de nuestra misma ciudad, y después de que ellos encontraran un buen trabajo, ya que en México para esos años la demanda de mano de obra extrangera era mucha y eso hacia que encontrar trabajo en ese país no fuera nada difícil, es entonces que al ellos estableserce, le dicen a mi padre que ya estan listos para recibirnos y que podemos viajar lo más pronto que podamos, al tiempo de ellos decirle esto a mi padre, el dicide que viajemos en esa misma semana en que recibe esta noticia, aprovechando que ya para este tiempo nosotros nos encontrabamos con toda la documentación lista para dicho viaje, es entonces que salimos de El Salvador juntos con un primo mio, el cual es el hermano mayor de mi primo recién fallecido "Daniel".

Cuando nosotros en esa ocasión dimos inicio a dicho viaje, al principio todas las cosas nos comienzan a salir muy bien, ya que este viaje estaba siendo realizado tratando de cumplir con todas las leyes de el primer país que usariamos como puente para llegar a nuestro destino que es Guatemala, para luego llegar a nuestro país destino México.

Recuerdo que esa ocasión cuando nosotros llegamos hasta la frontera de Guatemala con México, hasta ahí todo nos habia salido muy bien, pero todo comienza a cambiar cuando entramos a la aduana de México, debido a que nosotros si llevabamos nuestro pasaporte visado y todo en regla para poder entrar legalmente a territorio mexicano, por un periodo de treinta días y el cual se podía extender por períodos de tiempo que nosotros tendriamos que solicitar a la secretaria de relaciones exteriores de ese país, la cual tiene sus oficinas centrales en el distrito federal, pero a pesar de nosotros tener toda nuestra documentación en regla, al nosotros tratar de que nuestro pasaporte fuera sellado con la entrada de ese país, nosotros comenzamos a observar como los agentes aduanales trataban a toda la gente ahí presentes y las que iban en la misma situación de nosotros, con una arrogancia increíble, ya que estos agentes de lo único que hablaban era de que para ellos poder sellar un pasaporte era que la gente les ofreciera dinero o una "mordida" como es comunmente conocido en ese país, ya que esa iba a ser la única forma de obtener dicho sello, y si alguien se hacia el fuerte y les decia que no les iba a dar ningún dinero, ellos lo que les hacian a estas personas era que les quitaban su visa argumentando que eran falsas, haciendo esto que de todas formas ellos fueran los únicos que tuvieran las de ganar, por lo que a mi padre no le quedó otra alternativa más que la de sobornar a estos corruptos, fue entonces que al nosotros tener nuestro pasaporte sellado y el camino libre para llegar a el distrito federal a reunirnos con mis hermanos, por lo que nos dirijimos hasta la ciudad más grande que esta cerca de esa frontera la cual lleva el nombre de "Tapachula", la cual pertenece al estado sureño de Chiapas, ya que era ahí donde tendriamos que tomar un autobus que nos transportaria hasta el distrito federal, siendo este un viaje de unas 18 horas de duración, y el más largo viaje que jamás hayamos hecho en nuestra vida, siendo ese un viaje para todos nosotros muy bonito, debido a que durante todo el trayecto lo dedicamos para admirar toda la belleza de el territorio de ese lindo país, no imaginandonos que la parte más fea de este país, la descubririamos a nuestra llegada a la terminal de autobuses de pasajeros de oriente conocida como la "Tapo", ya que cuando arribamos a esta terminal y nos disponiamos a salir de el autobus, fuimos recibidos por un par de supuestos agentes de migración de ese país, los que lo primero que hicieron al dirigerse a nosotros, fue a preguntarnos que desde donde veniamos, pregunta a la que nosotros les respondimos que veniamos de la república de El Salvador, haciendo esto que ellos nos pidieran nuestros pasaportes para supuestamente revisar que si habiamos entrado legalmente a ese país, lo cual era algo que habiamos hecho, pero esto sería algo que a ellos no les importaria, ya que ellos en realidad lo que pretendían era robarnos parte de el dinero que mi padre llevaba para nuestro viaje y para nuestra estadía en ese país mientras nos acomodabamos y nos poniamos a trabajar, fue entonces que después de ellos verificar que nuestras visas si eran verdaderas, lo que hicieron fue comenzarle a decir a mi padre que tenia que colaborar con ellos con algo de dinero, ya que de lo contrario ellos nos iban a arrestar e inventarnos cualquier cosa para hacer que fueramos deportados del país, al ellos amenazarnos de esta forma mi padre comienza un proceso de negociación con estos hombres, a los cuales no les daba ni el más minimo de verguenza al momento de estar extorcionando a gente que cumplía con todas las reglas de la ley para entrar legalmente a su país, pero ese tendría que ser el precio que nosotros tendriamos que pagar por estar lejos de nuestra patria, después de salir de hablar con los primeros agentes de migración, estos nos mandaron hacia la salida de la terminal, pero enseñandonos ellos el camino hacia una salida donde también ya nos estaban esperando otra pareja de agentes de el mismo servicio de migración, con los cuales teniamos que volver a pasar por el mismo proceso de tener que darles una parte del poco dinero que ya le quedaba a mi padre, ya después del segundo encuentro de bienvenida por parte de estos corruptos del gobierno mexicano, a mi padre ya no le quedaba dinero, más que solo para poder pagar un taxi que nos llevara al lugar donde nos reuniríamos con mis hermanos, pero estos encuentros con esta clase de corruptos no terminarian ahí, ya que después de mi padre darle dinero a la segunda pareja de oficiales estos nos dicen donde esperar un taxi para que nos lleve a nuestro destino y lo primero que pasa por donde nosotros estabamos parados esperando, es un carro con unos hombres que se nos indentifican como agentes de la policia judicial, los cuales nos ordenaron que entraramos a su vehículo y ya que nosostros hicieramos lo ordenado, estos comenzaron con el mismo cuento de las otras parejas que habiamos pasado antes y como ya en esta tercera ocasión ya de verdad a mi padre le habian prácticamente robado todo su dinero, siendo por esto que lo único que mi padre pudo decirles fue eso, que ya no teniamos dinero por que ya todo se lo habia tenido que dar a los otros agentes que nos habian detenido antes y que lo único que tenia era para pagar el taxi para que nos llevara donde mis hermanos vivian, ya después de mi padre decirles esto, ellos a lo que proceden es a revisarnos toda la ropa y nuestras pertenencias, para así ellos asegurarse que mi padre les decia la verdad y que no tuvieramos algún dinero escondido, ya que para estar seguros que no teniamos nada hasta nos hicieron que nos quitaramos los zapatos y los revisaron por dentro para ver si ahí habia dinero escondido, después de todo esto y de ellos ver que de verdad ya nos habían robado todo nuestro dinero, ellos nos regresaron a el mismo lugar donde nos habian recogido y ya esta vez si nos dejaron ir libremente.

Ya que nosostros llegamos a el lugar donde se encontraban viviendo mis hermanos y les contamos todo lo que tuvimos que vivir antes de llegar donde ellos, lo primero que ellos hacen es ponerse a reír y a decirnos que eso era normal, ya que en esos años México habia entrado en un estado de corrupción por parte de todas las agencias del gobierno y lo cual era a un nivel muy alarmante y que por lo tanto era algo a lo que nos teniamos que adaptar, luego de nuestra llegada a la capital mexicana y de estar juntos con mis hermanos, unos amigos de mis hermanos nos encuentran un trabajo a los tres, a mi primo, mi padre y yo en un edificio como de unos 15 pisos que estaba en construcción, por lo que mi padre no pierde el tiempo y comenzamos a trabajar en esa misma semana de nuestra llegada a México, y a nuestro padre las cosas le comienzan a salir muy bien, ya que en la primera semana de trabajo nosotros le entregamos a el todo nuestro sueldo, el cual en esos años era un buen dinero debido a que la moneda mexicana todavía no estaba muy devaluada y que al cambiar todo lo que nosotros ganabamos en dolar, esto se convertiría en un buen capital al volverlo a cambiar por la moneda nacional de nuestro país (colón), pero lo malo también comenzaria a ser que como yo apenas tenia 16 años recién cumplidos y no tenia el cuerpo ni la fuerza suficiente como para la responsabilidad de un trabajo muy pesado como el que nos habían dado en ese lugar, fue así que en esa primera semana yo comenzé a sentir que ese trabajo no era para mi, debido que cuando llenaban las grandes columnas de concreto, todo lo hacian a mano y las llenaban con unos botes los cuales llegaban a pesar ya llenos unas 90 libras, con los que habia que correr sobre una plataforma hasta lo alto de esa columna de las cuales se podía tardar hasta dos horas para llenar cada una de ellas y a veces habia que llenar de tres a cuatro al mismo tiempo, es así que cuando a mi me pusieron a hacer este trabajo por primera vez, supe que no lo iba a soportar y comenzé por decirle a mi padre que no podía con eso, pero gracias a la clase de trabajo que mi padre desempeñaba en El Salvador, el comenzó a hacer una muy buena amistad con el maestro encargado de esa obra y después de que mi padre le demostrara que el también era un maestro de la construcción, en esos mismos días ese señor encargado de esa obra me puso a mi como ayudante de mi padre, ya que a el este señor por respeto le daba la clase de trabajos más suaves y fáciles para nosotros dos, es así que después de dos semanas de nosotros estar en México, para nosotros todo se comienza a poner a nuestro favor, ya que con los sueldos de los cuatro mi padre comenzó a recuperarse economicamente de todos los gastos hechos tanto como para mover a toda nuestra familia de nuestra casa para donde mi abuelita, así como también los de nuestro viaje a México.

En ese tiempo recuerdo que cuando nosotros comenzamos a salir en nuestro día y medio de descanso, que era desde el sábado a las 12 de el medio día hasta el lunes por la mañana, comenzamos a visitar todos juntos los lugares turísticos más atractivos de la ciudad de México y eso a mi me gusto mucho debido a que a partir de esos días, ya nunca quisiera haberme marchado de ese bonito país, pero las cosas no serian así, ya que después de la tercera semana de trabajo, a mi padre le comienza a entrar una fuerte ansiedad y desesperación por mi madre y el resto de mis hermanos.

Por lo que toma la decisión de querer regresar inmediatamente a El Salvador, pero esto hace que mis dos hermanos mayores le aconsejen a que por lo menos trabajaramos toda la semana siguiente para que así llevara mucho más dinero en nuestro regreso a casa, consejo a el cual mi padre si accede a quedarse por una semana más y la que al transcurrir el comienza ese mismo sábado que salimos de trabajar a arreglar todo para regresar a El Salvador, pero lo malo de esto seria de que por mi corta edad el no iba a tener la confianza suficiente de dejar que yo me quedara en ese país con mis hermanos mayores, tomando el la decisión de llevarme con el de regreso a El Salvador, por lo que en esos últimos dos meses las cosas y el tiempo se nos van tan rapido con todo eso de estar viajando de un lado para otro, todo esto debido a que despues de un día de estar en México en un periodo muy corto de tiempo de repente estabamos de regreso en nuestro país y en Santa Rosa de Lima con toda nuestra familia, pero las cosas en casa de mi abuelita, harían tomar un nuevo rumbo a nuestra familia, ya que en una tarde de borrachera de uno de mis tios este llega a casa de mi abuelita y comienza un gran escándalo, haciendo con esto que mi padre se enoje y llame a la policia para que lo arresten con la intención de darle a mi tío un pequeño susto, pero esto en lugar de mejorar la situación lo que hizo fue empeorarla y mis padres deciden que nos mudemos de esa ciudad, ya que el querer hacer cambiar a mis tíos era algo prácticamente imposible y siendo mi padre un hombre muy recto y serio, para el eso no seria fácil de soportar y fue así que era mejor para el alejarnos lo más pronto posible de nuestros tíos, para así mis padres no tener que ver como ellos hacian sufrir a mi abuelita.

En esa ocasión cuando nos mudamos fue para la ciudad de San Miguel, pero ahí las cosas no iban a ser más cómodas, ya que mi padre alquila un pequeño cuarto en un lugar cerca de unos tíos y la incomodidad de este lugar daria la oportunidad a que mi padre aprovechara un viaje que mis dos hermanos mayores hacen a El Salvador para ver como estaba toda la familia, siendo entonces que cuando mis hermanos organizan regresar a México, mi padre esta vez si toma la gran decisión de dejarme viajar con ellos, ya que la situación en el país habia entrado a un estado de guerra ya declarado y debido a que los jóvenes eramos los que más corriamos el riesgo de ser asesinados y secuestrados por esto mis padres toman esa dura decisión para ellos, de permitir que yo me aleje de ellos, y esta otra ocasión al igual que cuando viajara con mi padre la primera vez, nuestro viaje a México es muy rápido pero nuestra estadía muy corta, ya que en esta ocasión comenzamos a trabajar en un projecto de extensión de una cervezería muy importante de ese país, la que lleva el nombre de cervezería modelo y debido a que esta vez nos habiamos reunido como con unos veinte de nuestros compatriotas que vivian en México desde ya varios meses, por lo que todos habiamos comenzado a trabajar en ese mismo projecto y lo cual es lo que causa que nuestra estadía en este país sea corta, ya que todos los días a la hora de almorzar, comenzabamos a jugar futbol en un pequeño lugar que estaba disponible para que lo hicieramos, pero lo que sucedió un día de esos, fue que nos pusimos a competir mexicanos contra salvadoreños y como un año antes, en el año 1981 en una exagonal de clasificación a el mundíal de España 82, nuestra selección nacional de futbol hizo que la seleccion nacional de México quedara eliminada de participar en ese mundíal, y eso ocasionó maltrato a nuestros compatriotas que en esos días se encontraban en México, debido a la eliminación causada por este suceso deportivo, y toda la población mexicana quedó muy resentida con todo lo que tuviera que ver con El Salvador o los salvadoreños en general y fue por eso que como todos nosotros eramos jóvenes, lo que todos nosotros haciamos siempre que les ganabamos a ese grupo de compañeros de trabajo con los que nos poniamos a jugar, era que nos burlabamos mucho de ellos y fue eso lo que causó que unos de ellos no nos lo perdonaran recurriendo a hacernos un gran acto de cobardía, ya que en lugar de defender su honor deportivamente, lo que hicieron fue ponerse de acuerdo con los de la policia judicial para así un día que salieramos de nuestro trabajo ellos ya nos estubieran esperando en la colonia donde todos estabamos viviendo y lo que ocurrió fue que ese día que nosotros estabamos por llegar a esa colonia, ya toda estaba completamente rodeada por agentes de la policia judicial, no dandonos tiempo a nadie de poder escapar y por lo que después de capturarnos a todos, lo primero que ellos hacen es llevarnos a una estación de policia, en la que nos separan a mi hermano Beto y a mi de el resto de nuestros amigos y de nuestro hermano mayor, debido a que nosotros eramos los unicos menores de diesiocho años de todo ese grupo y a el resto ellos se los llevan hacia otro lugar, haciendo esto que después de ellos tenernos unos cuantos días detenidos por una causa que ellos mismos inventaron, nos deportan en un autobús perteneciente a el gobierno de México hasta la frontera de su vecino país que es Guatemala, donde nosotros al ver lo muy cerca que estabamos de El Salvador lo primero que decidimos fue ir a ver a nuestra familia aunque fuera nomás por unos cuantos días.

En los días que todo esto sucede ya estamos a medíados de el mes de octubre y esas dos semanas que nosotros estariamos en El Salvador ni nosotros mismos nos imajinariamos que ya esas serian las ultimás que pasariamos al lado de nuestros padres y nuestros hermanos por un largo tiempo, semanas en las que principalmente yo seria el que me harian llevarme conmigo un muy bonito recuerdo y el más especial de mi vida, ya que en casa de mi tía, la que es una de las hermanas menores de mi madre, se encontraba viviendo una familia la cual tenian una niña tan linda la cual hizo que yo por primera vez en mi vida sintiera algo muy especial en mi corazón, ya que al primer instante de verla sentí que era la carita más linda que yo hubiese visto en toda mi vida y desde ese mismo momento sentí que me comenzé a enamorar como un loco de ella, pero lo bueno fue que también ella me hizo saber que también ella habia sentido lo mismo cuando me conocio a mi desde la primera vez que conversamos, quedando desde esa ocasión como una pareja de novios inseparables, pero lo malo de esto fue que cuando yo tuve que volver a alejarme de el país, lo único que pude hacer fue siempre mantenerme en contacto con esta niña, ya que era lo más importante que yo sentia que llevaba en mi corazón y la que yo esperaba se convirtiera en mi esposa y el gran amor de mi vida, en esta ocasión cuando nosotros emprendimos nuestro viaje este se convertiria en una gran aventura, ya que las cosas para poder llegar a la capital mexicana no nos fueron tan faciles como en las anteriores, ya que por motivos de la guerra en nuestro país, el gobierno mexicano habia comenzado a imponer muchas restricciones a la hora de querer entrar por cualquier via legal a ese país y por lo tanto estos cambios también trajeron como resultado que mucha gente optara por comenzar a hacer este viaje de forma ilegal, ya que por motivos de el endurecimiento de las reglas, en las aduanas también la corrupción comenzó a crecer de una forma muy alarmante por todo el territorio de ese país y fueron todos estos factores los que hicieron que nosotros esta vez decidieramos hacer este viaje de forma ilegal, ya que como nosotros eramos muy jóvenes y con un gran espíritu aventurero, para nosotros esto no iba a ser ningún obstaculo para que pudieramos llegar a nuestro destino, viaje el cual no tardamos más que cuatro días y ya estabamos en nuestro destino que era el distrito federal.

Es entonces que a nuestra llegada a la capital mexicana nos dimos a la tarea de comenzar a buscar un empleo, siendo esto algo que no tardariamos mucho en encontrar lo único fue que en esta ocasión ya tuvimos que cambiar de colonia donde vivir, ya que debido a nuestro estatus migratorio, las cosas para nosotros no serian lo mismo si nos quedabamos a vivir en la colonia donde habiamos vivido antes y de donde ya nosotros habiamos sido deportados y no podíamos correr el riesgo de que la gente que nos conocia se dieran cuenta que esta vez no teniamos la documentacion para entrar de nuevo legalmente a su país, en esta ocasión cuando todos comenzamos a trabajar en una obra de construcción en la que todo nos comienza a salir muy bien, ya que como esta vez estabamos los tres completamente solos sin la vigilancia de nuestro padre, lo que comenzamos a hacer fue salir a conocer mucho más que en las otras ocaciones, pero hacer esto a la vez, hizo que nosotros ahorraramos mucho menos dinero para mandarles a nuestros padres a El Salvador, es así que después de un mes y medio de nosotros estar en México, nosotros comenzamos a observar y a escuchar que la mayoría de todos nuestros compatriotas que vivian ahí en este pais habian comenzado a tomar camino rumbo a los Estados Unidos y Canada, ya que estos dos gobiernos se encontraban brindando asilo político a la mayoría que aprovechara entrar a sus fronteras y esto lo hacian debido a que la guerra en nuestro país ya habia alcanzado un nivel maximo de destrucción, tanto como a nivel social así como de infraestructura nacional, creando esto que miles de familias optaran por abandonar el país, todo debido a que estos problemas tanto politicos como sociales comenzaron a hacer la vida un poco mas dificil, por lo que es entonces que cuando nosotros nos damos cuenta de todas las facilidades que estos dos gobiernos estaban brindando a todos nuestros paísanos, fue que a fines de el mes de noviembre mi hermano Beto y yo tomamos la decisión de hacer esta otra aventura, diciendole a nuestro hermano mayor Virgilio para que el nos diera el permiso de realisarla, por lo que es entonces que después que nuestro hermano nos dice que sí, es que nosotros salimos de el distrito federal rumbo a la norteña ciudad de Monterrey, la que esta situada como a unas dieciséis horas de la ciudad de México ya rumbo a los Estados Unidos, ciudad en la que nosotros habiamos acordado pasar a visitar a un primo, el cual nos iba a ayudar con darnos una orientacion de como poder llegar hasta la frontera y con un poco más de dinero para que pudieramos continuar con nuestro viaje rumbo a la frontera de los Estados Unidos, por lo que cuando nosotros tomamos la desision de hacer dicho viaje tomamos la decisión de hacerlo en ferrocarril, ya que si lo haciamos en autobús este podria haber sido un poco más rapido, pero la gran diferencia estaba en el costo de los boletos, ya que realisando este viaje en tren nos ahorrariamos más de la mitad de el dinero que si lo hubiesemos hecho en el autobús y la otra diferencia seria también el tiempo que tardariamos en llegar, ya que en autobús lo podriamos haber hecho en unas 16 horas, en cambio en tren este viaje tardaria dos días completos en que llegaramos a nuestro destino final y fue así que como nosotros teniamos todo el tiempo del mundo, ese viaje decidimos realisarlo en tren, por lo que cuando logramos llegar lo primero que hicimos debido a que esta es una ciudad muy grande y que nosotros no conociamos, fue que abordamos un taxi para que nos llevara hacia el lugar donde se encontraba trabajando nuestro primo Noel, el cual es otro de nuestros primos con el que toda la vida nos hemos llevado super bien y con el que también hemos compartido muy bonitos momentos, por lo que cuando nos volvemos a reencontrar con él, una de las primeras cosas que hicimos juntos ese día fue ponernos a recordar mucho todo lo de nuestras aventuras pasadas y comenzar a planificar lo de nuestro proximo viaje, el que esta vez tendriamos que realizar solos con mi hermano Beto, ya que nuestro primo se encontraba trabajando con una familia, que lo tenian a el en una posicion muy estable y era por eso que el no podía realizar esta gran aventura con nosotros.

Es entonces que después de pasar todo ese día juntos procedimos a despedirnos de nuestro primo y tomar camino rumbo a la estacion de autobuses de esa ciudad, lugar en donde antes de salir nos volveriamos a reencontrar con un joven que habiamos conocido en nuestro viaje en el tren desde el distrito federal hasta la ciudad de Monterrey y el que al reencontrarnos en la teminal de autobuses de esa ciudad, el se aprovecha de nuestra inocencia y nos propone ser el quien fuera a comprar los boletos para nuestro viaje hacia la ciudad fronteriza de Reynosa, la cual es una ciudad perteneciente a el estado norteño de Tamaulipas al norte de la ciudad de México, pero lo malo vendria a ser que al nosotros confiar en este sujeto, fue que cuando nosostros le damos nuestro dinero para que el fuera a comprar los boletos de el autobús para dicho viaje, nosotros lo dejamos que este fuera completamente solo hasta la taquilla, dandole con esto a el la oportunidad de irse de la terminal por alguna de las muchas puertas de entrada y salida que ahí habian, no desconfiando nosotros en este sujeto, por lo que nos quedamos en el lugar donde el nos dijera que lo esperaramos, lo cual seria algo que nunca ocurriria, debido que este sujeto resulto ser uno de esos que viven en las terminales buscando la oportunidad de encontrar gente inocente como nosotros para en la primera oportunidad robarles su equipaje o como en el caso de nosotros que nos robó nuestro dinero, fue entonces que después de este pequeño incidente, mi hermano y yo no ibamos a desistir de nuestro intento por llegar a los Estados Unidos y lo que hicimos fue llamar de nuevo a nuestro primo Noel para ver si el nos podía ayudar a salir de este pequeño apuro en el que inconcientemente nos habiamos metido, lo bueno fue que esta vez lo que mi primo hace para asegurarse que no volvieramos a ser victimás de alguno de esos malechores, fue que el mismo se aseguró de comprar nuestros boletos con destino a la frontera que nosostros habiamos escojido para hacer nuestro ingreso ilegal a los Estados Unidos, por lo que fue entonces que ese día cuando nosotros arribamos a esa ciudad fronteriza lo primero que hicimos fue salirnos de la terminal para evitar ser victimás tanto de gente como el de Monterrey o de caer en manos de agentes de migración o de la policia judicial, los cuales también eran unos ladrones y nosotros no queriamos arriesgar a perder nuestros últimos pesos, fue así que al salir de esa terminal y debido a que ya era un poco tarde y la noche estaba por caer, lo que hicimos fue comenzar a preguntar hacia adonde era que quedaba situado el río que divide a México de los Estados Unidos y ya que alguien nos dio la direccion exacta de como llegar hasta ese lugar, lo que nosotros hicimos al llegar a la orilla fue ponernos a esperar a que se pusiera muy obscuro para aprovechar la obscuridad para cruzarnos, fue entonces que cuando nosotros vimos que ya era el momento oportuno para cruzarnos, a la hora de hacerlo yo supe que Dios estaba conmigo, por que yo me decidí a cruzarlo aun sabiendo muy claro que yo no sabia nadar ni lo más minimo como para poder flotar aun que fuera por un minuto, y la gran suerte mia fue que cuando nosotros lo comenzamos a cruzar por suerte la mayor parte de el río tenia un nivel muy bajo de agua, la cual nos llegaba hasta las rodillas y que la única parte donde estaria un poco alto el nivel de el agua, fue ya como a unos tres metros ya de el lado de los Estados Unidos, parte en la que yo estuve a punto de ahogarme, ya que cuando llegamos a esa parte yo llegué a un punto donde no pude mantenerme a flote por el no saber nadar y comenzé a hundirme y a perder el control, pero ya ahí yo supe que mi destino estaba marcado para seguir viviendo, ya que como ese río siempre mantiene una corriente muy fuerte, es al momento que yo estaba hundiendome, que esta me arrastro hacia la orilla donde yo pude alcansar a impulsarme por una gran piedra, siendo esto lo que me hizo lograr alcansar a salir exactamente en el punto donde mi hermano habia alcanzado a salir, al que yo veo al salir que estaba con una gran tristesa y desesperacion de ver como yo me estaba ahogando unos minutos atrás, pero al mismo tiempo pude ver su alegria al verme llegar sano y salvo a su lado, por lo que fue entonses de ya los dos estar de nuevo juntos a la orilla de ese río y ya en el lado de la parte de la frontera perteneciente a territorio estadounidense que nosotros comenzamos a caminar con rumbo desconocido y tratando de escondernos de las patrullas de el servicio de migración de ese país, pero no tardaría mucho en que pasaramos uno de esos momentos en que cuando a uno le sucede algo malo de imprevisto, lo que a uno le causa en lugar de enojarse es un gran ataque de risa y una impresión de esas que uno mantiene en su memoria para toda la vida, ya que cuando llegamos a un cruze de calles, en ese momento tuvimos que escondernos de una patrulla de migración y luego que permanecieramos escondidos por un largo rato, pero que en un momento de descuido de mi hermano Beto, ya que el sale de donde nos encontrabamos escondidos con la intención de asegurarse que esa patrulla ya se hubiera marchado, pero lo que el hace en ese instante, es pararse en la calle y saca su peine y sabiendo que estabamos en un lugar donde corriamos el riesgo de ser detenidos, el lo que hace es ponerse en medio de la calle a peinarse su cabello y es ahí que de repente el es enfocado por una patrulla que se encontraba escondida, los cuales le dan a el la orden de no moverse, Siendo en el momento que estos agentes llegan donde el para deternerlo, que yo mejor decido salir de donde estaba escondido para que así nos arrestaran a los dos juntos, es entonces que después de ser arrestados fuimos llevados a un centro de detencion de el servicio de migracion donde estos nos brindaron ropa buena y limpia para que nos cambiaramos, ya que la de nosotros estaba toda mojada de habernos cruzado el río con todo y nuestra ropa puesta, siendo después de ellos darnos la ropa, que estos comienzan a interrogarnos y a preguntarnos de que país eramos y que cual era nuestra edad y también nos preguntaron con que era el propocito de haber cruzado la frontera de la forma en que lo habiamos hecho, siendo después de nosotros responderles todas sus preguntas y de ellos convencerce de que les estabamos diciendo toda la verdad, que ellos proceden a explicarnos que debido a nuestra edad, y a todos los problemás políticos que habiamos vivido en nuestro país, ellos nos hicieron saber que nosotros eramos elegibles para ser dejados en libertad instantaneamente y que lo único que tendriamos que hacer era esperar como una o dos horas para que ellos nos llenaran toda la documentacion que necesitabamos para continuar con nuestro viaje hacia la ciudad que nosotros habiamos escojido para vivir y la cual fue la ciudad de Houston en el estado de Texas, después de dos horas de estar en esas oficinas, ellos nos extendieron un permiso especial para que pudieramos llegar a Houston de la forma que nosotros creyeramos conveniente, por lo que ellos mismos nos trasladaron hasta la terminal de autobuses de esa ciudad, pero como nosotros no teniamos dinero para nuestro pasaje, lo que hicimos fue buscar donde quedaba la carretera interestatal que llegaba hasta Houston y desde ahí comenzar nuestra ultima parte de esa aventura, la cual era de comenzar a pedir aventón a la orilla de la carretera, siendo entonces que cuando nosotros logramos salir a la orilla de esa ciudad fronteriza llamada MCAllen, después llegamos a otra pequeña ciudad llamada Edingurg, la que esta situada sobre la carretera que nos llevaria a la ciudad de San Antonio, Texas, y lo cual esto significaba para nosotros exactamente la mitad de nuestro camino hasta la ciudad de Houston, ese día cuando nosotros llegamos a la ciudad de Edinburg, talvez ya era como las diez o once de la noche y por lo tanto tendriamos que buscar un lugar seguro donde poder pasar la noche y como ya no traiamos dinero la única opción que nos quedó, fue la de dormir en algún lugar donde nos pudieramos esconder mientras amanecia, pero lo bueno fue que no tuvimos que buscar por mucho tiempo, ya que cerca de donde estabamos habia una empacadora que tenia muchos contenedores a un lado de el edificio, en los cuales nosotros vimos la oportunidad de poder pasar ahí la noche en un lugar muy seguro, ya que ese lugar se veia que habia sido abandonado por sus dueños, por lo que después de que esa noche transcurriera para nosotros sin ninguna novedad, nosotros despues salimos a la carretera con la intención de pedir aventón, encontrandonos con la gran suerte de que casi al mismo instante de nosotros pararnos a la orilla de esa carretera, ahí también se paró un señor para revisar su vehículo, al que cuando nosotros nos acercamos a el para preguntarle que a que distancia nos encontrabamos de Houston, el nos comenzó a preguntar que como pensabamos llegar hasta esa ciudad y que pronto tendriamos que pasar por una revicion de migración y que sino teniamos papeles que ahí mismo nos iban a detener, pero cuando nosotros le decimos a el que nosotros teniamos un permiso especial para viajar y luego que el nos pidiera que se los enseñaramos para verificar si era cierto lo que le estabamos diciendo, es entonces que después de el ver que nosotros si teniamos este permiso, el viene y nos dice muy alegre "que no nos preocuparamos más ", por que el mismo nos iba a dar ese gran aventón hasta la ciudad de San Antonio, siendo eso algo que a nosotros nos alegró mucho, ya que estando ahí era la mitad de nuestro destino final, después de unos 20 minutos de haber comenzado nuestro viaje con este señor y de que lo conocieramos un poco más y que el también supiera de donde era que nosotros veniamos y le contaramos un poco de nuestra historia de lo vivido en nuestro país, el siente mucha lastima por nosotros, ya que el mismo nos dijo que para la edad que teniamos ya habiamos vivido muchas cosas de adultos, "aconsejandonos que cuando lograramos llegar a nuestro destino que aprovecharamos todas las oportunidades que Dios nos habia brindado".

Ya después de pasar por el puesto de revicion de migracion el nos ofreció que si queriamos pasar a su casa y que el era de México y que después de que comieramos el mismo nos sacaria de la ciudad de San Antonio hasta la salida rumbo a Houston, cosa que nosotros al ver que el nos la ofrecia de buen corazón y con buena voluntad decidimos aceptar a pasar a su casa para bañarnos y comer algo para después seguir con nuestro camino, fue así que después de pasar a casa de este señor y de conocer a toda su familia era hora de continuar con nuestro viaje, y procedimos a despedirnos de toda su familia, por lo que después de esto el se dispuso a llevarnos hasta la carretera que va de San Antonio rumbo a Houston y ya que el nos dejara en la carretera no sin antes nosotros demostrarle lo mucho que le agradeciamos todo lo que habia hecho por nosotros y que también el nos diera su bendicion para que todo nos saliera bien en el resto de nuestro camino, es asi que después de unos quince minutos de nosotros haber comenzado a caminar sobre esa carretera, otra vez Dios nos pondria en nuestro camino a otra persona de buen corazón, ya que cuando nosotros habiamos parado por un puente y comenzamos a poner el dedo de señal de estar pidiendo aventón, Como a los cinco minutos de estar ahí se para frente a nosotros un vehículo de esos que usan la gente de mucho dinero y cuando este auto esta justo en el lugar donde nosotros estabamos parados, vimos que se bajaba la ventana y pudimos ver que quien estaba al volante era un señor de edad y el que al vernos nos pregunta que hacia donde ibamos y luego que nosotros le respondieramos que nos dirigiamos a Houston, el nos dijo que nos subieramos a su vehiculo por que el nos iba a dar un pequeño aventón, pero cuando ya nosotros vamos con el en su vehículo el nos comienza a hacer algunas preguntas, como la que de donde eramos y que cual era nuestra meta al llegar a Houston, cosa que cuando nosotros le respondimos que veniamos de El Salvador y que nuestra meta era llegar a Houston y ponernos a trabajar para asi poder ayudar a nuestra familia que habiamos dejado en nuestro pais, es Cuando nosotros terminamos de decirle todas estas cosas que el nos comienza a aconsejar, que nosotros eramos todavía unos niños y que por lo tanto el nos ofrecia que nos quedaramos a vivir en su rancho y que el nos ayudaba en todo lo que necesitaramos, ya que una hija de el trabajaba para la patrulla fronteriza o sea para el servicio de migracion y naturalizacion de los Estados Unidos, y que dos de sus hijos eran sheriff de ese condado y que sinos quedabamos a vivir y a trabjar en su rancho, el mismo nos iba a ayudar a arreglar nuestros documentos de residencia para vivir legalmente en este país, por lo que al hacernos esta propuesta y de que nosotros vieramos que en realidad se trababa de una persona de mucho respeto, fue que nosotros decidimos aceptar su ofrecimiento y nos fuimos con este señor rumbo a su rancho, el cual pudimos ver al momento de llegar, que se trataba de una propiedad muy grande y que este señor en realidad era todo un millonario, cuando nosotros vimos

93

a todo el alrededor de este rancho vimos que habia muchas casas grandes y bonitas a las cuales nos dijo que en una de esas era que nosotros ibamos a vivir y procedio a llevarnos a la que era para que nosotros vivieramos, diciendonos que a partir de ese día cualquier cosa que necesitaramos que se lo pidieramos, ya que el estaba dispuesto a darnos todo como si fueramos sus hijos y una de las cosas que el hace después de decirnos esto, es mandar a uno de sus trabajadores de el rancho a un supermercado, dandole a este la orden de que nos llenara el refrigerador con toda la comida que nosotros quisieramos, pero lo malo en esta otra ocasión vendria a ser que como nosotros habiamos pasado el río el día 10 de diciembre, ya para estos días que estamos donde ese señor es ya el 13 de diciembre y a nosotros nos comienza a entrar cierta desesperacion por estar en Houston para los días de navidad y año nuevo, ya que ahí era el único lugar donde ibamos a poder estar con alguna parte de nuestra familia en esos días tan especiales, siendo entonces que por ese motivo nosotros no pensamos en nada más que en emprender camino rumbo a Houston, pero lo bueno fue que después de que le explicaramos a este señor el por que de nuestra decisión, el nos dice que si por algún motivo cuando llegaramos a Houston no nos gustaba, que las puertas de su casa iban a estar siempre abiertas si algún día decidieramos volver, y es así que después de despedirnos el nos regalo un dinero para que pudieramos llegar hasta Houston, pero nosotros preferimos irnos de nuevo a la carretera para llegar a nuestro destino de la forma que habiamos planificado desde el comienzo, cuando en esa ocasión llegamos de nuevo a la carretera y nos pusimos a hacer la señal correspondiente, es después de un buen rato de estar ahí, nosotros en un momento de meditacion nos hicimos la misma pregunta, de que si al habernos venido de ese rancho de ese señor habriamos perdido la gran oportunidad de nuestra vida, pero bueno, eso vendria a ser algo que quedaria en nuestro pasado como eso, como una gran duda de toda la vida.

En esta ocasión cuando estabamos en la carretera y como vimos que el día estaba muy bonito, tomamos la decisión de caminar para así hacer un poco más de ejercicio, pero al nosotros tomar esta decisión recibiriamos otra gran sorpresa, ya que como a unos veinte minutos de estar caminando sobre esta carretera, se nos acercó una patrulla de la policia de el estado de Texas y el cual nos dio la orden de deternos y al nosotros hacerlo el nos pide nuestros documentos de identidad, por lo que nosotros le dimos los que migracion nos habia expedido, fue entonces que después de un buen rato de el estar revisando que nuestros documentos fueran originales en la computadora de su patrulla, luego de asegurarse que si lo eran, el viene de nuevo donde nosotros para entregarnos nuestros documentos y unas hojas de papel que nosotros en ese tiempo no sabiamos que era y que tampoco le pudimos preguntar a ese oficial por no saber hablar ingles, y lo peor de todo fue que tampoco ese oficial sabia hablar español, así fue que nosotros lo que pensamos fue que con la gran suerte que traiamos durante todo este viaje, fue que esto talvez se trataba de algún cupon para que lo cambiaramos para comprar comida o para que compraramos nuestro pasaje rumbo a Houston, pero eso no lo estariamos tan lejos de investigar de que se trataba, ya que al continuar con nuestro viaje nosotros seguimos caminando sobre esa carretera y esta vez si nos toco caminar mucho y todavía nadie se paraba para recogernos y lo peor de todo es que ya se nos estaba haciendo tarde, pero esta vez lo que habriamos que vivir fue para nosotros todo un milagro, ya que yo antes de que nosotros salieramos de el distrito federal en México, en una visita que nosotros hicimos a el parque Chapultepec, ahí yo me compre una cadena con la imajen de la Virgen de Guadalupe y fue entonces que en esta ocasión al nosotros ver que se nos estaba viniendo la noche y sin poder movernos mucho, fue entonces que yo en un momento de angustia me toco la medallita y le digo a mi hermano que si de verdad esa virgen es tan milagrosa, que yo le prometia que si en los proximos quince minutos alguien se paraba y nos daba un aventón que yo a la primera oportunidad de estar de nuevo en la ciudad de México iba a ir personalmente hasta la basílica de Guadalupe a pagarle ese gran milagro si nos lo hacia realidad, y fue entonces que después de yo decirle a mi hermano y de la promesa que hice, este milagro se nos hizo realidad, ya que a menos de diez minutos de yo haberlo pedido, se para frente a nosotros un mustang como de el año 66, el que era conducido por un muchacho como de treinta años de edad, el que en el momento que se para frente a nosotros nos pregunta que hacia adonde nos dirigimos y después de nosotros decirle que vamos rumbo a la ciudad de Houston, el viene y nos dice, que es exactamente para donde el también se dirigia, diciendonos en ese instante que nos subamos a su vehículo, por que el nos iba a dar ese gran aventón, por lo que cuando nosotros abordamos su vehículo, el comienza a ofrecernos de todo lo que el llevaba de comida en una hielera, en la que llavaba mucha comida y jugos para todo su viaje, Haciendo este viaje para nosotros inolvidable, ya que yo me lo pase comiendo y tomando jugo por casi todo lo que ese viaje duro, pero lo mejor de todo fue que esta vez este milagro resultó ser lo mejor que nos pudo haber pasado en toda esta aventura, ya que este muchacho que también era mexicano se porto con nosotros de una forma muy especial, ya que por todo el camino hasta incluso nos preguntaba si queriamos que se parara para pasar a alguna tienda para que nos comprara algo que nosotros quisieramos y al mismo tiempo también nos ofreció llevarnos hasta la puerta donde vivia nuestra familia en ese tiempo, ya que el nos dijo conocer muy bien el area para donde nosotros nos dirijiamos, fue también durante el transcurso de este viaje, que nosotros aprovechamos y le preguntamos a este muchacho de que era que se trataban los papeles que nos habia dado el oficial de policia que nos paro en la carretera, a lo que nosotros al enseñarselos, le preguntamos si era para cambiarlos por comida o para que compraramos nuestros pasajes, Haciendo en ese momento que el se pusiera a reir y a burlarse de nosotros en una buena forma, ya que desde el primer momento de el verlos, nos dice que eso se trata de una multa de transito por estar caminando sobre la carretera, ya que eso es algo prohibido, haciendo esto que al decirnos el esto, también nosotros comenzaramos con una fuerte carcajada de lo chistoso que esto resultó ser para nosotros por nuestra ignorancia.

Cuando llegamos a la ciudad de Houston, pudimos ver que era una ciudad muy grande y que de no haber sido por este muchacho que Dios y la Virgen de Guadalupe que fue a quienes yo les pedi este milagro y que nos lo pusieran en nuestro camino, talvez hubieramos tardado más tiempo en dar con nuestra familia, por lo que cuando nos despedimos de el en una forma en la que no le podíamos demostrar lo muy agradesidos que estabamos con él por ese gran favor que nos habia hecho, el lo único que nos dice es que nos desea toda la suerte del mundo en esta ciudad y siendo en el momento que el se retira que nosostros procedemos a reunirnos con los miembros de nuestra familia, los cuales eran unos primos y una tía por parte de nuestra madre.

Ese día cuando nosotros llegamos todo estaba bien, ya que todos eran parte de nuestra familia con la que siempre nos hemos llevado muy bien, pero es después de una semana de nosotros estar en Houston y de que nosotros comezaramos a buscar trabajo, que las cosas se nos comenzaron a poner un poco dificiles, ya que nostros no habiamos hecho ese viaje con el propósito de causarle molestias a nuestros familiares, sino que lo hicimos con la ambición de trabajar y de ser independientes para poder ayudar a nuestros padres, pero cuando comenzamos a ver que las cosas no eran como nosotros nos las imaginamos, fue entonces que dicidimos después de una semana de tratar de encontrar un tabajo y que a todas partes que ibamos nos dijeran lo mismo !Que estabamos muy pequeños para trabajar! y eso fue algo que a nosotros no nos gusto, y tomamos la decisión de irnos para el centro de esa ciudad y buscamos el edificio donde estan situadas las oficinas de el servicio de migracion y ya que las encontramos, lo que hicimos fue pedirles que por favor nos mandaran de regreso a nuestro país, lo cual ellos no hicieron, ya que nos dijeron que las cosas en El Salvador no estaban favorables para nosotros regresar debido a que habiamos tenido muchos problemás políticos, por lo que después de esto no nos quedó otra alternativa más que quedarnos y buscar nuevas formás para poder sobrevivir, para así no tener que ser una carga para nuestros familiares,viendonos obligados de esa forma a tener que pasar esa primer navidad alejados de nuestros seres queridos, después de pasar esa navidad a lado de nuestros familiares, el año 1983 vendria a pasar en mi vida sin mucha importancia, ya que lo único y lo más bonito de ese año seria el nacimiento de mi segunda hermanita, a la que mis padres le dieron por nombre "Ruth Evangelina Fuentes Ventura", y la que pasarian muchos años para que yo la llegara a conocer en persona.

Otra de las cosas de importancia para mi en lo personal fue que ese año lo dedique mucho para el estudio del ingles y a trabajar aunque fuera uno o dos días por semana, ya que para ese tiempo yo todavía no desarrollaba el cuerpo necesario para que me dieran trabajo en cualquier lugar.

Otra de las cosas que hice también fue el mantener mucha comunicacion con mi novia Milagro en El Salvador, con la que ese año hicimos muchos planes sin todavía saber los cambios que cada uno de nosotros recibiriamos en el futuro, por lo que esa navidad de 1983 fue un poco más difícil para mi al pasarla alejado de mi familia, ya que esto significaba el estar alejandome más y más de mis seres queridos, una de las cosas más buenas que ese año me dejaria, seria el irme a vivir con mi tía "Marcela", la cual es una hermana de mi madre y la que en esos días se habria casado con un señor americano muy bueno, y talvez el ser humanomás bueno que jamás hubiera conocido durante toda mi vida, y como ellos vivian solos con una niña de este señor en una casa muy grande, por eso mi tía me pidio irme a vivir con ellos por una temporada, mientras yo me establecia un poco más en esa ciudad, y como este señor no tenia ningún familiar cerca, fue por eso que el nos comenzó a tratar a todos los sobrinos de su esposa como si fueramos sus hijos.

Por lo que el año 1984 yo lo comienzo muy bien, debido a que en los primeros meses yo encuentro un buen trabajo en una empresa de limpieza de productos quimicos, en la que yo estaria como seis meses de ese año, debido a que como a medíados de ese año esa empresa se vio obligada a realizar un recorte de personal y como yo y mi primo eramos de los más nuevos, por eso tuvimos que ser de los primeros en ser despedidos de dicha empresa.

Este mi primo con el que fuimos despedidos de esta compañia habria llegado a los Estados Unidos como en el mes de abril de ese mismo año, y fue con este que yo comenzaria a salir mucho a lugares de baile, por lo que esto seria lo que abriria el camino a que yo comienze a volverme un poco vicioso e irresponsable, debido a que cuando comienzo a salir mucho con mis primos "Roger" y "Will", yo llegaria al extremo de comenzar a gastarme hasta el último centavo de mi sueldo en los lugares a los que asístiamos todos los fines de semana, mas que todo en night clubs y en restaurantes, que eran los lugares donde nos pasabamos todos los fines de semana, que eran nuestros días de descanso en nuestros respectivos trabajos, pero fue hasta después de un mes de nosotros haber sido despedidos de esa empresa, que mi primo Will y yo desidimos lanzarnos en una aventura, la cual consistia en comprarnos un automovil, para salir de viaje rumbo a la ciudad de Los Angeles en el estado de California, ya que ahí yo tenia un medio hermano por parte de mi padre, el cual yo pensé que como hermano mucho más mayor que yo, el me brindaria la ayuda que yo necesitaba de el, pero las cosas no nos comienzan a salir muy bien desde el principio de esta aventura, ya que cuando nosotros nos juntamos con otro amigo para que supuestamente compartieramos todos los gastos de dicho viaje, resulta que cuando los tres vamos a ver un automóvil muy viejo como de los años sesentas, el único que tenia dinero resulté ser yo, ya que ni mi primo ni mi otro amigo contaban con nada de dinero para ese viaje, pero como yo ya estaba con la intención de hacer esta nueva aventura, ya no me quedó otra alternativa más que la de seguir adelante con lo planeado, ya que este viaje a la ciudad de Los Angeles me brindaba a mi la oportunidad de volver a intentar salir adelante sin tener que ser una carga para nadie de mi familia, pero desde el primer instante las cosas no nos comienzan a salir bien, ya que lo que pagariamos por dicho automovil fue la cantidad de $150 dolares y lo cual no nos garantizaba que este viaje fuera como nosotros lo esperabamos, es así que después de haber recorrido nuestro primer día de camino logramos llegar hasta la ciudad de Amarillo, la cual esta situada como a unos 700 kilometros de Houston, al norte de el estado de Texas, ciudad que es fronteriza con el estado de Nuevo México, y lo que no era ni la mitad de todo el recorrido que nosotros teniamos que hacer para poder llegar hasta el estado de California, donde también ya nosotros comenzamos a tener problemás, tanto economicos así como mecanicos, ya que hasta ahí el automovil nos habria comenzado a dar cierta clase de problemás, tanto de calentamiento del motor así como de consumo eccesivo de gasolina, la cual nosotros sentimos que este vehículo consumia de una manera que no era nada normal, ya que solo para poder llegar a esta ciudad, nosotros habriamos gastado un promedio de la mitad de el dinero con el que pensabamos poder llegar hasta nuestro destino final, fue entonces que después de parar para dormir en la ciudad de Amarillo, al día siguiente nosotros decidimos continuar con nuestro viaje, y esto lo hicimos de una forma que nosotros sabiamos que nos tendriamos que tardar un poco más de tiempo en llegar a la ciudad de Los Angeles, ya que por lo delicado de el motor, decidimos manejar y parar cada 3 horas, para así darle tiempo al motor de enfriarse y descansar, para que así no se llegara a calentar mucho, ya que si nos quedabamos sin ese vehículo, las cosas si se nos iban a poner un poco más dificiles, lo bueno fue que el metodo que nos inventamos si nos funcionó, ya que en la segunda noche de haber comenzado nuestro viaje, logramos llegar hasta la ciudad de Phoenix en el estado de Arizona, de donde ya nos quedaba más cerca el estado de California, lo único fue que al quedarnos a pasar la noche en esa ciudad, yo ya para el siguiente día nomás tendria el dinero suficiente como para poder llenar el tanque de gasolina una vez más, y para poder continuar el resto de nuestro camino tendriamos que recurrir a otros metodos, con el fin de conseguir el dinero necesario para poder continuar, pero lo malo de el metodo que buscamos, fue que se trataba de comenzar a vender por el camino parte de nuestras pertenencias y que esta otra vez, yo vendria a volver a ser el más perjudicado, ya que yo era el único de los tres que más objetos de valor tenia para poder vender, o para intercambiar por gasolina por todas las gasolineras que tendriamos que pasar, pero lo bueno fue que después de el cuarto día, ya como en eso de las tres de la tarde, nosotros vimos que estabamos por entrar a la ciudad de Los Angeles, pero todavía nos faltaban un promedio de unos 125 kilometros, y para lo que yó ya me habria deshecho de casi la mayoría de mis objetos de valor y de mis prendas de oro.

En esa ocasión cuando ya nosotros estabamos por entrar a esa ciudad, el automovil nos comienza a dar serios problemás, ya que en lo que estabamos sobre la carretera pudimos ver a tiempo que ya este estaba comenzando a hechar mucho humo, y el habernos dado cuenta de esto y pararnos a la orilla de la carretera, seria lo que nos daria la oportunidad de que no se nos dañara por completo el motor.

Después de nuestra llegada a Los Angeles, las cosas no nos comienzan a salir de la forma como yo me las esperaba, ya que al yo intentar comuncarme con mi hermano "Toño", no se que pasaria por que al marcar el numero de telefono, nunca nadie lo contestaba y esto lo estuve intentando durante varias horas, y después de que me tuviera que dar por vencido, la única opción que nos quedó fue la de buscar un lugar seguro donde estacionar el vehículo para poder dormir en el mientras encontrabamos la solucion a nuestro problema, en esa ocasión lo bueno para nosotros, vendria a ser que nuestro amigo también tenia algunos familiares en esa ciudad y al el intentar comunicarce con ellos, este si tiene suerte y se logra comunicar con ellos al día siguiente de haber llegado a esa ciudad, por lo que estos, nos brindan un lugar donde poder dormir para mientras yo me lograba comunicar con mi hermano, cosa que después de tres días de estar viviendo con esta familia, yo si pude llegar a comunicarme con mi hermano, al que cuando yo le digo en el lugar que me encuentro, me dice que no me preocupe, por que el mismo se encargaria de irnos a recoger a ese lugar, a lo que yo en ese momento pensé que ya ese era el final de todos mi problemás, pero la realidad era otra, ya que esto era apenas el comienzo de una de las experiencias más tristes de mi vida, ya que cuando mi hermano llega por nosotros y nos lleba a supuestamente vivir con él, lo primero que yo comienzo a ver, es que él en lugar de dejarnos dormir aunque fuera en el piso pero adentro de su casa, el viene y nos dice, que el único lugar que tiene para dejarnos dormir, era en la camioneta vieja que el usaba para recoger cosas de la calle para irlas a vender, los sábados y domingos a unos lugares conocidos como "pulgeros" o mercados de pulgas, de los cuales hay muchos por toda esa ciudad, después de esto a los 2 o 3 días, el comportamiento de el comienza a ser como el de querer hacer que nosotros fueramos a todas las iglesias, donde el se quedaba esperandonos afuera y que yo con mi primo "Will" entraramos a pedir alimentos con la mentira de ser desamparados y que no teniamos donde vivir ni que comer, y ya luego de que en estos lugares nos dieran muchas bolsas con alimentos, el se llevaba todo para su casa y nosotros teniamos que seguir en la misma situación de desamparados, pero ya en una ocasión que nosotros vimos que en esa casa nosotros no eramos bien recibidos y que yo no estaba recibiendo el trato de hermano como lo esperaba, lo que hicimos fue tomar la decisión de irnos aunque fuera a la calle, ya que no estabamos dispuestos a seguir soportando humillaciones ni malas miradas, tanto de mi hermano, así como de su esposa, la cual era una señora mexicana, que yo nunca llegué a comprender si este comportamiento hacia mi era de parte de ella o si todo venia de parte de mi hermano, siendo eso algo que solo Dios puede saber, ya que yo a partir de todo lo vivido, habría preferido mejor irme a vivir a la calle que estar un día más en esta situación, fue entonces que después de todo esto Nosotros nos marchamos sin despedirnos de ellos, ya que no creiamos conveniente hacerlo, debido a que por todo su comportamiento, en realidad nosotros no teniamos nada que agradecerles, tanto a mi hermano, así como a su esposa, y fue entonces que lo primero que hicimos fue irnos al parque donde habiamos llegado el primer día que llegamos a esa ciudad, y como ahí vimos que se podía encontrar mucha gente de nuestro país, nosotros nos fuimos ahí, con la esperanza de talvez encontrarnos con algunas personas de nuestros lugares de origen, Pero esto no iba a suceder y lo que pasaria a suceder fue, que a partir de ese día nosotros comenzaramos a vernos completamente en la calle y lo único que nos quedó por hacer a partir de ese día, fue buscar la forma de como sobrevivir y la solucion más inmedíata, fue la de recurrir a hacernos amigos de algunas de las personas que estaban en el parque ese día, por suerte a uno de los personajes que nos acercamos ese día para preguntarle donde podíamos encontrar ayuda a nuestra situación, resultó ser un muchacho salvadoreño como de unos 30 años de edad, el cual al ver en la situación que nosotros nos encontrabamos lo primero que hizo, fue decirnos que lo esperaramos en una parte del parque donde lo conocimos y que no nos movieramos de ahí, por que el iba a ir a ver si encontraba a alguien que nos pudiera ayudar en algo, pero cuando el regresó, lo único que traia con el era una bolsa con mucha comida, la cual nos dijo que agarraramos y que comieramos, mientras el volvia a irse para tratar de encontrar quien nos pudiera ayudar, pero fue entonces que ya después de casi haber pasado toda la tarde en ese parque, el que lleva el nombre de "McArthur Park", siendo ese su nombre, ya que fue dedicado a la memoria de el gran general de las fuerzas armadas de los Estados Unidos de norte america "Douglas McArthur".

Esa tarde cuando la noche llegó y nosotros no teniamos más que el automovil que habiamos traido de Houston, no nos quedó otra alternativa más que estacionarlo a la orilla de el parque, para poder pasar nuestra primera noche, ya que el amigo que llegariamos a conocer en ese lugar, resultó ser un alcoholico, que también dormia donde le llegara la noche, después de ya una semana de nosotros estar durmiendo en el vehículo o a veces en las sillas del parque, nosotros comenzamos a buscar la forma de como poder salir de esa situación en la que habiamos caido, una de esas formás, fue que cuando comenzamos a conocer a mucha gente que también estaban en nuestra misma situación, lo que hicimos fue reunirnos un grupo como de unos quince, y lo que haciamos para poder sobrevivir cuando no teniamos ni para poder comer, era que en las noches nos ibamos en grupos de cinco, y saliamos a lugares retirados de el barrio donde estabamos viviendo, y nos poniamos a robar en todos los vehículos que encontrabamos abiertos, y les sacabamos los radios y toda clase de objetos de valor, que sus dueños hubiesen dejado en ellos, después de esto todos nos volviamos a reunir en el parque, y ya que juntabamos todo lo robado en esa noche, al día siguiente saliamos cada quien con algo de lo robado y nos ibamos a venderlo, para después reunir todo el dinero, y poder irnos a comer bien aunque así fuera nomás por ese día.

Fue así que para nosotros el tiempo se nos fue pasando de tal manera, que nos fuimos acostumbrando a vivir de esa forma, después de ya un mes y medio de nosotros estar en esa situación, llegan a vivir a el parque dos muchachos salvadoreños que también habian pasado por el mismo problema de nosotros, ya que ellos también habrian hecho el viaje, desde la ciudad de Washington D. C. el cual es un viaje de casi el doble de la distancia de el viaje que nosotros habiamos realizado, pero lo bueno de todo fue que el automovil de ellos, si habia logrado llegar en muy buenas condiciónes, haciendo esto que cuando nos comenzamos a conocer mejor y a tener más amistad, planificaramos una forma de como poder salir de esa situación, y una de ellas fue, la de ahorrar un poco de dinero para así poder viajar hasta la ciudad de fresno, ciudad que pertenece al estado de California, y la que esta situada al norte de ese estado rumbo a la ciudad de San Francisco, ciudad que es muy famosa por ser una de las más productoras de uva, y de algunas otras clases de frutas y en la que no era nada de difícil poder encontrar trabajo, es entonces que cuando nosotros hacemos este viaje a dicha ciudad, todos nosotros teniamos la esperanza de poder encontrar el trabajo que nos ayudara a poder salir de la calle a la hora de querer regresar a la ciudad de Los Angeles, pero las cosas nunca llegarian a ser así, ya que de nosotros cuatro que viajamos, ninguno era de el campo y el único trabajo que ahí se podía encontrar tenia que ver con el corte de uvas, el que en esos tiempos lo que hacían, era contratar grupos de cuatro y los llevaban a los lugares donde estaba la plantacion, y lo que habia que hacer era llenar unas grandes gondolas, a las cuales les entraban como unas diez mil libras de uva, y debido a nuestra condición de ser gente de ciudad, habia días que lo maximo que lograbamos llenar a pesar de todo nuestro esfuerzo eran dos, más en cambio las otras cuadrillas que si estaban formadas por gente campesina, y que la gran mayoría eran de México, nosotros mirabamos como ellos con toda la facilidad del mundo si llenaban hasta más de ocho de ellas en el día, por las cuales se recibia la cantidad de sesenta dolares por llenar cada una, mientras nosotros creiamos estar trabajando muy duro todos los días para intentar llegar a ese mismo nivel de produccion, pero por más que nosotros luchamos por llegar a ese objetivo, las cosas cada día se nos fueron poniendo peor, ya que después de una semana de estar en ese trabajo, los cuatro comenzamos a sentir lo duro de ese trabajo, y nos comenzamos a cansar con mucha más facilidad, haciendo esto que nuestra produccion en lugar de aumentar, mejor disminuyera a un nivel en el que lo único que ganabamos durante el día era lo que nos iba a servir para comer y pasar ese día, fue entonces que mejor tomamos la decisión de quedarnos a trabajar por una semana más, para así tratar de recoger el dinero necesario para regresar a la ciudad de Los Angeles, ya que si nos quedabamos ahí, las cosas se nos iban a poner mucho más dificiles de lo que ya estaban y el único recurso que nos quedó para poder ahorrar durante esa semana que decidimos quedarnos en ese lugar, fue el de no comprar nada de comida y comer fruta por todos los días que estubieramos ahí, siendo esa la única forma en que podriamos obtener el dinero necesario para nuestro regreso a Los Angeles, ya que esa semana pasó y teniamos el dinero suficiente para regresar a Los Angles, ya no perdimos el tiempo y nos fuimos de regreso, llegando de esta forma a el parque Mc.Arthur, debido a que este era el único lugar que conociamos, pero a nuestro regreso, las cosas para nosotros no serian nada faciles, esto debido a que como en esos tiempos esa era una area muy llena de drogas y como nosotros eramos muy jóvenes, esto nos hacia muy vulnerables para caer en cualquier vicio, siendo esto algo que comenzaria a afectar mucho a la gran mayoría de mis amigos, ya que algunos de estos comenzaron a caer en el vicio de la marihuana y otros en el de el alcohol, lo bueno en mi caso fue que siempre me mantuve firme y me hice la promesa de nunca caer en ninguno de esos vicios, lo único que a mi me afectaria al verme en esa situación, fue que yo si comenzaria a recurrir y a caer en el vicio de fumar, debido que a partir de esos días al verme solo y desamparado, yo comenzaria a fumar de una forma muy exagerada y descontrolada, siendo eso algo que nunca en mi vida habia hecho, pero debido a todas las cosas malas que estaba viviendo yo comenzé a ver que si no buscaba una forma para salir de ese lugar, la situación se me podía haber llegado a poner mucho peor de lo que ya estaba, por lo que después de unas dos semanas de haber regresado a el parque, yo comenzé a observar que ahí llegaban todos los sábados y domingos unos miembros de el partido comunista de los Estados Unidos, siendo en ellos que yo ví una forma de poder salir de la situación en la que me encontraba, ya que al unirme a este partido y al comenzar a trabajar con ellos, yo pude alejarme mucho de las malas influencias con las que me estaba relacionando al encontrarme solo y desamparado en esa ciudad, siendo así que después de hacerme miembro activo de el partido, las cosas para mi se pusieron un poco mejor, ya que aunque con ellos yo no recibia ningún sueldo, al menos la comida si me la daban y eso para mi era mucho mejor que estar en la calle robando y arriesgando mi vida o a perder mi libertad, participando también en algo que a mi me gustaba mucho hacer.

Lo único malo que tenia al trabajar con el partido, era que también con estos corria el riesgo de ser arrestado por la policia en alguno de los operativos en que participabamos, ya que el partido comunista en este país nunca a sido visto de una buena forma por todas las autoridades, por lo que este siempre a sido víctima de mucha persecucion policial, lo malo también por otro lado, seria que cuando las campañas políticas disminuian debido a toda esa persecucion policial, a mi no me quedaba otra alternativa más, que de regresar con mis amigos al parque, y tener que volver a recurrir a los malos medios de sobrevivencia a los que ya todos estaban acostumbrados, después de unos días, en una de las ocaciones en las que tuve que ir a hacer una campaña con mis compañeros del partido comunista, fue un día 31 de octubre, el que en este día es que se celebra el famoso día de "halloween", o mejor conocido como el día de las brujas, en la mayor parte de países en latinoamerica, ese día de el operativo, nosotros planificamos llevarlo a cabo en un boulevard muy famoso y reconocido a nivel mundíal, ya que este lleva el nombre de Hollywood boulevard y esta situado en la misma ciudad de Hollywood, siendo este el lugar especial y favorito de la mayoría de habitantes de esta ciudad para celebrar ese día, ya que es ahí donde se puede admirar los disfrases más bonitos y raros de todo el mundo, haciendo esto que por eso, este lugar sea el centro de atraccion y de reunión para miles de personas que en ese día salen en busca de divercion, en esa noche lo que nosotros habiamos planificado, era repartir miles de volantes con información política y hacer un pequeño mitin político en una de las esquinas de ese boulevard, pero este incluia una protesta en contra de el presidente Ronald Reagan y de quien también se iba a proceder a quemar un muñeco con su rostro, haciendo todo esto en protesta por la intervencion de este presidente en la guerra que en esos días se estaba librando en El Salvador fue así que cuando nuestra actividad dio inicio, nosotros después de un buen rato, comenzamos a observar que estabamos siendo observados por algunos agentes encubiertos de la policia de esa ciudad, haciendo esto que todo lo de el mitin lo hicieramos de una forma muy rapida, ya que después de quemar el muñeco con el rostro de el presidente, lo que tuvimos que hacer fue tirar todo el resto de la propaganda que teniamos en nuestro poder en los botes de la basura, y salir cada quien por su lado, con la misión de perderse entre toda la multitud y así evitar ser capturados, siendo esta una de las ocaciones en que yo corriera el riesgo de ser capturado y talvez de ser acusado de participar en actividades políticas ilegales, pero a pesar de todos estos riesgos a los que yo me exponia, yo continué con mis actividades revolucionarias, la única diferencia fue que debido a el miedo que yo sentí en esa ultima campaña política, yo mejor opté por comenzar a juntarme más seguido con mis amigos de el parque, siendo ahí, que ya estaba por escribirse una de las historias más importantes de mi vida y talvez la más bonita de todas, ya que en esos primeros días de el mes de noviembre, todo ocurre de una manera muy rapida e inesperada para mi, ya que lo que vendria a suceder, es que en esos días, nosotros comenzamos a ver como una muchacha mexicana muy bonita y de muy bonito cuerpo comenzó a frecuentar el parque desde esos días, causando ella una gran impresión en la mayoría de mis amigos, ya que estos no perdían el tiempo de acercarsele a hablar en cada ocasión que la miraban sola, ya que ella llegaba a el parque unas dos o tres veces por semana con la intención de reunirse ahí con su novio, el cual era un muchacho de la calle muy conocido por algunos de mis amigos, pero lo que ocurria era que en algunas ocaciones que ella llegaba y el no estaba a su lado, era ahí que todos aprovechavan el momento para ver si ella les daba la oportunidad de talvez llegar a salir con alguno de ellos, cuando esto estaba ocurriendo ya todos nosotros nos encontrabamos viviendo en un edificio abandonado, que estaba situado frente a el parque y el que en su tiempo habria sido un famoso hotel, siendo este un lugar muy seguro para todos nosotros, ya que incluso todos nos habiamos hecho amigos de el encargado de dar seguridad a esa propiedad.

Lo único malo fue que ya para esos días, la mayoría de mis amigos habian caido en vicios, y esto hacia que algunos de ellos comenzaran a perder la razon cada vez que se endrogaban o que se emborrachaban, y fue uno de estos problemás lo que nos separo con mi primo, ya que debido a una gran borrachera, ellos una noche decidieron ir a el parque para asaltar a la primera persona que se les cruzara en su camino, y como ya ellos iban en un estado de entoxicacion muy fuerte, ninguno de ellos en realidad sabia en el gran problema al que se iban a ir a meter, ya que a la persona que ellos asaltaron esa noche, al día siguiente, esta llego con la policia para identificarlos a todos, ya que ese señor resultó ser una de las personas que siempre se mantenia jugando ajedrez en una area de el parque que era designada para ese juego, por lo tanto la policia procedio a arrestar a todos los que el señor les dijo que eran los que lo habian asaltado la noche anterior, quedando yo solo en ese lugar desde ese día, una semana después de ese insidente yo también me tendria que ver envuelto en uno un poco más serio, ya que una noche en que yo y otro amigo regresabamos de el centro de esa ciudad a el parque, justo en el momento en que estabamos por terminar de cruzarlo, nosotros vimos a tres sujetos que nosotros no conociamos, que estaban golpeando a un amigo de nosotros, por lo que nosotros nos vimos en la necesidad de defenderlo, ya que de no haberlo hecho talvez estos hasta lo hubieran matado a golpes, debido a que en ese barrio en esos tiempos la gente se mataba por cualquier excusa, pero lo bueno fue que nosotros pudimos llegar a tiempo para evitar que eso llegara a algo peor, después de unos días de esto haber sucedido, nosotros pensamos que esto talvez ya era cosa del pasado, y nunca pensamos que esos sujetos podrian llegar algún día a buscarnos con la intención de vengarse por lo sucedido, por lo que ya nosotros nunca le dimos a eso ninguna importancia, después de una semana de yo haber vivido todas esas cosas, a mi la vida estaria por darme otra gran sorpresa, y la cual vendria a ser algo que cambiaria mi vida totalmente, ya que en esos días la muchacha mexicana que a todos nos gustaba, comenzó a llegar casi todos los días al parque, y también comenzó a tener un poco más de conversación con los que se le acercaban a tratar de hacer amistad con ella, a la cual yo por ser un poco timido, nunca tuve el valor de acercarmele, pero todo para mi se daria de una forma muy inesperada, debido a que el muchacho con el que ella estaba de novia, un día de esos decidió irse para México y no le importó dejarla a ella abandonada, por lo que al día siguiente de el haberse marchado a su país, esta muchacha se acerco a el lugar donde nosotros viviamos y al nosotros verla muy solita, a pesar de esto nadie de mis amigos tuvo el valor de acercarsele, esto debido a que ya todos sabian que ella no le iba a hacer caso a ninguno de ellos, por que ya a todos ella los habia rechazado anteriormente y en esta ocasión, ninguno queria correr el riesgo de verse otra vez rechazado y humillado por esta muchacha, la cual a decir verdad, era y continua siendo una mujer muy linda, fue entonces que esa tarde al verla a ella ahí sentada y muy solita y como yo era el único de todos que nunca me le habia acercado a hablarle en ninguna ocasión, fue por eso que yo decidí ir a donde ella estaba sentada y aunque esto lo hice de una forma muy timida, yo me le acerque y lo primero que hice fue preguntarle que si le ocurria algo, respondiendome ella en ese mismo instante muy triste que sí, y me hizo saber que se sentia muy triste, por que su novio se habia marchado y que se sentía muy sola, esto debido a que unos días antes se habia salido de su casa donde vivia con uno de sus hermanos y con unos tios, y que desde ese día que su novio se fue ella no sabia que hacer, siendo entonces que al ella contarme sus problemás, yo le aconsejé con muy buena intención, que sino pensaba en regresar con su familia, que se quedara a vivir en el lugar donde yo me estaba quedando, y que no se preocupara por mis amigos, por que ellos todos eran muchachos de muy buenos sentimientos y que nada malo le iba a suceder, ya que yo la iba a proteger y a cuidar mucho, por lo que al yo terminar de decirle todo esto, ella acepta mi proposición, haciendo esto que desde ese mismo día nosotros comenzaramos a tener mucha conversacion, más que todo con lo relacionado a nuestros lugares de origen y a las cosas vividas durante nuestras cortas vidas, por lo que después de ella decirme que era mexicana y de decirme que solo tenia 16 años de edad y de también yo decirle a ella que yo era salvadoreño y que tenia 18 años de edad, después de todo esto, yo nunca pensé que a dos días de haber comenzado a tener una muy bonita amistad y de andar muy juntos para todas partes, yo llegaria a tener el valor de preguntarle si queria ser mi novia, y esto fue algo que ni yo sabia como hacerlo, pero lo hice aun que fuera de una forma muy nerviosa pero lo logré, a lo que ella después de un instante de estar pensando en mi pregunta, me responde que si y que eso lo hacia por que sabia y estaba segura que yo iba a ser muy bueno con ella, debido a todo lo que ya le habia demostrado, al cuidarla y respetarla mucho durante los días que ya habiamos estado juntos, fue entonces que a partir de ese día y después de todo lo que yo habia sufrido en los últimos años, debido tanto al haberme visto obligado a tener que abandonar a toda mi familia y a mi patria, más también el haberme visto desamparado en las calles de la ciudad de Los Angeles y de haber hecho cosas que nunca me imajiné llegar a hacer en mi vida, para mi al escucharla a ella decirme que si queria ser mi novia, esto lo que me causo fue una alegria inesperada, por lo que una de las primeras cosas que se me vinieron a mi mente, fue la de tratar de salir de esa situación en la que estaba en ese momento, para así tratar de darle a esta linda muchacha, toda la estabilidad emocional que tanto se merecía pero lo que vendria a suceder a una semana de nosotros comenzar nuestra relación y de ya prácticamente estar compartiendo nuestras vidas juntos, fue algo que ninguno de los dos nos esperabamos, pero lo cual seria algo que vendria a ayudarnos a que los dos midieramos la fuerza de nuestro amor y de nuestros sentimientos, esto debido a que a una semana de su novio haberse marchado rumbo a México, por circunstancias del destino este regresa de improvisto a el lugar donde viviamos, haciendo esto con la esperanza de poder recuperar el amor de esa muchacha a la que el habria dejado abandonada sin importarle sus sentimientos, siendo así que cuando este llega donde nosotros, este le pide a quien ya era mi novia, la oportunidad de hablar con ella un momento, para explicarle todo lo que habia sucedido, dandome esto a mi la oportunidad de yo comprobar por mi mismo si ella de verdad me habia comenzado a querer como me lo habia demostrado, ya que yo mismo le dí a ella la oportunidad de que ella lo escuchara, por lo que después de un buen rato de dejarla a ella escuchar lo que su ex novio le tenia que decir, ella regresa conmigo y me dice que él lo que le pidio fue que lo perdonara y que también le habria propuesto llevarsela con el, a lo que ella me dice haberle respondido que no, por que ya ella estaba conmigo y que ya yo le habia demostrado todo lo bueno que podía llegar a ser con ella y que no queria volver a correr el riesgo de volver a quedar abandonada en un lugar que no conocia, por lo que ella me hizo saber en ese instante, que también le habia pedido a este que se olvidara de ella, por que a mi lado se sentia muy feliz y segura, diciendome ella que esto lo habia hecho con la intención de demostrarme el gran amor que ya sentia por mi, haciendome en ese momento el hombre más feliz de todo el mundo.

Por lo que después de esto, los dos comprendimos que en realidad los dos eramos el uno para el otro, y que nada ni nadie nos iba a separar, teniendo la fe y la esperanza de que a partir de ese día, nuestro amor nos iba a dar la fuerza de luchar para salir adelante de la situación en la que en esos días nos encontrábamos, fue entonces que después de estar viviendo juntos y de haber comenzado a vivir una relación de hombre y mujer, las cosas yo las comenzé a ver de otra manera, ya que ahora yo tenia la responsabilidad de salir adelante no solo por mi, sino que también por la que yo, ya presentia llegaria a ser el gran amor de mi vida, por suerte para nosotros, el cambio que tanto necesitabamos, se nos iba a dar de una forma muy rapida e inesperada, ya que una tarde que ibamos los dos caminando por la orilla de el parque, y de donde por suerte yo una hora antes, habria entrado a una tienda que estaba situada exacto al cruzar la calle de el parque, la que en esos tiempos tenia el nombre de "el piojito", tienda a la que yo habria entrado, y me habria robado un cuchillo de partir carnes, el cual yo me robé con la simple intención de tenerlo donde viviamos con mi novia, nomás por seguridad, aun no sabiendo que esa tarde este seria el que me llegaria a salvar la vida, ya que cuando los dos vamos caminando por la orilla de el parque, justo en la parte donde en esos tiempos estaban localizados los servicios sanitarios publicos, y donde era que también se vendía muchas drogas de las que circulaban por todo ese barrio, fue que en un momento inesperado, se paran frente a nosotros, los muchachos a los que unos días antes con mi amigo habiamos sorprendido golpeando a nuestro amigo, a los que no se les habia olvidado lo de ese insidente, y lo único que talvez esperaban era que se les presentara la oportunidad de tener a alguno de nosotros frente a ellos, para así tener la oportunidad de vengarse de lo sucedido unas semanas atrás, ya que lo primero que hace uno de ellos al tenerme frente a ellos, es tirarme una fuerte patada en la parte más debil de mi cuerpo, y la que al yó no habermela quitado talvez me hubiesen matado ahí mismo, pero la suerte mia fue, que al yo reaccionar bien quitandome esa patada, yo lo que hago al ver que ellos comienzan a meterse las manos a los bolsillos para sacar sus cuchillos, yo también hago lo mismo, haciendo de esta forma que ellos se asustaran, al ver lo grande de el cuchillo que yo tenia en mi poder, comparado con lo pequeño de los de ellos, dandose ellos en ese instante cuenta de la gran ventaja que yo les tenia en caso de que tuvieramos que pelear, pero lo bueno de esto fue que yo resultaria ser más inteligente que ellos, ya que aprovechando la ventaja que les tenia con mi arma, yo opté por decirles que si ellos decidían pelear que se pusieran a pensar primero en las consecuencias, ya que de llegar a ese extremo, yo estaba decidido a morir, pero no sin antes llevarme a uno o dos de ellos conmigo, pero lo que yo hago después de hacerles esta amenaza es proponerles, que lo mejor que podían hacer, era dejarme ir y que yo estaba dispuesto a retirarme de ese lugar, para de esa forma evitar que algún otro día nos volvieramos a encontrar, y volver a tener otro enfrentamiento como ese, y fue así entonces que ellos decidieron aceptar lo que yo les propuse, haciendo que de esa forma, yo tuviera que pensar en ese mismo momento, irme de regreso a Houston Texas, ya que ahí yo sabia que contaba con familia y que estos no me iban a dejar en la calle, como ya me habia sucedido con mi hermano en esa ciudad, es así que lo primero que yo hice para poder irme de esta ciudad, fue preguntarle a mi novia Georgina, si ella estaba dispuesta a irse conmigo hacia Houston, diciendole yo a la vez, que era ahí, donde yo le podía demostrar que si le podria dar toda la felicidad y estabilidad que ella se merecía haciendo con esto que ella sin pensarlo dos veces, me respondiera que sí estaba dispuesta a seguirme hasta donde yo se lo pidiera, ya que después de todas las cosas que en pocos días habríamos vivido juntos, ella me dijo, ya estar segura de que yo llegaria a ser el gran amor de su vida, pero lo único malo de este viaje vendria a ser, que como yo nunca durante el tiempo que estuve en esa ciudad llegue a tener un trabajo estable, por lo que yo no contaba con ningún dinero para realizarlo, y lo único que se me ocurriria vendria a ser que este viaje lo tendriamos que hacer de la única forma que teniamos disponible, la que consistia en salir de la ciudad hasta la carretera interestatal y comenzar a pedir aventón, fue así que cuando ya nosotros decidimos salir en ese mismo momento, lo último que hicimos en Los Angeles, fue ir a despedirnos de nuestros amigos e ir a recoger toda mi ropa y la de mi novia Georgina a el edificio abandonado donde habiamos estado viviendo en los últimos días, lo bueno de ese viaje para nosotros comenzaria muy bien desde ahí, ya que en ese momento de nosotros ir por nuestras pertenencias, ahí se encontraba un gran amigo mio que tenia vehículo, el que al ver que nosotros nos marchábamos de esa forma y al ver que no teniamos ni dinero para poder salir rapido de la ciudad, el se ofrecio a llevarnos hasta la orilla de la ciudad, hasta donde ya nosotros pudieramos pararnos y comenzar nuestra gran aventura, fue entonces que al momento de nuestro amigo sacarnos hasta la orilla y de ya nosotros estar sobre la carretera que nos llevaria hasta la ciudad de Houston, en esta ocasión nosotros no tardariamos mucho tiempo, en saber que Dios estaba con nosotros en ese viaje, ya que el primero en pararse para recogernos, fue un señor de unos 50 años, que iba en su trailer hasta la ciudad de Phoenix Arizona, y lo cual para nosotros significaba un aventón como de unas nueve horas, el cual nos pondria a un poco menos de la mitad de nuestro destino, siendo así que cuando nosotros abordamos el trailer de este señor, lo primero que el nos comienza a preguntar es que de donde veniamos, y que si yo me estaba robando a esa niña, ya que como yo ya tenia 18 años y Georgina apenas 16, el por eso me insinuo que pensaba que yo me la llevaba robada, pero al yo decirle que eramos pareja, y que los dos le contaramos todos los planes que teniamos, luego que también le contaramos de donde veniamos y de la forma en que nos habiamos conocido, fue que el comenzó a portarse muy bien con nosotros dos, ya que después de todas esas preguntas, el nos pregunta si teníamos algo de dinero con nosotros, a lo que nosotros le respondemos que no y que esa es la única forma que tenemos para llegar hasta Houston a donde mi familia, al nosotros responderle esto, el lo primero que hizo fue pararse en un restaurante de los que hay por la orilla de la carretera y nos dice que ordenaramos la comida que quisieramos y que no nos preocuparamos por nada, por que el se encargaria de pagar por todo, siendo así que nosotros al ver lo bueno y amable que era este señor con nosotros, decidimos aprovechar su invitacion y comimos muy bien, ya que hacia varios días que no teniamos el gusto de comer como lo hicimos en esa ocasión siendo después de comer, que continuamos nuestro viaje rumbo a la ciudad de Phoenix, llegando a esta ciudad como en eso de las 10 de la noche de ese mismo día en que habiamos salido de la ciudad de Los Angeles, cuando nosotros entramos a esa ciudad y que este señor que también resultó ser de México, nos dejara a la orilla de la misma carretera que conduce hasta el estado de Texas y luego que nos despidieramos de el y que le dieramos las gracias por todo lo bueno que habia hecho por nosotros, después de que también el nos diera su bendicion y nos dijera que esperaba que estuvieramos juntos para toda la vida, ya que formabamos una muy bonita pareja y de también aconsejarnos que nos cuidaramos mucho en la carretera, ya que Georgina era una niña muy linda y que tuvieramos mucho cuidado más que todo por ella, después de el marcharse, nosotros llegamos a pensar que como ya era muy noche, talvez ya no ibamos a tener suerte de que alguien nos levantara, pero eso no fue así, ya que después de un pequeño susto que nos dio un oficial de la policia de esa ciudad, el cual nos dijo que nos salieramos de la carretera por que era prohibido caminar sobre ella, a lo que nosotros le respondimos que no lo sabiamos y que ya no ibamos a caminar más sobre ella, siendo así que nosotros decidimos no caminar más, y nos paramos en un lugar donde vimos que podíamos intentar hacerlo, sin tener que caminar sobre esa carretera para poder seguir pidiendo aventón, pero lo bueno fue que en esta ocasión, nosotros de nuevo volvimos a correr con la buena suerte de que alguien se parara para darnos aventón sin tener que esperar por mucho tiempo, ya que esta vez fue una camioneta la que se paró, en la cual iba una familia que viajaba rumbo a la ciudad de Flagstaff, la cual es una ciudad que esta situada como a unas tres horas al norte de la ciudad de Phoenix, y debido a que ese día a nosotros ya se nos habia venido la noche, y como no teniamos donde poder pasar la noche, a nosotros se nos hizo fácil aceptar el aventón que esa familia nos ofreció hasta ese lugar, no sabiendo que este pequeño aventón, seria el viaje más dificil de toda esa aventura, ya que durante todo el trajecto de ese viaje, tendriamos que atravezar unas areas que para esos meses, son de unas temperaturas muy frias, y como nosotros no ibamos nada preparados para esa clase de temperatura, más que todo fui yo, el que comenzó a sentir ese gran frio que se sentia, el que yo no creia poder soportar llegar a nuestro destino, pero por suerte, fue mi novia Georgina la que pudo reaccionar bien en ese momento, ya que ella procedio a abrazarme muy fuerte para transmitirme parte de su calor y a taparme con toda la poca ropa que nosotros llevamos en nuestra bolsa, para así evitar que el viento nos causara más frio de el que ya teniamos, siendo así la única forma en que pudimos llegar a la ciudad de

Flagstaff, a la que llegamos como en eso de la una de la madrugada, y ya que esta familia nos dejara en una estacion de gasolina, fue ahí que nosotros comprendimos el por que de tanto frío, ya que cuando nosotros procedimos a quitarnos toda la ropa que teniamos encima y a destaparnos para bajarnos de la camioneta, nosotros pudimos ver que todo a nuestro alrededor estaba completamente cubierto de nieve, algo que al principio nos gustaria mucho ver, ya que ninguno de nosotros dos nunca habia tenido la oportunidad de apreciar esa parte de la naturaleza, corriendo también con la suerte, de que al esta familia dejarnos en esta gasolinera, cuando nosotros nos despedimos de ellos, nosotros supimos que no podíamos quedarnos en la calle y procedimos a entrar a esa gasolinera a pedir de favor que nos dejaran pasar la noche ahí para mientras amanecia, cosa que por suerte las personas que se encontraban encargadas de atender ese lugar, se compadecieron de nosotros y sí nos dieron la oportunidad de pasar la noche ahí en un lugar calientito, ya que de no haber sido por esto, solo dios sabe que hubiese podido suceder si nos quedabamos en la interperie, por lo que cuando amaneció, nosotros nos arreglamos muy tempranito para volver a salir a la carretera para ver si otra vez teniamos la suerte de que alguien nos levantara rapido y nos diera otro buen aventón, por casualidad en esta ocasión todo nos vuelve a suceder como en las anteriores, debido a que en esta ocasión a unos minutos de nosotros haber llegado a pararnos a la orilla de la carretera, el primero en pararse fue un muchacho americano en un vehículo como de los años sesentas, el que al momento de pararse nos preguntó que hacia donde nos dirijiamos, contestandole yo que nos dirijiamos hacia la ciudad de houston en el estado de texas, a lo que el me responde que era una lastima, por que el se dirijia a el estado de Mississippi y que se tenia que desviar para ese lugar en la ciudad de Dallas, por lo que el nos pregunta que si queriamos, el con mucho gusto nos daba ese aventón hasta esa ciudad, contestandole yo sin pensarlo dos veces que si, por que ya estando en dallas prácticamente nosotros estabamos a un paso de llegar a nuestro destino, ya que houston esta a solo cuatro o cinco horas de distancia de esta ciudad, por lo que cuando nosotros comenzamos esa parte del viaje con este muchacho, el nos comienza a platicar que el se dirijia hacia una universidad de el estado al que se dirijia, ya que el era un estudíante universitario, y que el motivo por el que se habia parado para recogernos, fue que le dio mucha lastima vernos parados sobre la nieve, y que vio que estabamos muy pequeños para andar en esa clase de aventuras, más que todo cuando vio que Georgina era una niña, y que debido a tantos peligros en la carretera, el tomo la decisión de arriesgarse para ayudarnos, pero fue después de yo también contarle todo lo que habiamos vivido y de como nos habiamos conocido con mi novia, el lo único que hizo en ese momento fue ponerse a reir, y a decirnos que nos felicitaba y que nos deseaba todo lo mejor de la vida, y en todo el trayecto que este nos llevó, también se tomo la molestia de irnos comprando comida, ya que en todas las ocaciones que el se paraba para comprar algo de comer para él, este nos pedía que por favor no sintieramos verguenza y que ordenaramos lo que se nos ocurriera, ya que para el era un honor el poder ayudarnos en todo lo que estuviera a su alcance, por lo que cuando en esa ocasión llegamos a la ciudad de dallas, este muchacho busco con muy buena intención la forma de poder dejarnos sobre la carretera que conduce hasta la ciudad de Houston, para que así no corrieramos el riesgo de perdernos y tomar un camino equivocado, a lo que en esa ocasión cuando ya nosotros estamos parados sobre la orilla de dicha carretera esperando por alguien que se detuviera para levantarnos y darnos un buen aventón, los primeros que se detuvieron para ayudarnos fueron unos muchachos mexicanos, que para suerte de nosotros también se dirijian hasta la ciudad de houston a visitar a algunos familiares de algunos de ellos, haciendo esto que de esa forma nosotros llegaramos a houston de una manera muy rápida.

Por lo que cuando entramos a esa ciudad, estos muchachos nos dejaron en un supermercado muy famoso y reconocido de los cuales hay muchos por todo el estado y de donde yo procedí a llamar por telefono a mi tía Marcela para que nos viniera a recoger, ya que antes de salir de la ciudad de Los Angeles, ella me habria pedido que al nomás llegar a cualquier parte de Houston que la llamara y ella venia por nosotros donde fuera, y como ella era en ese tiempo la persona en la que más confiaba y esperaba que me podía ayudar para mientras yo encontraba trabajo y me estabilizaba con mi novia, fue entonces que después de que mi tía fuera por nosotros a este supermercado y nos llevara a vivir con ella a su casa, que todo comenzó para nosotros muy bien y pudimos pasar esa navidad de 1984 con alguna parte de mi familia y para mi eso no podía ser mejor, ya que tenia a mi lado a quien en muy corto tiempo llegaria a ser el gran amor de mi vida.

Al comienzo de el año 1985 todo nos comienza a salir como esperabamos de bien, ya que yo comenzé a tener algunos trabajos, aunque todavía no eran estables, pero al menos ya yo agarraba un poco de dinero como para comenzar a vivir más independiente a lado de "Georgina", debido a que después de unas pocas semanas de haber llegado a Houston, nosotros comenzamos a vivir solos en un pequeño apartamento. que a mi me daban sin tener que pagar alquiler, ya que yo habria hecho el trato con la persona encargada de ese lugar, de encargarme de todos los trabajos de mantenimiento de todo el complejo de apartamentos y así no tener que pagar por el apartamento que nosotros usabamos para vivir, siendo esta la primera ocasión en la que después de algunos meses de ser pareja, pudimos estar a solas en nuestro propio hogar, por lo que no perdimos el tiempo y comenzamos a dar rienda suelta a nuestro gran amor, Haciendo esto que de esa forma, los dos comenzaramos a no poder vivir separados de ninguna forma, ya que en algunas ocasiones en las que yo tuve que salir con alguien de mi familia y tenia que dejar sola a Georgina, yo en ninguna de estas ocaciones llegaria a soportar por mucho tiempo el estar sin ella, y buscaba la forma de como volver inmedíatamente a su lado, sin importarme lo que mi familia dijera o que se burlaran mucho de mi por esta clase de comportamiento.

Ya como para el mes de marzo de ese mismo año, nuestra suerte estaria por cambiar de una forma muy positiva para nosotros, debido a que en esos días mi primo will sale de la carcel en Los Angeles y decide regresar a houston, donde por suerte a los primeros días de el haber regresado a dicha ciudad, a el alguien lo recomienda en un trabajo que era en un hotel muy reconocido de la ciudad, en el cual mi primo es aceptado y comienza a trabajar en ese lugar en el mismo día en el que el lo fue a solicitar, por lo que la suerte mia, vendria a ser que en el puesto que a el le asígnan, era un puesto en el que mi primo en un par de semanas tendria que necesitar a alguien que lo ayudara, ya que esa era una posición donde se necesitaba de dos personas para poder cumplir con todo el trabajo que esa posición exijia, siendo así que cuando él y su jefa se dan cuenta de que en realidad se necesita de otra persona, su jefa le pide a mi primo buscar a alguien para que trabajara en ese lugar y lo asístiera con todas las tareas de su posición, a lo que mi primo me propone ser yó el que lo ayude en su trabajo, comenzando yo a trabajar desde ese mismo día en que mi primo me hace la propuesta, llegando a ser este el trabajo que después de algunas semanas de yo haberme estabilizado y acoplado muy bien en este, este nos llegaria a dar a mi novia y a mí toda la estabilidad económica que tanto necesitabamos en ese momento, por lo que ya después de unos meses de yo estar en una posición muy estable en mi lugar de trabajo, lo primero que hicimos con Georgina, fue comenzar a ahorrar para poder llegar muy pronto a alquilar nuestro propio apartamento, esto debido a que nosotros sabiamos que eramos una pareja muy joven y necesitabamos toda la privacidad del mundo para poder disfrutar de nuestra intimidad sin tener que molestar o ofender a nadie más, ya que durante el tiempo en que estuvimos compartiendo un apartamento con otras personas, llegamos a ser objeto de burla a causa de nuestra juventud, ya que cuando nosotros nos metiamos a bañar juntos y nos tardabamos mucho en el baño, por que era ahy donde haciamos todo lo que se nos viniera a nuestra imaginación, pero esto era algo de lo que mis familiares o otras personas que vivian con nosotros se burlavan mucho de esto, siendo así que cuando en ese tiempo nosotros llegamos a ahorrar mucho y sentimos que ya teniamos el dinero suficiente como para poder rentar un apartamento solos, lo que hicimos fue comenzar a buscar y por suerte encontramos uno en el area cerca donde estabamos viviendo, ya que ahí habia un complejo de apartamentos muy bonitos y economicos, por lo que cuando nosotros rentamos uno de ellos y nos mudamos a vivir solitos, lo primero que hicimos fue comenzar a amueblarlo muy bien, para así comenzar a vivir de una forma que nunca nos hubiesemos imajinado, ya que conforme fue pasando el tiempo y yo con un trabajo en el que el sueldo me alcansaba para hacer todo lo que quisieramos con mi novia, nos comenzamos a dar todos los lujos de comprarnos todas las cosas que a los dos se nos antojaban, haciendo esto que en muy corto tiempo los dos vivieramos muy felices y en la comodidad que los dos tanto habiamos soñado desde el día en que nos conocimos.

Es así que después de ya nosotros estar viviendo en la condición que tanto deseabamos y con toda la felicidad que mi estabilidad laboral nos estaba brindando, después de tres meses de todo esto, en el mes de junio Georgina después de hacerme saber que durante los dos últimos meses no habia tenido su periodo menstrual, en una noche que yo regreso de mi trabajo, ella me recibe muy feliz y me dice muy alegre que se encuentra embarazada, dandome en esa ocasión la noticia que más feliz me habría hecho durante toda mi vida, siendo entonces que después de toda la felicidad que ya sentiamos al estar esperando el primer fruto de nuestro gran amor y de toda la felicidad que este hecho trajo a nuestro hogar y a nuestro matrimonio, nosotros comenzamos con todos los preparativos para recibir como se lo merecia ese nuestro primer bebe, por lo que también comenzamos a tener todos los cuidados necesarios que este embarazo de Georgina exigian para así no poner en riesgo el bienestar de ambos, a lo que conforme fueron avanzando los meses y su barriguita crecia cada día más y más, nosotros llegamos a hacer un convenio de amor y desidimos que en ningún momento de su embarazo ibamos a investigar el sexo de esta criaturita que en esos meses estaba creciendo adentro de esa barriguita, y que fuera lo que fuera, a esta criaturita nosotros estabamos listos para brindarle todo el amor del mundo a la hora de su nacimiento, siendo entonces que conforme fueron pasando los meses y todo Gracias a Dios marchaba perfectamente y hasta la vez no habíamos tenido ningún contratiempo con este embarazo.

Ya a principios de el mes de febrero de el año 1986, el cual era el mes programado para el nacimiento de nuestro bebe, en esos días Georgina comienza a sufrir cierta clase de dolores relacionados al parto, pero no es hasta después de medíados de ese mes, que ella siente que estos se le volvian cada vez más fuertes, llegando a ser un día 21 de febrero que muy temprano en la mañana, ella comienza con esos mismos dolores, pero ya esta vez con mucha más intensidad y más serios, por lo que en esos días como yo no contaba con un vehículo, lo que tuve que hacer fue salir corriendo a casa de un amigo, el cual si tenia vehículo y como en esos días eramos muy buenos amigos y nos teniamos mucha confiansa, este unos días antes me habia ofrecido que cuando se llegara el día en que Georgina sintiera que ya ella estaba por dar a luz, que no lo dudara dos veces y que lo fuera a buscar a la hora que fuera y que no nos preocuparamos por que el nos llevaria hasta el hospital a la hora que esto sucediera, fue entonces que al yó llegar esa madrugada a despertar a mi amigo y después que salieramos para mi casa a recoger a Georgina, lo que hicimos fue que en lo que yo salí corriendo a mi casa a traerla a ella, mi amigo lo que haria seria que nos esperaria exactamente frente a nuestro apartamento para así no hacerla caminar mucho a ella, y salir de emergencia rumbo a el hospital.

Recuerdo que en esa ocasión, a unas pocas cuadras de haber salido de el lugar donde nosotros viviamos, debido a la emergencia, mi amigo comenzó a manejar sin tener cuidado con el limite de velocidad, por lo que no tardó mucho tiempo en que fueramos perseguidos por una patrulla de la policia de esa ciudad, el cual al nosotros detenernos y llegar a nuestro vehículo nos dice que nos habia detenido por ir a ecceso de velocidad, pero cuando yo le explico a este el motivo de ir tan rapido, este lo que hace es decirme que lo persiguieramos a él por que nos iba a ayudar despejandonos el camino hasta llegar a el hospital más cercano de esa area, el cual en esos tiempos era el hospital de nombre Thomás Jefferson el que estaba situado como a unos quince minutos de donde nosotros viviamos, en esa ocasión cuando nosotros arribamos a dicho hospital, pensamos que talvéz estos policias le iban a dar alguna multa a nuestro amigo, pero lo bueno fue que eso no sucedio así, ya que cuando llegamos a la entrada de emergencias de ese hospital, ellos lo primero que hicieron, fue bajarse de su patrulla y procedieron a llamar a los encargados de la sala de emergencia, por lo que cuando estos salen, lo único que hicieron fue desearnos buena suerte con el nacimiento de nuestro bebe y sin decirle nada a nuestro amigo ellos se marcharon muy felices de habernos asistido en esa gran emergencia, ese día de el parto debido a nuestra inexperiencia, nosotros no supimos que hacer a la hora de que ella fue internada, ya que en ningún momento nadie nos explicó los procedimientos a seguir durante el transcurso de su parto, ni tampoco nadie me dijo a mi o me preguntó si queria estar presente a la hora en que ella estuviera lista para dar a luz, y debido a que nosotros no sabiamos nada al respecto, y como todo habia ocurrido muy temprano en la mañana, por eso ya como al medio día de nosotros estar en el hospital y como yo tenia que entrar a trabajar a las tres de la tarde, ya como a la 1PM que vimos que el parto se estava alargando, mejor acordamos que yo me fuera rumbo a mi trabajo, donde después de unas tres horas de haber llegado, yo recibo la llamada de el hospital, donde me dicen que ya mi novia Georgina habia dado a luz, y que habiamos traido al mundo a una linda niña, la cual a la hora de su nacimiento habria salido pesando siete libras con ocho onzas, por lo que yo desde ese momento de recibir esa gran noticia, no pude contener mi felicidad y sin pensarlo dos veces le pedí a la que era mi supervisora, que me diera el permiso de poder irme rumbo a el hospital para poder ver y tener en mis brazos a mis dos amores, por lo que cuando yo llego a el hospital, lo primero que hago es dirijirme hasta el cuarto donde Georgina se encontraba internada, y lo que hago al llegar a su lado es besarla y abrazarla, dandole las gracias por hacerme en ese momento el hombre más feliz de todo el mundo, pero al no tener ella a nuestra bebe a su lado en ese momento, seria una enfermera la que se encargaria de llevarme hasta la sala donde tenian a todos los recién nacidos, siendo en ese momento, que esta enfermera me enseña por primera vez a la que era mi muñequita, a la que yo al ver por primera vez lo que hago es ponerme a llorar y a traer a mi memoria todas las cosas tristes que habria sufrido en los últimos años, más que todo en los días que pase prisionero en manos de el escuadrón de la muerte en El Salvador, y lo que más pensé, fue que de haber sido asesinado en manos de esos asesinos, esto nunca habria llegado a suceder y esto me hizo muy feliz, al saber que era yo en gran parte el que había contribuido a traer a el mundo a esa linda criaturita que en ese instante tenia frente a mi.

Yo recuerdo que en esa ocasión cuando la enfermera me dio la oportunidad de tener entre mis brazos a mi muñequita por primera vez, todo esto fue tan fuerte para mi emocionalmente que no pude contener mi alegria y tampoco pude contener mi llanto, por lo que tuve que darsela de regreso a la enfermera, al yo no poder contener mi nerviosismo ni mis sentimientos, llegando a ser después de dos días que ya Georgina estuviera recuperada de todo el desgaste físico que este parto le habria causado, que ella estaria lista para ser dada de alta de ese hospital, y para que también nos llevaramos con nosotros a nuestro más grande tesoro, quien llegaria a partir de esos días a ser toda la felicidad y alegria de nuestro hogar, ese día que yo voy por ellas a el hospital, uno de los requisitos principales era que antes de salir teniamos que ponerle un nombre a nuestra hija, y como esto no se nos habia ocurrido con anticipación al parto, nosotros nos vimos obligados a tener que pensar en el nombre más bonito y adecuado para nuestra muñeca en ese mismo instante, por lo que después de un buen rato de estar discutiendo nuestras opciones, llegamos a el acuerdo mutuo de nombrarla "Joanna Elizabeth Fuentes Reyes", por lo que después de esto, las dos fueron dejadas de alta en ese mismo momento y yo tenia el camino libre de poder llevarmelas conmigo a nuestro hogar, y fue después de los primeros días de nuestra vida como padres, que las cosas en nuestro hogar marcharon super bien, debido a que en esos primeros días yo supe que no pude haber encontrado una mejor pareja para estar a mi lado y más que todo una mejor madre para mis hijos, ya que a partir de esos días, yo comenzé a observar lo buena madre que Georgina me habria resultado, pero lo único malo vendria a ser, que después de unas semanas de tener a nuestra niña en nuestro hogar, yo comienzo a sentir un cambio muy fuerte en mi comportamiento a la hora de que talvez Georgina tenia que ir al supermercado y me tendria que dejar a mi solo cuidando a nuestra niña, ya que a partir de esos días cuando ella salia de la casa y yo me veia a solas con mi muñequita, yo comenzé a experimentar cierta clase de nerviosismo y unos fuertes ataques de rabia, los cuales me impulsaban a comenzar a golpear a mi niñita a la hora de escucharla llorar, y esto fue algo que conforme fue pasando el tiempo se fue volviendo de una forma más salvaje y descontrolada, siendo eso una de las cosas que traerian muchos problemás a nuestra relación.

Todo esto continuaria por varias semanas más, hasta que se llegó el día, en que ella me vuelve a dejar solo con mi niña y al yo comenzarla a maltratar, en esta ocasión yo sentí que lo hice de una forma más salvaje que las anteriores, ya que unos minutos después de lastimarla, yo comenzé a observa que ella estaba muy agitada y sentí como que se me estaba muriendo en mis brazos, por lo que yó lo que hago en ese momento de verla así, es ponerme a llorar y al llevarmela a mis brazos le comienzo a pedir perdon y a decirle y pedirle que por favor no se me fuera y que me perdonara por todo lo malo que habia sido con ella al maltratarla mucho siendo apenas una bebita, prometiendole también con todo mi corazón, tratar de buscar toda la ayuda necesaria para que todo esto nunca volviera a suceder, sintiendo yo en ese momento, que al yo hablarle a mi muñequita de la forma en que lo hice, como si ella me hubiera entendido, ya que desde ese mismo instante mi niña volvio a un estado de normalidad emocional, como si se tratara de ella darme una segunda oportunidad, por lo que después de esto cuando Georgina regresó, yo lo primero que hice fue pedirle ayuda y luego de una larga conversación sobre este grave problema, y en la que también llegamos a un acuerdo sobre las cosas que ella tendria que hacer para ayudarme a salir de este problema y para que esto no volviera a repetirse nunca más , siendo una de estas cosas, la de que nunca fuera el motivo que fuera dejarme solo con mi niña, comenzando a unos pocos días a ajustar mi situación psicologica, ya que después de unos meses, yo comprendí por medio de información en un libro, que yo no era el único hombre que atravezaba por esta clase de problemas psicologicos que causa este primer nacimiento, el cual crea en el padre esos celos que hacen que uno piense que a partir de la llegada de ese bebe, la relación de pareja se pierda y que sea el bebe el que ocupe desde esos días todo el tiempo en la relación de familia, pero fue entonces que después de nosostros comenzar a llevar a cabo el plan que acordamos, todo para nosotros cambió y comenzamos a partir de esos días, a vivir como una familia muy feliz, ya que después de superado mi problema mental, yo llegué a ser el padre que tanto deseaba para mi muñequita.

Después de que nuestra niña cumpliera sus primeros seis meses de vida y de ya estar creciendo de una forma muy saludable y muy linda, y que nosotros por ser una pareja muy joven disfrutabamos de todo nuestro amor a plenitud y sin usar ninguna clase de proteccion a la hora de tener nuestros grandes encuentros sexuales, mas que todo como para esos días que gozabamos de una muy buena posición económica, debido a mi buen empleo y después de haber pasado por todos esos pequeños problemitas, los cuales son muy normales entre cualquier pareja joven como nosotros, en el mes de octubre mi esposa Georgina me vuelve a decir que desde los días finales de el mes de septiembre, ella no habria tenido su periodo menstrual, y que ya eran casi dos meses sin tenerlos, por los que me dijo que tendria que realizarce un examen medico para ver que era lo que le estaba sucediendo, por lo que en un día que yo me voy para mi trabajo y ella se fue a ver a su medico, en esa noche que yo regreso a casa de mi trabajo, la encuentro a ella muy feliz y sonriente, a la que yo al preguntarle cual era el motivo de su felicidad me responde, que sino me imagino de que se trata, contestandole yo que nó, por lo que ella en ese instante me vuelve a decir que voy a volver a ser padre, haciendo en ese instante que yo me sintiera de nuevo como el hombre más feliz de la tierra y es asi que despues de todo esto, Georgina comienza a experimentar los mismos sintomás de su primer embarazo y comenzamos de nuevo el procedimiento de el embarazo anterior, lo unico que esta vez todo seria muy diferente, ya que al tener a nuestra primera hija de unos cuantos meses de nacida, esta vez la forma de cuidarse de Georgina tendria que ser un poco más diferente, debido a que con este nuevo embarazo, cuando yo no estuviera a su lado para ayudarla, ella tendria que cuidarse no solo ella, sino que también a nuestra primer bebe.

Pero todo lo bueno de este segundo embarazo fue que ya para estos días, yo ya me habria recuperado completamente de mis problemás sentimentales y en esta ocasión vendria a tomar gran parte en el cuidado de el gran amor de mi vida, la que tendria que volver a pasar de nuevo por el dolor que causa el traer al mundo a el segundo fruto de nuestro gran amor.

Recuerdo muy bien, que en esa ocasión cuando ella me volvio a dar esa noticia de estar embarazada, yo vuelvo a sentir mucha felicidad y a traer a mi memoria todos los momentos tristes de mi vida y todo lo sufrido durante los primeros días de el nacimiento de nuestra primer hija, pero que a pesar de todo, ya yó los habria superado y en esta ocasión ya estaba por convertirme en padre por segunda vez y con la mujer que tanto amaba a mi lado, dando todo esto, lugar a que esas fiestas de ese fin del año 1986 fueran para mi y mi esposa Georgina una de las fiestas más felices de toda nuestras vidas, ya que nos encontrabamos más felices y unidos que nunca, tanto por el hecho de amarnos mucho, así como por tener a nuestra primer hija a nuestro lado y también por el hecho de que ya su barriguita se encontraba creciendo de una forma muy exagerada.

Ya en el año 1987 y que todo para nosotros marcha de maravilla, en el mes de febrero de ese año vendria a ocurrir un suceso muy importante relacionado con la verdadera historia de lo que pasó en el día de la ejecución de mi comandante "Ernesto El Che Guevara", ya que en el mes de febrero, unos periodistas deciden sacar a la luz pública, un reportaje que ellos mismos hicieron el día de esa ejecución, los cuales aseguran haberse encontrado presentes en el pueblo de la higuera en que todo esto sucedio, los que también dieron un largo testimonio exponiendo lo sucedido durante lo que ellos llamaron, "las ultimás 24 horas de el che", articulo que fuera publicado por michelle ray, el cual aparece en la revista crisis en el tomo numero 51 en el mes de febrero de 1987, el cual comienza de la siguiente manera.....!

el pueblo se llama la higuera, todos aquellos campesinos, muy bolivianos, muy supersticiosos, no piensan para sus adentros más que una cosa, nunca les gusto el nombre de su pueblo y ahora temen que "El Che" les haya maldesido., así como jesus maldijo aquella otra higuera!.

Dos meses después de la muerte de el che Guevara el pueblo de la higuera, donde paso sus ultimás horas en una escuela antes de ser muerto, junto a otros dos guerrilleros bolivianos,! esta aun aislado!, y esta medida no ha sido tomada solo contra los periodistas, sino que afecta a cualquier extrangero que merodee por aquella zona.

Hay cuatrocientas personas que "saben" y que pese a todas las promesas y a todas las amenazas que se han hecho, podrian hablar, !ahí estan las tropas!, así como en los pueblos vecinos, por precaucion, la prohivicion se extiende hasta pucará, donde se acaba la carretera y desde donde hay que seguir un camino por el que no pueden pasar más que las caballerias, ahí fue donde llegamos, en compañia de un colega americano del new york times, esquivando todos los puestos de "transito", después de diez horas de viaje en "jeep", las ultimás cuatro horas entre montañas, sin encontrar ni casas ni gentes por el camino, solo veiamos caballos salvajes, el oficial de guardía, el mayor Mario Vargas, estaba furioso y nos prohibia ir más lejos, nos decia; - he dado orden a mis hombres que estan en la higuera de cerrar el paso y si es preciso, disparar contra cualquier periodista boliviano o extrangero que quiera entrar, ningún papel sirve de salvoconducto, solo uno seguia diciendo-. solo un periodista boliviano a estado ahí, al principio, y ha podido interrogar a los campesinos y a los soldados, pero si vuelve, el pueblo le guarda para lincharle, aunque ya no exista misterio alrededor de la figura de Guevara, por lo menos en cuanto a su identidad, como el guerrillero llamado "Ramon", jefe de las guerrillas de bolivia, el misterio envuelve todavía las ultimás veinticuatro horas de "El Che", alias "Ramon", en la paz, la verdad va descubriendose poco a poco, los testimonios se acumulan; los contratestimonios también.

Jorge Torrico, el único periodista que por sorpresa pudo llegar hasta la higuera, según ha dicho el propio Vargas, ayudado en realidad por sus credenciales de la presidencia, del estado mayor y de la revista militar dirijida por el jefe de los servicios secretos, decidío abandonar Bolivia cuenta lo siguiente.

He sido periodista en el ejército y he luchado contra los habitantes y a los soldados de la higuera, a los cuatro días de la muerte de "El Che", que este habia sido asesinado a sangre fria junto con otros dos guerrilleros bolivianos, el general Ovando, Aymee cespedes y el jefe de el servicio de información lo saben "que yo lo se todo", algún día "me cogeran", por eso prefiero irme y pedir asílo político en un país de europa, en cualquier país de iberoamerica corro el riesgo de que me envien a bolivia de regreso.

Hace tres semanas una revista argentina publicaba un articulo diciendo lo siguiente; "El Che Guevara asesinado por Gary Prado, capitan al mando de la compañia de los Rangers", este temiendo las represalias que podrian tomar contra el y su familia los amigos del che en bolivia se fue a la paz y dijo a la prensa, -pese a la prohivicion de el estado mayor; yo he entregado vivo al "Che" en manos de el coronel Selich, este coronel llegaba a las cuarenta y ocho horas a la paz.

La ronda de terror habia empezado, mientras tanto Ovando, en viaje particular por el Brazil, declaraba en una conferencia de prensa: " el che no ha sido incinerado, sino que esta enterrado en un lugar secreto".

Al día siguiente el portavos de la presidencia en la paz decia: "los periodistas no se han enterado, El "Che" ha sido incinerado".

Dos días más tarde sin embargo, estando aun en río, Ovando reafirmaba su declaración y anunciaba su candidatura para las proximás elecciones presidenciales, pocas horas después, el presidente Barrientos, en tarija, interrumpia su discurso para señalar, -el señor Guevara ha sido incinerado, en la paz, los hombres partidarios de Ovando andan por todas partes, hablan con la gente, intentan convencer a quienes les escuchan de que Ovando es el hombre fuerte del regimen, de que sera el proximo presidente, entonces todo empieza a estar claro, para atraerse a los catolicos, ha decidido revelar que "El Che" no ha sido incinerado sino enterrado y que el cuerpo se entregara -dentro de un tiempo a la familia, es casi seguro que el "Che" no ha sido convertido en cenizas, sin embargo, "sotto voce" comenta otra version, !esta conservado en hielo! posiblemente para probar que el verdadero "Che Guevara" ha muerto el día que otro "Che" surja de otro punto de iberoamerica, nadie duda de esto: habra más "che" y su vida servira de ejemplo y de modelo para todos los revolucionarios sobre todo en el continente americano, Si bien el General Ovando ha levantado un poco el velo de misterio sobre la incineracion o la tumba, algún día ocurrira que Barrientos, a su vez haga importantes revelaciones, :según algunos observadores no pudo haber sido informado de la muerte del "Che" hasta el lunes por la tarde, cuando ya todo habia terminado, después de que Ovando, acompañado entre otros, por un agente de la C.I.A., ese mismo Gonzalez que ha interrogado a Regis Debray durante horas, salieron de la higuera, dejando tras el, al "Che" vivo, así como instrucciones precisas, pero hay que regresar a aquellos días, a aquel ocho de octubre, o mejor aun, a la noche de el sábado al domingo, montañas desiertas, cubiertas de malezas, con gran numero de profundos puertos, a uno de ellos, el del churro, de unos diez kilometros de largo y unos seis a diez metros de ancho, según los sitios, llegaron hacia a la medía noche "Che Guevara", o mejor dicho "Ramon", y sus hombres, habian librado la ultima batalla el 28 de septiembre a tres kilometros de ahí, cerca de la higuera, aquel día cayo Coco Peredo, el jefe boliviano de la Guerrilla, escogieron para acampar un campo de batatas que tendria unos seis metros por diez, a orillas de un torrente y al pie de una gran higuera, un campesino que se habia quedado dormido ahí, por casualidad, mientras cuidaba sus sembrados les oye llegar, ya ha pasado medía noche :es domingo, el campesino corre: va a avisar a la compañia de "Rangers" del capitan Gary Prado, que se encuentran en la higuera, :Ramon", "Inti", "El Mauro" y los demás se instalaron para pasar la noche.

A la mañana siguiente el ejército ha tomado posiciónes :cuatro pelotones a cada lado del puerto: sobre ellos dos secciones bloqueando la salida hacia el río grande, habian instalado cuatro morteros y una ametralladora "browning", el mayor Vargas me comfirmaria días después. -. estan copados, todos deberian haber muerto, sin embargo, solo siete en aquellos días fuerom muertos o hechos prisioneros.

El primer combate empieza a eso de la una :lugar:, donde comienza el puerto y se une al sendero que conduce a la higuera, esta salida estaba cortada; por tanto, lo único que podían hacer los Guerrilleros era descender por el puerto y llegar con gran esfuerzo, hasta el río grande.

Hubo otra colicion veinte minutos después, lucharon durante un cuarto de hora: luego nada, cuatro muertos en las filas del ejército.

Aquel silencio era más imprecionante que el ruido de los disparos, a la altura de los cultivos donde pasaron la noche, hacia las tres de la tarde, se desencadena un ruido infernal :morteros, metralla, armás automaticas, granadas de mano.

Las rocas se parten, las piedras ruedan, la seccion del sargento Huanca, que sube al puerto procedente del río grande, juega el papel de "tapon"."Ramon" siempre el primero como era costumbre en el, va herido en una pierna; le ayuda a andar Willy y solo ve una solucion: escalar, sus camaradas a lo lejos le ven avanzar y atraen sobre ellos el tiroteo,van subiendo agarrandose a la maleza, a los espinos, Willy le ayuda, tira de su jefe que además de estar herido, sufre una terrible crisis de astma, se separan, Willy otea :dispara y vuelve a disparar, siguen subiendo, las manos sangran....= ante ellos, a menos de cuatro metros, surgen cuatro soldados que les rodean antes de que Willy pueda soltar a "Ramon" y disparar, cinco, diez soldados: caen prisioneros, soy "Che Guevara, Gary Prado, que esta dirijiendo el tiro de los morteros acude, saca una foto que ahora lleva siempre con sigo y mira la gran cicatriz sobre la mano de "Ramon".-!es el!-, coger a Guevara era un sueño imposible para cualquier oficial Boliviano y el tenia al "Che" delante, después conto– verdaderamente "quede como aturdido, como maravillado"-¿hablo usted con el? :- casi nada-: no tenia tiempo, tenia que ocupar mi puesto de mando, lo más provable hubiera sido que no hubiera sabido que decirle......= confia los dos prisioneros con las manos atadas, a cinco soldados que tienen prohivido hablarle, cinco minutos después, la noticia llegaba a vallegrande, al coronel Joaquin Zenteno Anaya, jefe de la octava divicion, en clave, "500 cansada", "500 cansada". "500" significa Guevara y "cansada" significa prisionero, durante tres horas permanece ahí el "Che" con Willy, a pleno sol, sentados sobre la maleza, le vuelve el astma, la pierna le duele, los soldados hablan entre si y le observan cuando el no los mira, pasa un rato y reina el silencio, ¿donde estan sus camaradas, sus amigos?, ¿Habran muerto? ¿habran podido escaparse?, ¿cuantos? el Che no lo sabe, solo puede pensar, escuchar las detonaciones, a la tarde regresa la compañia, ha caido la noche cuando llegan al pueblo con los cadáveres sobre las mulas, los heridos cubiertos con mantas, el "Che" a pie y sostenido por dos soldados, Willy va solo con las manos atadas, la higuera :cuatrocientos habitantes, casas bajas de tierra seca con techos de tejas, la calle principal es el sendero de las mulas, el sendero se ensancha un poco hacia el centro del pueblo y se forma algo así como una plaza, en esta la escuela :dos puertas bajas, dos ventanas con rejas, dos salas pequeñas; el primero y el tercer grado, encierran a Willy en una de estas salas mientras empujan a "Ramon" a la del tercer grado, es un poco más grande, un soldado lo hace sentar en el último banco, apoyando la espalda sobre la pared, a requerimientos de "Ramon" le prepara la pipa y se la ensiende, el "Che", separado de su último compañero, Willy se queda solo, en la obscuridad, no hay electricidad ni lampara de petroleo, esta solo con sigo mismo en medio del barullo de voces que llegan hasta el, el primero de los jefes militares que le visitan al día siguiente es el coronel Selich, llega en helicoptero hacia las cinco de la mañana para traer proviciones, y una orden del coronel Zenteno: evitar que los "Rangers" hablen demásíado con los prisioneros, que reine la calma hasta que Ovando sea informado y que el alto mando tome una decision, una vez herido "Ramon" habia tirado en la maleza la bolsa que contenia algunos documentos (encontrada dos días después por un campesino), pero se habia quedado con la mochila, en el pueblo, Prado decide distribuir entre sus hombres los objetos pertenecientes al "Che", todos rodean la mochila y su contenido; unos a otros se arrancan los objetos, los intercambian, se pelean por ellos, en una cajita hay unos Gemelos de plata, el subteniente Perez va a preguntar al "Che", ¿ son tuyos?, :- si -: y deseo que se los envien a mi hijo, Perez los guardo, el oficial Espinoza quiere la pipa, pero la que habia en la mochila ya tiene dueño y este no acepta cambiarla por otra cosa, Un rato después, muy exitado, se precipita en la clase, se acerca a el "Che" le agarra del pelo, le sacude y le arranca a viva fuerza la pipa que estaba fumando... -! ah !- tu eres el famoso "Che" Guevara, si yo soy el "Che" ! y también soy ministro, tu

133

no me puedes tratar así, y le da tal patada que Espinoza cae sobre un banco, el coronel Selich interviene en aquel momento, "Che" lo conoce, a venido antes a interrogarlo, pero el "Che" se niega a hablar con los oficiales, a los que mira con ironia y desprecio, según confecion de los soldados que le custodíaron, con estos su trato era menos duro; y les hablaba con dulzura, según confecion de Remberto Villaroel.

Pero la declaración del enfermero Fernando Sanco a Jorge Torrico es muy importante.:-tras haber pasado toda la tarde en la zona de combate y parte de la noche junto a los heridos del ejército, fui a examinar al "Che" : tenia una herida muy fea en la pierna, Pero nada más en todo el cuerpo.

Tras una nueva oleada de preguntas, siempre infructuosas, que le hizo el coronel Selich, Guevara se queda solo en su celda; afuera se refuerza la guardía y todos los soldados dan el "¿quien vive?"., al día siguiente, el lunes por la mañana, Guevara quiere ver a la maestra de la escuela, fue la única persona con la que el "Che" quiso hablar y hablo :es joven tiene 22 años, morena, de ojos verdes, Julia Cortez cuenta: -tenia miedo de ir y enfrentarme a una bestia...... y me encontre con un hombre de agradable aspecto, de mirada tranquila, dulce y Bromista a la vez, al que no podía sostener la mirada, con que es usted la maestra? sabe usted que no hace falta acento sobre el "se" en la frace "ya se leer" le dijo,como preambulo, señalandole uno de los dibujos que colgaban de la pared, se Burlaba sin mala intención y sus ojos parecian alegres,- ¿sabe usted? en cuba no existen escuelas como esta, parece un calabozo....¿como pueden estudíar los hijos de los campesinos? es antipedagogico. -somos un país pobre, usted a venido a matar a nuestros soldados, ya sabe usted, la guerra se gana o se pierde, y Jorge Torrico, que almorzo con ella, cuenta que no cesaba de repetirle :tenia que bajar los ojos para hablarle."su mirada era insostenible, dulce, burlon, agudo y tranquilo a la vez", hacia el medio día el "Che" la volvio a llamar, sabia que le quedaba poco tiempo de vida, quizas una hora ¿que querria decirle, que iba a contarle? ¿algo importante? pero ella se nego a ir, -no se por que, Ahora me arrepiento, Puede que la culpa de ello la tuvieran sus ojos, su mirada.

El helicoptero del ejército, pilotado por el mayor Nino Guzman, no paraba de ir y venir, - Es difícil- señala el alcalde, Anibal Quiroga, decir quien llegaba con quien, Habia mucho movimiento y no se cuando llego cada uno, Sin embargo, ahí estaban el General Ovando, el General la Fuente, el coronel Zenteno, el contra almirante Hugarteche, así como un agente de la C.I.A, Gonzales, nada más bajarse del helicoptero el contra almirante recompenso a los "Rangers" entregandoles dinero en mano propia, "Entonces todos pasan ante ese hombre que temen, ante ese Guevara que no tiene miedo a la muerte", Saben que los interrogatorios no serviran de nada; lo más que pueden sacar es una lluvia de insultos y una mirada de desprecio, con sus manos atadas se apoya contra la pared y se pone en pie, su pierna le duele, es casi la una de la tarde, esta cerca de la puerta, oye voces, una discucion - yo también quiero ir.- yo voy primero.- tu te encargaras del maestro, la puerta se abre, El sub oficial Mario Teran entra con su fusil "M2" apoyado en la cadera, - sientate- ? por que si vas a matarme - responde el "Che" con calma. - no sientate-, Teran cierra los ojos trata de no mirarle y hace como que se va, Se oye una rafaga y el "Che" cae, En la pared hay dos agujeros del tamaño de un puño, ensangrentados, Ahí esta en el suelo, agonizando, el subteniente perez entra, saca su revolver y termina con el, pegandole un tiro en el cuello.

Al día siguiente en vallegrande el doctor Moises Abraham dice a los periodistas: "ese tiro le mato", mientras esta ahí envuelto en su propia sangre, dos o tres quieren disparar sobre el, -esta muerto. - de acuerdo disparan a las piernas, entre los que disparan esta el enfermero Fernando Sanco, que le habia visto el día anterior, El sargento Hunca se precipita en la sala contigua.-!le habeis matado!- grita Willy.- no me importa morir por que me voy con el, Una rafaga, Sentados en el suelo caen Willy y el "maestro", En la pared se ven unos orificios manchados de sangre mezclada con cabellos, La maestra, que vive cerca, a unos cincuenta metros, a oido los disparos, uno tras otro- cuando llega, todo a terminado, Aquel que ella no podía mirar a los ojos "por que me hacia pensar mal" " esta ahí tirado por el suelo, sobre un charco de sangre, llora mientras piensa que se arrepentira toda la vida de no haber vuelto a verle, llegan más campesinos interrumpiendo el almuerzo, Van corriendo y se mezclan con los militares que estan buscando camillas para los cadáveres, la gente esta agitada, Los que han visto, los que lo saben, se lo explican a los que llegan.....= en diez minutos el pueblo está enterado de como y de quien, y por que lo saben, las tropas siguen alli pese a que han pasado dos meses, y esta prohivido el acceso al pueblo, estan cogidos entre las promesas y las amenazas que les hacen los oficiales, Un oficial levanta el bajo del pantalon del "Che", abre su chaqueta y cuenta las heridas, Cinco en las piernas, una sobre el pecho izquierdo, una en la garganta, una en el hombro derecho, una en el brazo derecho, y nueve y no siete, como declararon los medicos de vallegrande, una mujer va a buscar agua para lavarle la cara, -!que guapo es!- el pueblo se llama la higuera, todos aquellos campesinos, muy supersticiosos, no piensan para sus adentros más que una cosa; nunca les gusto el nombre de su pueblo y ahora temen que el 'Che" les haya maldesido como jesus maldijo aquella otra higuera.

Son las tres y las camillas estan cerca del helicoptero, cuando llega el caballo de el padre Domenico Roger Schiller, Pero ya es tarde - cuando llegué- dice- "ellos" ya le habian matado, y mientras que el padre se dirije al colegio, los oficiales dan ordenes, El soldado que habia tomado fotos de el "Che" prisionero tiene que quemar el rollo de pelicula ante ellos. - fui a la escuela continua el padre-. habia que limpiarla, encontre sangre por todas partes, encontre una bala en el suelo, miren, esta rota, La guardo como recuerdo, Los niños al día siguiente, volvieron a sus clases.....=en la pared quedaba el recuerdo de la vispera; dos agujeros de bala, grandes como puños.

El gobierno habia prometido 50.000 pesos al que (o a los que) capturaran al "Che", alias "Ramon", vivo o muerto, sin embargo, a la higuera no llegaron más que 40.000 pesos como recompensa, son las cinco de la tarde, llego a vallegrande el helicoptero que transportaba al "Che", y seria entonces que empezarian las declaraciones contradictorias.

Pero más que todo, toda la controvercia comenzaria después de la publicacion de este articulo en el año 1987, ya que dichas declaraciones en dicho articulo despertarian el interes de escribir sus propias memorias de lo vivido en ese día tan histórico, por todos y cada uno de los que particiaparon en el.

Después de esto para mi la vida en esos meses volveria a centrarce, en el embarazo de Georgina, ya que eso para mi era lo más importante de esos tiempos, debido a que esto para mi representaba el sentirme realizado como padre, así como todo un hombre de hogar.

Y siendo así que como durante todos los primeros meses de ese embarazo transcurren sin ninguna novedad, esto nos da a nosotros dos la tranquilidad de esperar con mucha alegria la llegada de el segundo fruto de nuestro gran amor, por lo que cuando ya estamos en el mes de junio, el cual seria el mes programado para el nacimiento de esta criaturita y cuando ya también nosotros nos encontrabamos con todo listo para darle la bienvenida, a quien también en esta otra ocasión optariamos por no hacer los examenes necesarios para saber el sexo de este nuevo bebe, ya que nosotros estabamos listos para brindarle el mismo amor de padres a lo que Dios desidiera darnos.

Fue así que cuando se llega el día 25 de junio todo para nosotros comienza de una forma muy normal, pero todo cambia cuando Georgina al medio día me hace saber que esta sintiendo un poco de dolor, por lo que en ese mismo instante yo decido llevarmela para el hospital, ya que estos dolores eran los mismos relacionados al momento de parto, siendo así que cuando nosotros salimos rumbo a el mismo hospital donde habria nacido nuestra primera hija Joanna , en donde al nosotros entrar a la sala de emergencia, los doctores y enfermeras al revisar a Georgina, determinan que ya ella se encuentra en estado de parto, por lo que en ese mismo instante deciden llevarsela para una sala de parto.

En esta otra ocasión yo volveria a cometer el mismo error que cometeria durante el nacimiento de mi hija Joanna, ya que al no saber que podía haber estado junto a el gran amor de mi vida durante esos momentos de dolor y poder ayudarla a asístirla en el parto aunque fuera con mi amor y mi presencia, yo lo que hago es que al ver que el parto se alarga por mucho tiempo, decirle a ella que me tengo que ir para mi trabajo, debido a que este era algo que no queria poner en riesgo de perder, ya que este era lo que nos estaba dando todos esos momentos de estabilidad económica y la felicidad que estabamos disfrutando en ese tiempo, lo malo de esa ocasión vendria a ser, que a tan apenas una hora de yo haberme marchado y de estar en mi lugar de trabajo, yo recibo la llamada desde el hospital, donde me dan la noticia de que el segundo fruto de este gran amor habria vuelto hacer otra linda niña, lo que me hizo volver a pasar por la misma felicidad que la sentida durante el nacimiento de nuestra primera hija, pero con la gran diferencia de que esta vez, yo ya me sentiria bien superado de todos los problemás psicologicos que habria vivido durante los primeros meses de el nacimiento de nuestra primera hija, Logrando con esto, que con el nacimiento de nuestra segunda hija, la felicidad de nuestro hogar y nuestra relación de pareja se fortalezieran mucho más que nunca. Recuerdo que ese día cuando yo me voy de mi trabajo rumbo a el hospital, al llegar lo primero que hago es desesperarme por salir corriendo a ver a mi bebita, a la que cuando yó, al ver frente a mi y al tenerla en mis brazos por primera vez, comenzaria a sentir la misma reacción que habria sentido al momento de haber visto por primera vez a mi hija Joanna, lo cual fue esa gran alegria de haber dado vida de nuevo a una criaturita tan linda a muy pocos años de yo haber vivido unos de los días más tristes de toda mi vida, y de los cuales puedo decir, que gracias a dios, soy uno de los pocos afortunados de haber sobrevivido el haber estado en manos de los asesinos de el escuadrón de la muerte en El Salvador, y que ahora después de algunos pocos años me estaria convirtiendo en padre por segunda vez, y esto para mi a decir verdad, fueron y seran unos de los momentos más felices de toda mi vida, Siendo así que cuando ese día yo me tuve que retirar del hospital y de haber visto que mis dos amores se encontraban en muy buen estado de salud, y a comenzar a esperar con mucha inpasíencia, el momento en que me llamaran y me dijeran que ya podía regresar y llevarme a casa a mis dos amores, pero lo bueno seria que todo esto vendria a suceder al día siguiente de mi segunda muñequita haber nacido, por lo que ese día cuando ya nos encontrabamos listos para abandonar el hospital a nosotros nos toco volver a vivir lo de la vez anterior con lo de ponerle el nombre a nuestra hija Joanna, ya que debido a todo el trabajo y los problemás que vivimos durante sus primeros meses, nosotros nunca pensamos en tomarnos el momento para escoger el nombre de nuestro segundo bebe, tomandonos esto con más sorpresa que la anterior, por lo que al momento de tener que hacer esto para cumplir con el último requisito de el hospital, después de un buen rato de estar los dos pensando en un nombre bonito y apropiado para nuestra hija, los dos llegamos a la decisión de ponerle como nombre "Cristina Fuentes Reyes", no pensando en ese instante en un segundo nombre, debido a la circunstancia en que esto habria sucedido.

En esta ocasión, ya al estar nosotros de regreso en nuestro hogar, y con nuestras dos muñequitas a nuestro lado, las cosas nos comenzaron a ir mucho mejor que nunca, ya que todo en nuestro hogar estaba muy lleno de toda la felicidad que nos daba el tener a nuestras dos muñequitas a nuestro lado, siendo esto algo que continuaria de esa manera durante los primeros tres meses de el nacimiento de nuestra segunda hija, Pero todo lo malo que tendria que suceder en nuestros destinos ya estaria por venir, ya que cuando se llega el mes de octubre , yo comienzo a sentir mucha ansiedad por mi familia, más que todo una fuerte necesidad de tener junto a mi a mis padres y a el resto de mis hermanos, por lo que yo comienzo en esos días a contemplar la posibilidad de realizar dicho viaje, esto sin pensar en todas las consecuencias que este le traeria a mi matrimonio, y una de las cosas que contribuyó en esos días a que yo pensara en realizar ese viaje de una forma muy deseperada, vendria a ser, que como ya para ese tiempo yo habria estado trabajando en el hotel por casi tres años, y como todos esos años yo habria sido un hombre muy responsable en mi matrimonio con Georgina, y siempre con ella desde el principio nos propusimos a ahorrar lo más que pudieramos, para mantener el dinero suficiente como para solucionar cualquier problema de salud o económico en cualquiera de nuestras familias, ya para este tiempo nosotros contabamos con una muy buena cantidad de dinero ahorrado, y fue esto lo que hizo que al yo sentirme desesperado por ver a mi familia, y más que todo al sentir que teniamos el dinero suficiente para poder cumplir ese deseo, en esos días yo le comienzo a platicar a Georgina lo de mi plan, y es después de algunos días de nosotros estar poniendonos de acuerdo sobre este , que ella viene y me hace la propuesta de que si tanto es mi deseo de querer ver a mis padres, de que hagamos dicho viaje a El Salvador con nuestras hijas, pero que la condición que ella pone es la de estar en mi país con toda mi familia por un periodo de nomás de un par de meses, y que después nos fueramos a México, para así también ella tener la oportunidad de compartir un buen tiempo con su familia, ya que también ella tendria casi el mismo tiempo que yo alejada de toda su familia, y que ya después comenzaramos a organizar nuestro regreso a los Estados Unidos.

Por lo que después de nosotros ponernos de acuerdo en realizar dicho viaje y que comenzaramos a hacer todos los preparativos correspondientes, tanto como lo de arreglar nuestra documentacion, así como lo de todo el viaje, el cual se nos haria un poco complicado, debido a que tendriamos que hacerlo con todas nuestras pertenencias y al mismo tiempo con nuestras dos niñas, y esto vendria a hacer todo un poco más difícil.

Es entonces que cuando se nos llega el día de planificar el día para realizar ese viaje, yo decido que por lo cercano que estabamos de las fiestas de navidad y fin de año, pedirle a Georgina que el viaje lo hagamos a principios de el mes de diciembre y que ya después de pasar esas fiestas en compañia de mi familia, comenzariamos a organizar nuestro viaje rumbo a México, por lo que ella acepta y cuando ya nosotros teniamos todo listo para realizar dicho viaje, nosotros salimos de la ciudad de houston con destino a San Salvador un día ocho de diciembre, haciendo todo esto con la simple y única intención de llegar a El Salvador a pasar unos días muy felices a lado de mis padres, ya que para este tiempo mis padres ya habrian regresado a vivir de nuevo en nuestra casa de San Salvador, todo esto debido a lo muy avanzado que ya se encontraba el conflicto armado en nuestro país y esto debilitó mucho las posibilidades de que nosotros continuaramos siendo perseguidos por las fuerzas armadas o por el escuadrón de la muerte, ya que por lo fuerte de la situación armada, ya era muy posible que la mayoría de los que en su tiempo nos persiguieron a nosotros, ya para este tiempo la mayoría deberian estar muertos, siendo esto lo que me dio a mi la tranquilidad y la esperanza de poder pasar unos días inolvidables a lado de todos mis seres queridos, por lo que a la primer semana de nuestra llegada a El Salvador, todo es para mi una completa y total felicidad, todo por el hecho de encontrarme de regreso en mi querida patria y más que todo por que estaba a lado de los seres que más he querido durante toda mi vida, y donde también comenzaria a reunirme con los grandes amigos de toda mi infancia.

Pero es después de una semana de nosotros encontrarnos en mi país, que yo me tropiezo con mi primer gran problema, el cual resulta ser de que a unos meses antes de hacer este viaje, mi padre habria tomado la decisión de invertir una muy buena cantidad de dinero en el negocio de transporte público, lo cual es un negocio en el que mi padre confia mucho, para llegar en un corto tiempo a realizarse como empresario, y por lo tanto el comienza dicha aventura empresarial con comprarse una unidad de transporte público, de las que en ese tiempo eran un negocio muy bueno para cualquier empresario en todo el país, el que también en esos tiempos se encontraba con un alto índice de demanda a nivel nacional, pero lo que vendria a suceder seria, que a apenas unos quince días de mi padre haber comprado dicho vehículo, mi padre en una ocasión decide mandar dicho vehículo a hacer un viaje afuera de la ciudad de San Salvador y lo que sucedería seria, que cuando ya estos se encontraban de regreso rumbo a San Salvador de dicho viaje, cuando ellos se encontraban en un lugar de la carretera el cual tiene muchas areas peligrosas, en un momento inesperado El vehículo de mi padre es embestido por un camion de carga perteneciente a la orquesta internacional de los hermanos flores, los que en esos tiempos siempre habrian gozado de mucha fama no solo a nivel nacional sino que también a nivel internacional, como una de las mejores y mas reconocidas orquestas músicales representativas de los ritmos más populares a nivel latinoamericano.

Siendo así que cuando este accidente sucede, el vehículo de mi padre vendria a resultar el más afectado y este quedaria prácticamente inservible, pero esto seria algo que mi padre no aceptaria y el no pierde las esperanzas de volver a repararlo, para buscar la posibilidad de recuperarse de ese gran golpe económico que sufriria con dicho accidente, y es entonces que cuando yá yo me encuentro en El Salvador y me doy cuenta de la situación en la que mi padre se encontraba en ese momento, yo tomo la decisión de tratar de ayudarle a salir de dicho problema y esto lo hago de una forma muy descontrolada, ya que desde el momento en que yo decido ayudar a mi padre, yo en ningún momento consultaria mi decisión con mi esposa Georgina, haciendo con todo esto que yo no midiera las consecuencias que mis acciones traerian a nuestro matrimonio y a nuestro futuro, más que todo a la hora de tener que realizar nuestro viaje rumbo a México, ya que cuando yo en esa ocasión comienzo a darle a mi padre casi todo lo de nuestros ahorros que teniamos y que habriamos hecho con la intención de siempre contar con gran parte de ese dinero para darles lo mejor a nuestras hijas, pero seria a partir de unos días de yo haberle dado practicamente todo nuestro dinero a mi padre, que todas las cosas se comienzan a poner en nuestra contra, y las cosas comienzan a cambiar también en la forma en que mi familia comenzaria a comportarse con mi esposa, ya que en esos días ella comienza a recibir cierta clase de maltrato de parte de casi toda mi familia, y lo cual hasta el día de hoy es muy difícil para mi el solo recordar y soportar todo el gran daño psicológico que todas estas acciones trajeron a mi vida, más que todo por el hecho de que yo en su debido momento no supe reaccionar inmedíatamente para defenderla y haberla sacado inmedíatamente de esa situación en la que yo mismo la habria metido, Situación la cual llego al punto en que yo no supe que hacer, ni a quien creerle, ya que por un lado de este conflicto estaba mi familia y por el otro estaba a quien yo siempre consideraba y considerare hasta el último momento de mi vida, como el gran y único amor de mi vida que es Georgina, y es al pasar unas semanas de nosotros estar en El Salvador, que las cosas llegan a un extremo tan fuerte y serio que yo llegué en cierto momento a ya no creer más en quien era mi esposa y la madre de mis hijas, y comencé a comportarme con ella de una forma muy despiadada, de la cual me arrepiento todos los días de mi vida, siendo una de ellas y la más dolorosa, la de yo creer en todo lo que se me decía en su contra, siendo en una de esas que yo entro en un gran ataque de furia en contra de ella y es ahí que yo le comienzo a sacar ventaja a su condición de extrangera, y más que todo a que en los primeros días de el mes de enero de el año 1988, que yo le daria a ella la oportunidad de viajar sola a México para que pudiera ver a sus padres y a sus hermanos, ya que yo tendria que esperar unos días más , para ver si mi padre me podria dar algún dinero para así todos hacer el viaje juntos a México, pero es en esos días de su ausencia que yo me llevo a mis dos hijas para Santa Rosa de Lima, aprovechando también de que a su regreso a El Salvador este era un lugar que ella no conocia, haciendo todo esto con la complicidad de mi familia, a la que hasta ahora no se, ni logro comprender el por que de su maldad, y de como pudieron tener el corazón tan duro como para hacerle a ella tanto daño como el que le hicieron, daño el cual también me lo hicieron a mi, ya que yo sufrí a lado de ella toda esa maldad.

Siendo así que cuando ella regresa de México a El Salvador, ella se encuentra con la noticia de que yo me habia desaparecido con nuestras hijas, por lo que a ella no le queda otra alternativa más que la de comenzar a investigar mi paradero, lo cual lo consigue después de algunos días y se da cuenta de que yo estoy escondido con mis hijas en Santa Rosa de Lima en casa de mi abuelita, por lo que ella no dudó en ningún momento en desplasarce hasta ese lugar, y haciendo todo esto a pesar de saber que nuestro país se encontraba en guerra y que era muy peligroso circular por areas que mucha gente no sabia.

Recuerdo muy bien que el día que yo la vi llegar a ella a casa de mi abuelita, la vi sufrir de una forma muy desconsolada, que al yo ver todo su sufrimiento que ella estaba viviendo por mi culpa, yo tome la decisión en ese momento de ya no hacer caso de las habladurias y mucho más al después de yo platicar con una persona muy allegada a mi familia, la cual me aconsejó que lo mejor que podía hacer si tanto amaba a mi familia, era el tratar de hacer lo posible por sacarlas inmedíatamente de casa de mis padres y de el país, y que luchara por llevarmelas para México o de regreso a los Estados Unidos, ya que sino hacia eso, lo que iba a pasar era que terminaria por perder mi matrimonio y hacer sufrir mucho más a mis hijas, las cuales eran las más afectadas de este gran conflicto familiar.

Por lo que fue después de yo tener esa platica con esta persona, que comprendí que lo mejor que podía hacer, era tratar de recoger el dinero suficiente para poder viajar a México con mi esposa y mis dos muñequitas, que ya tanto habian sufrido para ese tiempo, y así dejar todo lo vivido durante nuestra estadía en El Salvador en manos de dios, ya que el es el único que sabe la verdad de todo lo ocurrido y el se encargara de castigar a quien en su debido momento haya actuado con mala intención durante ese corto periodo de tiempo, en el cual pasaron cosas que en lo que a mi respecta marcaron mi vida para siempre, por lo que después de hablar con Georgina sobre todo lo ocurrido, los dos llegamos al acuerdo de tratar de salir de El Salvador en el menor tiempo posible y dirijirnos rumbo a México, pero esto no vendría a ser nada fácil para nosotros, debido a que ya para ese tiempo, yo le habría prácticamente dado todo nuestro dinero a mi padre, por lo que la única alternativa que nos quedaba era la de recurrir a vender la mayor parte de nuestras pertenencias, para de esa forma poder recoger la mayor cantidad de dinero para poder realizar nuestro viaje a la ciudad de México.

Por lo que en esa ocasión cuando ya nosotros practicamente nos habiamos deshecho de casi todas nuestras pertenencias y ya teniamos todo listo para dicho viaje, nosotros lo realizamos en el mes de marzo de ese mismo año 1988, viaje en el cual todo nos salio super bien y llegamos a casa de la familia de Georgina sin ningún contratiempo, Lugar en el que yo soy muy bien recibido por toda su familia, los que me hacen sentir mejor que en mi propia casa, ya que desde el primer momento de nuestra llegada, sus padres y sus hermanos me hacen sentir como si yo siempre hubiese vivido con ellos, También incluso desde nuestra llegada, los padres de Georgina comienzan a tratarme como un hijo más de su familia, y no como el esposo de su hija, lo cual me hace sentirme mucho más en familia y es entonces que al ya nosotros encontrarnos muy bien e instalados en México, a mi no me queda otra alternativa más que la de ponerme a trabajar, para así poder subsistir con mi familia, ya que los padres de mi esposa son una familia humilde y de muy escasos recursos, teniendo yo que buscar mis propios medios para sobrevivir y poder proveer todo lo necesario a mi familia, para mientras la suerte me daba otro pequeño giro, por un promedio de seis meses, las cosas en México nos comienzan a salir muy bien, pero todo nos comienza a cambiar, el día en que yo recibo una carta de mi padre, en la que me hace saber, que ya habia ganado el juicio legal que el habia interpuesto a los causantes de el accidente automovilistico que a el le causaria tantas perdidas, juicio en el que a los causantes de dicho accidente, el juez les dio la orden de compensar economicamente a mi padre, debido a que fue muy claramente comprovado que el chofer de dicho camión, a la hora de causar dicho accidente estaria bajo la influencia del alcohol, brindandole de esta forma el jusgado a mi padre, la oportunidad de que el recuperara una minima parte de todo los gastos economicos que ese gran problema le causo en esos meses, Siendo esto que al mi padre recuperar algo de todo el dinero que gastamos, el en esa carta me propone que viaje a El Salvador, para así el darme una pequeña cantidad de ese dinero, para que así yo también me recuperara un poco economicamente de todo el daño sufrido durante mi corta estadía en El Salvador, por lo que es después de unos días de yo haber recibido dicha carta de mi padre, que yo decidí hacer ese viaje solo a El Salvador, para poder recoger ese dinero, el que nos ayudaria mucho para poder vivir un poco mejor con nuestras hijas en México, para mientras se llegaba la oportunidad de poder hacer nuestro viaje rumbo a los Estados Unidos, pero lo malo de yo realizar dicho viaje solo, seria que esto daria la oportunidad a que debido a todo lo que yo habria sufrido en los meses anteriores y al verme solo, yo comenzé a sentir la gran necesidad de estar solo por unos cuantos días, pero al quedarme unos días en la frontera de Guatemala con México, yo comenzaria a conocer amigos, con los cuales comenzé a conocer mucho lo relacionado con las entradas que mucha gente utilizaba en esos tiempos para entrar de manera ilegal a territorio mexicano, siendo esto algo que al yo aprender, me daria la oportunidad de viajar cuantas veces yo quisiera de México a El Salvador, y así tener la posibilidad de poder convivir un poco más con toda mi familia, y de otra forma también comenzar a sacarle mucho provecho a dichos viajes, debido a que en todos mis viajes de regreso a México, yo siempre me encontraba con gente, a la cual ya les habrian robado todo su dinero, y lo que yo comenzaria a hacer desde esos primeros días al comenzar todos esos viajes, fue que a toda esta gente que yo me encontraba y me pedían que les ayudara a por lo menos llegar hasta el distrito federal, yo les ayudaba con la condición de que cada uno me tendria que pagar una minima cantidad de dinero al momento de llegar al distrito federal, cosa que la gran mayoría de esta gente aceptaba, debido a que yo en ningún momento les pedía un solo centavo por adelantado a ninguno de ellos, y eso a todos ellos los hacia sentirse muy seguros al viajar conmigo, ya que de dicha forma no estarían arriesgandose a volver a ser robados, que era para ellos lo más importante en ese momento y más que todo esta gente se sentiría tranquila de viajar conmigo, por que yo la cantidad que les cobraria, era apenas una muy minima parte de lo que ya talvez les habian robado, y como yo al ver todo el sufrimiento de esta gente al encontrarse en esa situación, lo que me habria propuesto seria a ayudarlos de la mejor manera posible para llegar aunque fuera a la parte más importante de todo ese viaje, lo cual siempre a sido el llegar a el distrito federal y a la vez también esto me ayudaria a mi a también poder traer un poco de dinero para que mi familia en México pudiera vivir un poco mejor.

Durante los primeros viajes al yo comenzar a observar todo el movimiento de esa frontera, una de las cosas que pude darme cuenta, fue toda la maldad con la que la mayoría de los famosos "coyotes" o "polleros" que es como se les conoce en las fronteras a todos los que se didican al trafico de personas, y al yo comenzar a dedicarme a esa clase de trabajo, lo que pasaria también vendria a hacer que yo me volviera cada vez un poco más vago y mucho más irresponsable con mi esposa y mis hijas, a las que habeses dejaba abandonadas en México por periodos de hasta un mes y que en algunas de estas ocaciones incluso las dejaria con muy poco dinero, algotras con mucho y en muchas prácticamente sin nada, haciendo con estas acciones que muchas veces mi esposa Georgina tuviera que verse en la necesidad de tener que buscarse un trabajo para poder ayudar con las necesidades basícas de nuestra familia y de nuestro hogar.

Todos estos viajes yo los continuaria haciendo a unos meses después de una forma muy descontrolada y mucho más frecuentes, ya que incluso llegué a tener meses en los que yo realizaria hasta tres viajes en el mismo mes, y esto vendria a ser algo que me comenzaria a causar mucha inestabilidad, debido a que ya para estos tiempos yo llegaria al punto de que ya no podía estar por mucho tiempo en ningún lugar, ya que cuando me encontraba en El Salvador, al día siguiente yo queria estar en México, logrando todo esto que yo llegara a caer en un estado psicológico muy fuerte, ya que en algunos de estos viajes yo llegaria al extremo, de gastarme todo mi dinero en borracheras y en andar de vago de un lugar para otro, haciendo todo esto sin medir las consecuencias que estos actos traerian a mi vida, los cuales yo continuaria haciendo en los siguientes años por venir, causando con esto que yo perdiera de esa forma y en pura vagancia los años 1989, 1990 y el 1991.

Uno de los unicos sucesos de mucha importancia en esos años, es que en uno de mis viajes a El Salvador en el año 1989 exactamente un día 14 de noviembre cuando yo me encontraba atravezando el estado de "Chiapas", al llegar a la ciudad de Tapachula, en lo que yo me encuentro en la terminal de autobuses con mi amigo Mexicano que en esa ocasión habia decidido acompañarme en ese viaje, para el ver la posibilidad de comenzar a negociar con productos mexicanos en El Salvador.

Recuerdo que en esa ocasión, cuando ya nosotros nos encontrabamos listos para abordar el autobús que nos transportaria hasta la frontera con Guatemala, en ese mismo instante nosotros comenzamos a observar que en la televisión estaban dando unas noticias relacionadas con El Salvador, por lo que al nosotros acercarnos a ver que era lo que estaba sucediendo en mi país, siendo en ese mismo instante que nos dimos cuenta de que ese mismo día en El Salvador, el movimiento revolucionario encabezado por el F.M.L.N habia dado inicio a una gran ofensiva militar en contra de las fuerzas armadas de el gobierno de la república, noticia que por un momento, hizo que nosotros nos pusieramos a pensar en si continuar con nuestro viaje o regresarnos a nuestros hogares, pero como yo siempre he tenido un espíritu de aventurero, yo en ese momento le digo a mi amigo que no se asuste, por que eso en mi país era algo muy normal, por lo que desidimos continuar con nuestro viaje y lo que sucederia es que al momento de nosotros arrivar a la ciudad de san salvador, lo primero que pudimos observar fue que como a la entrada de San Salvador, entrando por una cuidad que se llama "Santa Tecla", casi entrando a la capital se encuentra ubicado un edificio muy bonito el cual fue bautizado como "la torre democracia" edificio que pertenecia en ese tiempo a el ex presidente de la república de nombre "Jose Napoleon Duarte", y siendo por ese motivo, que en esa ocasión este seria uno de los primeros objetivos para dar inicio a tal ofensiva, ya que al comienzo de esta ofensiva, este edificio seria impactado por coches Bombas, los cuales lo dejarian prácticamente destruido.

Otra de las cosas que estarian ocurriendo con dicha ofensiva militar, era de que al nosotros entrar a la ciudad capital de San Salvador, comenzamos a escuchar el sonido de Bombas y ametralladoras por diferentes partes de la ciudad, pero donde nosotros nos llevariamos nuestro primer susto, seria cuando nos encontramos a medíaciones de la feria internacional de El Salvador, ya que a unos minutos de nosotros llegar a ese lugar, ahí habria habido una gran emboscada que los Guerrilleros de el F.M.L.N le habrian hecho a una patrulla militar, y al nosotros encontrarnos en el lugar exacto donde esto habria ocurrido, lo primero que pudimos observar fue, que estos revolucionarios les habian destrozado a esos militares de el gobierno, una tanqueta blindada, la cual todavía se encontraba en ese lugar al momento de nuestra llegada, por lo que al nosotros llegar a esa zona en conflicto, no tardamos mucho tiempo en ser parados por algunos miembros de la guardía nacional, los cuales lo primero que hacen es proceder a revisarnos nuestras pertenencias y a pedirnos que les enseñaramos nuestras identificaciones, por lo que al nosotros enseñarles nuestros respectivos pasaportes y hacerles ver de que nosotros ese mismo día habiamos ingresado al país, ellos lo que hacen es decirnos que la situación en todo el país estaba muy difícil y que lo mejor que podíamos hacer, era tratar de llegar lo más pronto que pudieramos hasta nuestro destino y que trataramos la manera de no salir para nada de ese lugar, ya que de lo contrario corriamos el peligro de encontrarnos entre medio de alguna de las balaceras que se formaban de repente por cualquier lugar de San Salvador, siendo eso algo de lo que no tardariamos mucho tiempo en darnos cuenta, debido a que después de haber sido detenidos y revisados por esos guardías, al nosotros tener que continuar con nuestro camino, en esa ocasión nos vimos forzados a tener que rodear una gran parte de el centro, para poder llegar hasta el lugar donde podriamos tomar el autobús que nos transportaria hasta la casa de mis padres, y seria durante ese trajecto, que nosotros nos dariamos cuenta de la seriedad de la situación, debido a que por el area que tuvimos que cruzar, comenzamos a ver como muchas ambulancias y camiones particulares, viajaban de el area de el cerro de San Salvador, con muchos soldados y gente civil heridos, que estos en ese momento se encontraban transportando hacia los diferentes hospitales y clinicas de el centro de San Salvador, siendo así que cuando nosotros por fin pudimos llegar a salvo hasta la casa de mis padres, es ahí que nos dimos cuenta de todo lo que en realidad estaba sucediendo en todo el país, ya que al llegar a casa de mis padres, mi padre me comienza a hacer saber todo lo que estaba pasando y lo cual era de que a un día antes de nosotros salir de México, todas las fuerzas revolucionarias de el F.M.L.N habian dado inicio una ofensiva militar muy agresiva en contra de las fuerzas armadas pertenecientes a el gobierno de la república de El Salvador, y los que en esta ocasión esta accion, si la habrian organizado de una forma muy efectiva, no como la ofensiva de el año 1981 que habria sido todo un fracaso.

En esta nueva ofensiva militar las cosas si serian muy diferentes, ya que debido a lo avanzado que estaba el conflicto armado, ya este movimiento se encontraria con algunos miles de combatientes, de los cuales la mayoría eran hombres y mujeres, que ya para ese tiempo habrian adquirido suficiente experiencia militar para enfrentarse a las fuerzas de el gobierno de la forma que fuera, ya que para este tiempo, estos tendrian tanta experiencia militar, que esto los capacitaba para luchar, así fuera en las montañas de el país, así como en cualquier ciudad, por lo que a la hora de estos planificar dicha ofensiva, estos tomarian la decisión de atacar a las fuerzas armadas de el gobierno donde más les doliera, y esto fue que ellos decidieron atacar todos los cuarteles principales de las fuerzas armadas en todas las ciudades más grandes de todo el país, haciendo de esta forma que al ellos desidirse a atacar todos los cuarteles de San Salvador, por lo que estos deciden desplasar hasta ese lugar a miles de sus combatientes, por lo que a la hora de dar inicio a dicha ofensiva, toda la ciudad capital y sus alrededores estaria completamente rodeada por estas fuerzas de el pueblo, que buscaban de esa forma la manera de hacer que el gobierno se diera por vencido y entregara el poder, cosa que a tres días de fuertes combates por todo el país y después de cientos de bajas sufridas por ambos bandos, pero más por el lado de las fuerzas armadas de el Gobierno, por lo que al estas darse cuenta que estaban perdiendo el control de todo el país, a estos no les queda más que recurrir a reprimir a toda la población civil, ya que como era muy evidente el apoyo y la fuerza con que estos Guerrilleros se habrian apoderado de gran parte de la capital y de casi todo el país, por lo que las fuerzas armadas de el gobierno, lo que tuvieron que hacer fue comenzar a bombardear indescriminadamente por todas las colonias, que ya no estaban bajo su control, matando de esta forma a cientos de gente inocente que nada tenia que ver en ese conflicto armado, siendo esa la única forma en que ellos podrian recuperar el control de la situación, ya que estas fuerzas revolucionarias, al ver a lo que ese gobierno habria recurrido para combatirlos, estos mejor deciden abandonar muchas de las colonias que tenian en su poder, debido a que si ellos no hacen esto, era muy obvio que el gobierno estaba dispuesto a terminar con toda la población civil, con tal de no perder la guerra, que hasta ese momento tenian completamente perdida, pero que al recurrir a esta barvarie en contra de la población civil, estos guerrilleros mejor optarian por abandonar sus posiciónes, para así tratar de salvar la vida de miles de gente inocente, que ya estaban siendo másacradas por el gobierno de su propio país, llevandose de esa forma ellos los combates hacia las zonas rurales de el país, donde ellos ya no tendrian la misma oportunidad de derrotar a estos asesinos, como lo habrian hecho al atacarlos dentro de todas las grandes ciudades, por lo que el día que yo ingresé a El Salvador, pude darme cuenta que ya los combates más fuertes en el area central de San Salvador, ya no eran tan fuertes, pero de lo que si todavía pude ser testigo, ya que esa primera noche en casa de mis padres, yo pude escuchar unos fuertes combates por diferentes partes de la ciudad de San Salvador, donde también pude escuchar los bombardeos que todos estos aviones y helicopteros pertenecientes a la fuerza aerea de el gobierno, hacian en contra de posiciónes que ellos todavía consideraban en riesgo de perder.

Recuerdo muy claro que en esa primera noche que yo pasé en casa de mis padres, me toco ser testigo de ver como toda la ciudad era completamente vigilada desde el aire por los aviones de la fuerza aerea, los cuales hacian la maniobra de mandar luces de Bengala muy modernas, las cuales avanzaban delante de ellos, por lo que ellos aun que fuera medía noche, podían observar cualquier movimiento por tierra que estuviera ocurriendo.

Es entonces que ya para el cuarto día de esta ofensiva, ya esta prácticamente se habria trasladado en su totalidad para las orillas de la capital, por lo que al quinto día, las fuerzas revolucionarias mejor optaron por dar por terminada dicha ofensiva y dan la orden de retirada a todos sus combatientes, para que todos estos abandonaran sus posiciónes y regresaran a sus respectivos campamentos de origen, haciendo de esta forma que todo volviera a la normalidad, por lo que yo ese mismo día en que la ofensiva llegó a su fin, tomé la decisión de salir a observar todo el daño que estos le habrian causado a el gobierno nacional y una de las primeras cosas de las que pude ser testigo, fue de la gran destrucción que estos bombardeos indescriminados por parte de el gobierno, habrian causado a toda la población civil, ya que muchas de esas bombas lanzadas por estos aviones y helicopteros habrian destrozado muchas viviendas por toda la ciudad, las cuales se podía ver de larga distancia, que estas habian sido impactadas desde el aire, ya que estas en su gran mayoría presentaban destrucción total, debido a la penetración de esos artefactos explosivos, por lo que al estas ser impactadas de dicha forma, todo su interior pasaria a ser completamente destrozado a la hora de estos impactos hacer contacto con tierra firme.

Otra de las cosas que también pude observar, fue muchos vehículos por todo San Salvador que habrian sido ametrallados de una forma tan salvaje, por lo que era muy difícil de contar la cantidad de impactos de bala que estos habrian recibido, siendo esto algo que no se puede ver ni en las mejores peliculas, ya que esto aqui era la verdadera realidad de una Guerra, que ya para ese tiempo habria llegado a un nivel maximo de violencia militar y más que todo de haber llegado a el punto, en que ambos bandos habrian adquirido los más modernos equipos militares existentes por cualquier lugar de el mundo, cosa que haria que a estas alturas de dicho conflicto armado, esto comenzara a generar muchas más bajas a ambos bandos en conflicto.

Una de las armás más modernas que para estos días ya habría ingresado al país, seria el fusil de asalto semi automatico A- K 47 de fabricación Rusa, el cual tiene un alto poder y es uno de los fusiles de mayor alcance en el mercado armamentista mundial, siendo este fusil una de las cosas a las que este movimiento revolucionario le sacaria mucha ventaja, al ellos tenerlo en su poder antes de iniciar dicha ofensiva, ya que una de las tacticas militares que estos implementarian en esta ocasión, seria la de no desperdiciar mucha municion, y tratar de causarle a las fuerzas de el gobierno la mayor cantidad de bajas posible, por lo que estos a dicha tactica le dieron el nombre de "un solo tiro", la cual consistia en que estos a la hora de tomarse militarmente todas las ciudades más importantes de todo el país, estos lo primero que harian seria poner franco tiradores ya previamente entrenados, en lugares muy estrategicos, donde estos tendrian una gran ventaja sobre los miembros de las fuerzas armadas, que entrarian a tratar de recuperar todas estas areas en manos de estos Guerrilleros, pero lo más importante de esta ofensiva vendria a ser, que este fusil resultaria ser un arma muy efectiva para efectuar tal maniobra, debido a que después de darse por terminada esta ofensiva, esta seria el arma que según muchos testigos, habria sido la causante de la gran mayoría de las bajas sufridas por las fuerzas armadas, por lo que después de yo y mi amigo ser testigos de toda esa destrucción en San Salvador, y a dos días de todo esto haber terminado, nosotros nos desplazamos hasta la ciudad de san miguel, ya que en esos días mi padre se encontraba en esa ciudad realizando un gran projecto de construcción perteneciente a mi tío Roberto, el cual consistia en construirle dos grandes casas residenciales, las que ya terminadas mi tío pensaba vender en el doble de lo invertido, para así el ingresar en el negocio de bienes y raizes, y como nosotros también tenemos una muy buena parte de nuestra familia materna en esa ciudad, yo por eso aproveché este viaje, para poder compartir un poco con mi padre y así también con mi familia, por lo que al encontrarnos en esta ciudad, nosotros también pudimos ser testigos de la gran destrucción que esta ofensiva habria dejado a esa parte de el país, ya que aqui pudimos hablar con algunos de mis primos y algunos amigos que fueron testigos de todo lo que ahí habia ocurrido, y una de las cosas más importantes, fue que estos aseguran haber visto la efectividad de estos revolucionarios con la tactica planificada, esto debido a que estos amigos y primos mios aseguran haber observado a estos apostarse en posiciones muy estrategicas y desde ahí eliminar a muchos de los miembros de las fuerzas armadas que estarian intentando retomar todas esas posiciónes, por lo que al estos ver la efectividad que estos tenian con el uso de este nuevo fusil, a estos no les quedó otra alternativa más que la de retroceder, para así buscar otra forma más efectiva para poder combatir a esta gente, llegando a ser esta alternativa, la de comenzar a usar aviones y helicopteros de la fuerza aerea para ametrallar y bombardear desde el aire los puntos en que ellos creian que esta gente estarian apostados, pero lo que hicieron con esto fue comenzar a destruir muchos hogares de gente inocente que nada tenian que ver en lo que estaba sucediendo, y por lo que después se pudo saber por medio de testigos y periodistas que estuvieron ahí presentes, fueron muchas las familias que habrian muerto de esta forma tan salvaje e indescriminada por parte de los efectivos de las fuerzas armadas, por lo que al igual que en San Salvador, estas fuerzas revolucionarias también se vieron obligadas a volver a abandonar sus posiciónes, para no poner en peligro a la población civil, que era por la que ellos mismos estaban luchando por liberar de las garras de estos gobiernos asesinos que tanto los estaban reprimiendo en esos años, llegando a ser de esta forma que nosotros nos dimos cuenta con mucha más claridad de la tactica usada por el gobierno para evitar perder el poder, no importandoles de esa forma matar a tanta gente inocente como lo habrian hecho durante toda esta gran ofensiva militar, quedando en evidencia que si estos guerrilleros no hubiesen decidido abandonar sus posiciónes, a estos no les hubiera importado comenzar a bombardear indescriminadamente a todas las posiciónes que ya no tenian bajo su control, y lo más importante es que si ellos no recurren a esta maniobra tan salvaje, estos en unos pocos días hubiesen perdido completamente la guerra, y con esto ya no hubieran tenido la oportunidad de seguirse haciendo ricos con toda la ayuda económica que habrian estado recibiendo durante todos esos años de guerra, por parte de el Gobierno imperialista de los Estados Unidos, debido a que a estos no les importaba gastarse el dinero que fuera necesario, con tal de no permitir que este país caera en manos de una fuerza revolucionaria, que no compartia con ellos su mismo ideal político, no importandoles a ellos tampoco, las tacticas represivas que este gobierno usara para no permitir la caida de ese gobierno.

Pero lo más importante y positivo que pasaria con haber tenido la oportunidad de ser testigo de todos estos acontecimientos, seria que a nuestro regreso a México, mi amigo mexicano me serviría como un fiel testigo de la cruda realidad de mi país, esto debido a que en esos tiempos en México, mucha gente todavía no comprendía la magnitud de este gran   conflicto armado y criticaban y trataban de una forma muy injusta a todos mis compatriotas, que se veian obligados a emigrar de el país, a los que en esos tiempos, el gobierno Mexicano habria comenzado a tratar de una forma muy injusta, por lo que después de dicha ofensiva y de mucha gente mexicana haber sido testigos de esta realidad, las cosas comenzaron a cambiar y mi gente a recibir un poco más de respeto por parte de el gobierno mexicano.

Siendo este uno de los viajes que más recuerdos dejaria en mi vida por todo lo vivido durante toda esa gran aventura, pero después de este, serian muchos los viajes que yo realizaria a mi país en esa misma forma y sin medir las consecuencias de estos para mi futuro y mi familia, ya que también le causaria con dichos actos, mucha desestabilidad económica a mi esposa y en especial a mis dos lindas muñequitas, que eran las que en esos tiempos más necesitaban de toda mi ayuda, tanto como económica, así como la emocional que es la más importante para todo niño en crecimiento, Siendo esto lo que me llegaria a causar un gran dolor, al ver yo en uno de mis viajes todo el dolor que yo les estaba causando a ellas con mi gran irresponsabilidad, todo debido a que en ese viaje, yo pude ver muy de cerca todo lo que mi esposa y mis hijas estaban sufriendo por mi culpa, pero más que todo, las cosas cambiarian para mi de una forma muy fuerte a el momento en que yo realizo uno de esos viajes relámpagos a El Salvador, y cuando me encuentro sin ningún centavo como para poder tan siquiera llegar hasta la frontera de México, que para mi era como ya estar en México, debido a mi gran experiencia para poder moverme de un lugar a otro sin necesidad de dinero, ya que para eso yo era un experto en poder llegar a donde fuera de el territorio mexicano, es en este viaje a El Salvador, que yo me doy cuenta de que ya también habia llegado al extremo de tener a mis padres cansados de tanta vagancia, ya que en ese, que practicamente seria mi último viaje a mi país, a la hora de yo estar por quererme venir de regreso rumbo a México, yo sabia que mi padre tenia una muy buena cantidad de dinero en el banco, y yo siempre tuve la esperanza de que el me ayudaria con algo de dinero para por lo menos llegar a la frontera de Guatemala con México, pero lo que sucedio fue, que mi padre talvez con la intención de darme un buen escarmiento, a la hora de yo ir a despedirme de él, lo que hace es decirme de una forma muy simple !que te vaya bien y cuidate!, haciendo el como sino le importaba que yo hiciera ese viaje aun sabiendo que yo no tenia ningún solo centavo en mi bolsillo, llegando a comprender yo en ese momento, que esto talvez el lo hacia con la intención, de ver si de esta forma yo buscaba la manera de cambiar mi vida y que pudiera volver a ser el hombre responsable que siempre habia sido en toda mi vida.

Por lo que en esa ocasión yo recuerdo haber salido de El Salvador con un gran dolor en mi corazón, pero con la determinacion de hacer de este, mi último viaje como vago a mi país por varios años, ya que después de todo lo sucedido con mi familia en El Salvador, el único que en esa ocasión se apiadaria de mi situación, vendria a ser mi hermano mayor Virgilio, el que a pesar de mucho esfuerzo, sacrificaria un poquito de dinero de sus ahorros familiares para ayudarme con una pequeña cantidad de dinero, para que yo pudiera por lo menos poder llegar hasta la frontera de Guatemala con México, esto por que yó sabia muy bien que eso era lo más con lo que el me podía ayudar, debido a su situación familiar y económica, Teniendo con mi hermano una muy buena y larga conversación antes de salir, más que todo sobre mi futuro, ya que después de todo lo sucedido con mis padres, yo le haria a él la promesa, que este seria mi último viaje en el que yo estaria en El Salvador y que por el bien mio y el de mis hijas, yo iba a buscar la forma de llevarmelas de regreso a los Estados Unidos, y que también lucharia por demostrarles a mis padres, que yo si podía cambiar y que si podía volver a ser el padre responsable que siempre fui para mis hijas.

llegando a ser que en esa ocasión, ya cansado de tanta vagancia y de tanto sufrimiento, yo logro llegar a México y lo primero que hago es hablar con mi esposa Georgina y prometerle que desde ese día, yo iba a comenzar a buscar la forma de trabajar muy duro para poder ahorrar el dinero que tanto necesitabamos para poder realizar nuestro viaje de regreso a los Estados Unidos, prometiendole al mismo tiempo, que llegando a los Estados Unidos yo iba a buscarme un trabajo, que haria que yo las volviera a tener a las tres con todas las comodidades en las que las tuve antes de que realizaramos ese fatidico viaje a mi país, siendo entonces que como todos estos sucesos ocurrieron durante el transcurso de los primeros meses de el año 1991, en este último viaje al regresar, yo logro estableserme en ese lugar y lograria ponerme a trabajar de una forma muy estable, logrando con esto ganarme la confianza y el respeto de mi esposa y de mis dos pequeñas niñas, las cuales fueron las que más sufrieron las consecuencias de mi irresponsabilidad durante todo ese tiempo, haciendo de esa forma que la navidad de ese año fuera una de las más felices que todos pasaramos juntos en los últimos años, ya que esta nos la pasamos muy bien en compañia de toda la familia de mi esposa, con la que yo me habria comenzado a llevar muy bien durante todos esos años de convivir y de compartir nuestras vidas juntos.

Ya a principio de el año 1992 a mi se me presenta la oportunidad que tanto estaba esperando y la cual me daba la oportunidad para irme de regreso a los Estados Unidos con toda mi familia, esto debido a que en el mes de febrero, yo recibo una carta de un amigo de Guatemala en la que el me cuenta que tiene en la frontera con México a uno de sus hermanos y a una de sus cuñadas, los cuales estan por querer hacer el viaje de forma ilegal rumbo a los Estados Unidos, por lo que el me pide en esa carta, que si yó le puedo hacer el favor de ir por ellos hasta la frontera y que el me pagaba todo lo que fuera necesario para que ellos hicieran dicho viaje conmigo, ya que para el, yo era una persona de mucha confianza y que el se sentiria mucho más seguro de saber que soy yo, el que los estaria ayudando a ellos a realizar esa aventura tan peligrosa, siendo así que yo veo en este viaje la oportunidad de que al yo ir por esas personas hasta dicha frontera, de que este fuera el último viaje que yo haria a ese lugar por mucho tiempo, y podria aprovechar al mismo tiempo en buscar otras personas que estuvieran en la misma situación, para así yo al estar de regreso en México con todos ellos, tener la oportunidad de agarrar todo el dinero necesario, para poderme llevar a toda mi familia a los Estados Unidos y no tener que preocuparme por no poder cruzar la frontera de los Estados Unidos por falta de dinero y es entonces que después de realizar dicho viaje y de ya estar de regreso en México a lado de mi familia, lo primero que yo hago es hacerle saber a mi esposa que ya es tiempo de regresar a los Estados Unidos, a el lugar donde antes de salir eramos super felices y de donde nunca deberiamos haber salido.

Por lo que después de esto, todos comenzamos desde ese mismo día, a preparar todo para nuestro viaje, y es cuando ya nosotros lo tenemos todo listo para salir de viaje, que yo recibo la grata noticia, de que en este viaje se nos iban a unir mi suegra y uno de mis cuñados, con el que yó desde mi llegada a México me habria comenzado a llevar super bien, llegando a ser esa noticia algo que también me haria muy feliz, en el sentido de que al Georgina tener la compañia de su madre en nuestro hogar, esto la haria a ella sentirse mucho más feliz de lo que ya era a mi lado y a lado de nuestras dos niñas, yo sabiendo también que esto era algo que le daria a nuestro hogar mucha más felicidad en lo que a la situación familiar correspondía, Cuando en esa ocasión se llegó el día de emprender ese viaje, las cosas en la frontera con los Estados Unidos se nos vendrian a complicar un poco, ya que debido a lo pequeñas que estaban nuestras hijas, esto haria que a la hora de tener que cruzar la frontera de forma ilegal, las cosas fueran mucho más difícil de lo que nosotros esperabamos, y no fue hasta después de muchos intentos, que todos por fin logramos llegar hasta la ciudad de Los Angeles, en el Estado de California, Lugar al que llegamos en esa ocasión con la intención de tratar de establesernos ahí, pero es después de estar viviendo en esta ciudad por varias semanas y de ver que ninguno de nosotros lograba encontrar empleo, para tan siquiera poder conseguir el dinero para lo de la renta de un pequeño apartamento que adquirimos al llegar, o para poder comprar nuestros propios alimentos, que al nosotros darnos cuenta que esa situación no era nada fácil para todos, es que yo decido hablar con mis dos hermanos, que ya para este tiempo se encontraban viviendo en el estado de Nueva Jersey, los que yo sabia me ayudarian para poder llegar hasta ese lugar, el que en esos tiempos era un lugar de mucha demanda de mano de obra, en el que yo tendria la oportunidad de encontrarme un buen empleo, para así tener la oportunidad de volver a tener a mi esposa y a mis hijas en un lugar propio, en el que no tuvieramos que convivir con nadie, más que mi suegra y mi cuñado.

Es entonces que después de unas semanas de nosotros haber llegado a la ciudad de Los Angeles, ya con la ayuda de mis hermanos y lo poco que yo habria podido ahorrar, que completo el dinero para dicho viaje, el mismo que yo desidiria realizar en automovil, para que de esa forma nos saliera más económico, no sabiendo que esa decisión nos traeria muy malas consecuencias en el camino, ya que al nosotros tener todo listo para este viaje, tanto el vehículo, así como todo el dinero necesario para realizarlo.

Recuerdo que en este viaje yo invito a un muchacho que conocí en el parque Mc Arthur, el cual en esos días se encontraba viviendo en la calle y debido a que en los días que yo lo conocí nos comenzamos a llevar muy bien, por eso en esta ocasión yo decido ayudarlo para tratar de que el saliera de las calles y lo bueno fue que al yo hacerle a el esta proposición, el confia en mi y termina por aceptar lo que yo en ese momento le estaba ofreciendo, ya que incluso, yo le prometeria en ese instante, que si por cualquier motivo el no encontraba un buen trabajo en corto tiempo en el lugar donde ibamos a llegar, que yo mismo me hacia responsable de comprarle su pasaje de avion, para que el se pudiera regresar a Los Angeles cuando el lo quisiera, lo bueno también fue que al este aceptar mi proposición, esto me beneficiaria mucho más que todo a mi, debido a que el en ese tiempo, tenia mucha más experiencia que yo a lo que manejar se refiere, y esto me haria a mi que tuviera un poco más de tranquilidad a la hora de salir en ese viaje, pero lo que vendria a suceder a dos días de nosotros tener todo listo para realizar dicha travecia, es que en esos días, la ciudad de Los Angeles se ve sacudida por unos fuertes disturbios callejeros, provocados por un juicio legal, en el que cuatro policias de la raza blanca, fueron declarados inocentes de haberle propinado una fuerte golpisa a un muchacho de la raza negra, noticia que en esos días recorreria todo el mundo, ya que dicha golpisa, habria sido grabada en video por un vecino de el area en que esta se habria llevado a cabo, gravacion en la que se podía observar muy claramente, el salvajismo con el que estos cuatro agentes golpean a ese pobre hombre, cuyo nombre es Rodney King, nombre que a partir de esa noticia llegaria a hacerse muy famoso por todo el mundo, por lo que fue así, que cuando se llegó el día en que el jurado de ese juicio dio ese veredicto de inocencia a pesar de toda la evidencia y de el video, que demostraba la culpabilidad de esos cuatro agentes de seguridad, toda la población de esa ciudad se tiraria a las calles con el fin de protestar en contra de ese departamento de policia, pero lo que vendria a suceder horas después de que todas estas protestas dieran inicio, fue de que a ellas, se sumaron unas grandes bandas de gente, que lo único que buscaban con esa gran confucion y el gran caos que dichas protestas generaron, fue comenzar a unirse entre muchas bandas y en diferentes puntos de la ciudad, estos lo que hicieron fue comenzar a saquear todas las tiendas que tuvieran por delante, creando de esta forma mucho más caos de el que ya habian generado todas las organizaciónes de derechos civiles con sus protestas, las cuales en todo momento se comportaron con mucho respeto hacia las autoridades que se encontraban vigilando sus protestas, por lo que al darce cuenta la policia de todos los robos que estaban sucediendo por toda la ciudad, estos comenzaron a dispersarce por todas las areas de mayor concentracion de esa clase de gente, pero para todos los que estuvimos ahí presentes observando todo lo que ocurria, era muy fácil darce cuenta, que la policia no iba a poder controlar esa situación, ya que era mucho más la cantidad de gente robando, que los agentes que habian disponibles para combatirlos y fue eso lo que le dio a toda esa gente, la ventaja para que en unas cuantas horas, tuvieran a toda esa ciudad como en un estado de guerra incontrolable, por lo que ya después de unas seis o siete horas de todo esto haber iniciado, a el alcalde de esa ciudad no le quedó otra alternativa, más que la de decretar un estado de citio, el cual forzaria a toda las personas civiles, a tener que regresar a sus respectivos hogares, el cual también seria acompañado con el llamado de la guardía nacional, los cuales se pudo observar que fueron haciendo su entrada a esa ciudad como en eso de las seis de la tarde, logrando con eso que después de un par de horas, de la ciudad haber llegado a ser completamente militarizada, todo comienze a volver poco a poco a la normalidad, ya que de no haber ocurrido eso, esa ciudad habria llegado a ser completamente destruida por toda esa clase de delincuentes, los cuales no comformes con ya a haber robado todo lo de esas tiendas, ellos lo que hacian era que después procedían a ponerles fuego, destruyendo de esa forma una gran cantidad de propiedades, de las cuales yo pude llegar a ser testigo de muchas de ellas, ya que por suerte esa misma tarde yo por casualidad me encontraria con mis compañeros de el partido comunista, con los que yo me hiria a recorrer toda la ciudad, con el fin de documentar información de todo lo que podíamos observar, con el propósito de hacer un reportaje, que después seria incluido en el periodico de nuestro partido, de todo lo ocurrido durante todo ese día.

Lo que a mi me causaria mucha indignacion, seria el haber visto a mucha gente de mi misma raza, que utilizaban lo sucedido para salir a robar, ya que después de todo lo sucedido, era muy fácil darse cuenta, de que lo que toda esa gente queria, era salir a robar y no a protestar como lo hicieron creer desde el principio, pero lo bueno de todo, fue que al llegar la guardía nacional y estos decretar ese toque de queda, con esto lograron salvar que el centro de esa gran ciudad fuera totalmente destruido, ya que ese era el único lugar, al que a esta gente le faltaba por comenzar a destruir, siendo así que al yo comenzar a observar a todos esos agentes de la guardía nacional, la primera impresión que yo tengo es de felicidad, ya que un par de horas atrás, yo mismo le habria hecho el comentario a uno de mis amigos de el partido comunista, de que si el alcalde de la ciudad no reaccionaba a tiempo y hacia el llamado a la guardía nacional, esta ciudad en muy pocas horas llegaria a quedar completamente destruida, pero lo bueno seria que eso no llegaria a suceder, ya que a un par de horas de la guardía haber entrado a la ciudad, estos recuperarian el control total de la situación, y lo que ocurriria al día siguiente de haber ocurrido estos disturbios, seria que la guardía nacional con la ayuda de la policia de esa ciudad, comenzarian a montar retenes por cada rincon de la ciudad, para comenzar de esa forma a recuperar alguna minima cantidad de los millones de dolares, que todos esos delincuentes se robaron de mercancia de todos los negocios que saquearon, los cuales recurrieron a montar retenes por todas las calles y vecindarios de esa ciudad, logrando con eso capturar a muchos de esos delincuentes, que habrian participado de esos disturbios callejeros, Logrando con dichos cateos, recuperar una gran cantidad de lo robado, ya que con los cateos y los retenes, toda esa gente no tendria la oportunidad, ni el tiempo para sacar de la ciudad toda la cantidad de mercancia robada que todavía tenian en su poder, es entonces que después de unos tres días de esto haber ocurrido, todo en la ciudad comenzaria a volver poco a poco a la normalidad, haciendo esto que yo desidiera que nosostros salieramos de viaje rumbo a el estado de Nueva Jersey un día lunes, día en el que cuando nosotros logramos salir de la ciudad de Los Angeles, lograriamos recorrer una muy minima parte, de lo que era todo nuestro recorrido hasta el estado al que nos dirijiamos en ese viaje, esto debido a que el vehículo que yo habria comprado, no era el más apropiado como para recorrer más de unas 10 horas en el día, teniendo yo entonces que planificar el manejar nomás durante el día, para así descansar de noche y darle tiempo a el motor de ese vehículo para descansar.

Fue entonces que ese primer día, nosotros decidimos pararnos en una area de descanso de las que se encuentran por toda la carretera, siendo así que durante todo el camino por los primeros dos días, todo nos habria comenzado a salir perfectamente, pero nuestra suerte estaria por cambiar pronto, ya que al nosotros comenzar nuestro tercer día de viaje y al encontrarnos atravezando una ciudad de el estado de Nuevo México, llamada "Tucumcari", al momento de nosotros entrar a esa ciudad, en la orilla de la carretera, yo pude observar una patrulla de la patrulla fronteriza, estacionada a la orilla y la cual en el momento que nos ve a nosotros pasar a su lado, lo que hace es comenzar a perseguirnos, ya que como nuestro vehículo era muy viejo y de muy mal aspecto, esto le desperto a ese agente de el servicio de migración, la sospecha de que nosotros eramos talvez gente que apenas habiamos cruzado la frontera, ya que esa era una de la señales principales de reconocer la forma de transportarce de todas las personas que recién habrian cruzado la frontera, (trasladarse de un estado a otro en vehículos muy viejos y en muy mal estado), es entonces que al nosotros ser detenidos por esta patrulla, y al nosotros pararnos, lo primero que este agente migratorio hace al acercarse a nuestro vehículo, es preguntarnos por nuestros documentos legales para vivir en este país, los cuales ninguno de nosotros tenia, ya que las unicas legales de todo el grupo que veniamos serian mis hijas, que son ciudadanas americanas, pero los demás que veniamos no teniamos más que documentos de nuestros paises de origen.

Lo único bueno en esa ocasión, seria que antes de nosotros haber planificado dicho viaje, mi esposa Georgina y yó, si habriamos aprovechado ese tiempo y si habiamos ido a sacar nuestra targeta de identificacion de el estado de California, y el único de los demás que también resultó, que si tenia identificacion de ese estado, seria mi amigo Antonio, por lo que cuando él nos pide a todos esa identificacion, todos nosotros procedemos a entregarcela, pero al este agente pedircela a mi suegra y a mi cuñado, estos se ven obligados a decirle que no tienen ninguna identificacion, por lo que al este agente ver que yo y mi esposa si eramos gente que ya teniamos un buen tiempo de estar viviendo en este país, y más al también darse cuenta, que ya nosotros teniamos a nuestras dos hijas que son ciudadanas norteamericanas, es entonces que en ese mismo instante, el agente de el servicio de migracion toma la decisión de dejarnos continuar con nuestro viaje a mi esposa y a mi juntos con nuestro amigo "Antonio", pero lo malo vendria a ser que este agente si arrestaria a mi suegra y a mi cuñado, debido a que eran los unicos que no traian ninguna clase de identificacion y de esa manera al arrestarlos tener que deportarlos a México, haciendo esto que nosotros tuvieramos desde ese momento, que continuar con nuestro viaje ya sin la compañia de mi suegra y la de mi cuñado, y teniendo que seguir adelante con este viaje con el corazón partido, al haber sido forzados a tener que abandonar a estas dos personas muy importantes en nuestras vidas.

Recuedo muy claro que en aquella ocasión, este agente de migración, al dirigirse a mi esposa y a mi, nos deja saber que debido a que tenemos a nuestras dos hijas, el nos iba a dejar continuar con nuestro viaje, pero no antes advertirnos y aconsejarnos, que al nomás llegaramos a nuestro destino, que lo primero que hicieramos era ir a las oficinas de el departamento de migracion y que comenzaramos el proceso de arreglar nuestra residencia legal en este país, a lo que también el procede a hacernos la broma de decirnos, que sino arreglamos nuestros documentos y si volviamos a pasar por ese mismo lugar, que si él nos volvia a ver, lo que iba a hacer era quedarse el con nuestras hijas, contestandole yo en ese mismo instante, que no se preocupara y que gracias por el consejo y que le prometia, que al nomás llegar a nuestro destino, era lo primero que ibamos a hacer.

Fue entonces que a tres días de todo esto haber ocurrido, nosotros estariamos llegando a la ciudad de Palisades Park, la cual era el punto final de nuestro destino, lugar en el que yo tendria la gran suerte de encontrar un buen empleo a el día siguiente de nuestra llegada, logrando con esto que a aproximadamente un mes de nuestra llegada a ese estado, ya yo tuviera la oportunidad de volver a tener a mi familia en una mejor condición económica y en mejor situación de vivienda, ya que a unos meses de nuestra llegada a el estado de Nueva Jersey, todas las cosas nos comienzan a salir mejor de lo que yo me las esperaba, siendo así que todo el resto de ese año 1992, yo lo dedico a trabajar muy duro y a dedicarme a cuidar lo más preciado de mi vida, lo cual es mi familia.

Una de las noticias que ese año tendrian mucha trascendencia a nivel mundíal, vendria a ser la eleccion de el nuevo presidente de los Estados Unidos de Norteamerica y quien fuera el señor "Bill Clinton", señor que vendria a ser uno de los mejores presidentes que este país hubiese tenido en los últimos años, ya que este fue el que le traeria mucha estabilidad económica a esta gran nacion.

Las cosas para nosotros en el mes de diciembre, no serian muy buenas, ya que a principios de este mes, mi esposa y yo nos dimos a la tarea, de querer hacer de esas fiestas de navidad y año nuevo algo inolvidable para nuestras hijas, por lo cual comenzariamos desde esos días, a comprarles muchos regalos, antes de tiempo para así evitar, que se nos hiciera tarde con todo lo de las compras, lo único en esa ocasión, seria que el destino nos volveria a tener preparada otra gran sorpresa, ya que el día domingo siete de diciembre, cuando nosotros nos dispusimos a llevar a nuestras hijas, a la fiesta de navidad de la ciudad en que vivimos, nosotros ese día, nunca nos habriamos imajinado lo que ya estaria por suceder, ya que como a una hora de habernos salido de nuestro apartamento, lo que ocurriria es que estando nosotros pasando un buen tiempo en dicha fiesta de repente se comienza a escuchar las sirenas de los camiones de bomberos y de la policia, y que estos comienzan a salir hacia el area donde nosotros viviamos, a lo cual, cuando mi esposa y yo volteamos a ver donde era que se trataba ese incendio, fue que nos dimos cuenta, de que se trataba de el edificio en que nosotros viviamos, el que como en el transcurso de una hora de haber inciado ese incendio, quedaria totalmente destrozado, dejandonos con eso, completamente desamparados y perdiendo todo lo que con mucho esfuerzo ya habiamos comprado en los pocos meses que teniamos de haber llegado a ese lugar, pero lo único y lo mas bueno que nos quedaria de esta gran desgracia, seria que en esos días, al yo no contar con ningún documento legal para estar en este país, yo no tendria una cuenta bancaria, por lo que yo habia decidido en ese tiempo, siempre traer yo el dinero ahorrado en mi cartera o darselo a guardar a mi esposa, la que también siempre tendria que hacer lo mismo, para así no arriesgarnos a perderlo en una situación como en la que estabamos en ese momento, y eso seria lo único que salvariamos de todas nuestras pertenencias y con lo cual tendriamos la oportunidad de recuperarnos rapidamente de esa gran perdida.

Fue así que esa noche en un momento en que uno de los agentes de la policia de esa ciudad, nos estaba preguntando a mi esposa y a mi, que si teniamos algún familiar cercano, para ir a pasar la noche, en lo que yo me encuentro explicandole a el que no tenemos a nadie cercano y que por lo consiguiente, no teniamos adonde ir, es en ese momento, que se nos acerca un muchacho mexicano, a el que yo nunca en mi vida habia visto en ese lugar, pero el que al acercarse a nosotros, le dice a el policia, que el se ofrece a brindarnos su hogar y que no nos preocuparamos, ya que el vivia con su esposa y sus dos hijos, los cuales eran unos niños de 9 y 8 años de edad, siendo entonces que al nosotros ver la amabilidad con la que este muchacho se ofreció a ayudarnos, que nosotros aceptamos su invitacion y nos fuimos a pasar esa noche con esta familia, con la que a partir de ese mismo día, comenzariamos a tener una de las mejores amistades, que yo hubiera llegado a mantener durante mi vida.

Después de cuatro días de ya nosotros estar conviviendo con esta familia, las cosas para nosotros, se nos vuelven a poner a nuestro favor, debido a que una amiga de mi esposa, le avisa a ella que ese mismo día, unas amistades de ella, estarian por abandonar un apartamento y que si nosotros le llamabamos a el dueño ese mismo día, que era muy posible que el al darse cuenta de nuestra situación, se compadesiera de nosotros y nos lo alquilara, y es al ella decirnos esto, que yo decido hacerle esta llamada, llamada en la cual este señor, lo primero que me pregunta es por algún lugar en el que nos podíamos reunir, para hablar de las condiciones de el alquiler de ese apartamento y para conocernos personalmente, para ver que clase de personas, asi como que clase familia eramos, por lo que yo procedo a darle la direccion de la casa de la familia con la que nos estabamos quedando en esos días, por lo que cuando este señor llega a esa casa, lo primero que el hace, es ponerse a platicar con la esposa de el muchacho, a la que el comienza por preguntarle si nos conoce, por lo que ella le responde, que nomás por unos días, pero que ella esta muy segura de que nosotros somos unas personas buenas y que si somos la familia perfecta y la mas indicada para que el nos alquile su apartamento, siendo después de esto que el me pregunta a mi, que cual era la clase de trabajo que yo desempeñaba, a lo que yo le respondo, que a la reparacion de techos de casas y edificios, ya que en esos días, esa era la clase de trabajo que yo me encontraria desempeñando en una compañia muy reconocida a nivel estatal, por lo que al yó terminar de explicarle a el todo esto, el viene y nos dice sonriendo, a mi esposa y a mi "feliz navidad el apartamento es de ustedes", haciendo con esto una de las mejores navidades de nuestras vidas, ya que no solo tendriamos un lugar muy bonito para criar a nuestras hijas, sino que también habriamos tenido, la oportunidad de conocer a esa familia tan maravillosa, pero el único inconveniente que vendriamos a tener para rentar el apartamento, seria que ya nosotros habriamos gastado una muy buena parte de lo de nuestros ahorros, debido a que como en el incendio perdimos todo, a nosotros no nos quedó otra alternativa más, que la de usar una buena parte de ese dinero, para volverles a comprar a nuestras hijas todo lo más necesario para ellas, siendo unas de esas cosas sus utencilios escolares y su ropa escolar.

Pero seria ahí que nosotros recibiriamos otro gran regalo de navidad, ya que al esta señora, ver que nosotros no completabamos el dinero para este señor, ella viene y voluntariamente me ofrece prestarme el dinero de el apartamento, diciendome ella que no me preocupara y que eso se lo pagara cuando ya nosotros estuvieramos establecidos en nuestro nuevo hogar, y que ya tuvieramos una mejor situación económica, siendo entonces que en ese mismo instante, yo le pago a ese señor por nuestro nuevo hogar y firmando ahí mismo el contrato, que nos volveria a hacer sentirnos que teniamos de nuevo un hogar propio.

Lugar el cual resultaria ser el más comodo y apropiado para nosotros criar bien a nuestras hijas, ya que este era un apartamento de dos recamaras y de una sala super espaciosa, por lo que al nosotros mudarnos a nuestro nuevo hogar un día quince de diciembre de ese año 1992, todas las cosas para nosotros comenzarian a ser de total felicidad y tranquilidad, ya que yó, a lo único que me dedicaria en todo ese tiempo, seria a trabajar muy duro y a brindarle a mi esposa y a mis hijas toda la estabilidad y felicidad que ellas tanto se merecian después de tantos años de tenerlas sufriendo en México, por lo que esa navidad, también vendria a ser una de las mejores navidades que nosotros hubiesemos pasado juntos en los últimos años.

Ya que en esta misma navidad, el día 31 de diciembre que es el día de fin de año, yo desidiria darles como regalo y promesa de año nuevo, que yo a partir de ese día iba a dejar el vicio de fumar, para así ya no seguirle haciendo daño a mi organismo, así como a ellas, con el famoso mal conocido como "humo de segunda mano", el cual es causante de muchas enfermedades pulmonares en personas que no fuman, pero que son expuestas a esta clase de humo en todo el mundo, promesa que yo llegaría a cumplir y a mantenerme sin ese vicio por muchos años, ya que hasta el día de yo estar escribiendo este libro, yo continuaria siendo una persona libre de tabaco, haciendo con esto muy felices a mis hijas y a mi querida esposa y lo único negativo que este año 1992 dejaria en mi vida, seria, el que yo usando como un pretexto todo el desprecio que yo sentí de parte de mis padres en el último viaje que yo habria hecho a El Salvador, yo tomaria la triste decisión de castigarlos por un largo tiempo con mi presencia, ya que yo no tendria ninguna clase de comunicacion con ellos por algunos años, todo esto impulsado por el gran dolor, que yo sentia a causa de su comportamiento conmigo en ese último viaje.

El año 1993 transcurre para mi y mi familia sin ninguna trascendencia, ni hecho en especial, ya que todo en mi hogar no es más que completa y total felicidad.

Ya en el año 1994, los sucesos de mayor importancia vendrian a ser que en ese verano, se jugaria la copa mundial en los Estados Unidos y esto me daria la oportunidad de vivir por primera vez en mi vida muy de cerca un evento tan importante como este, también este año sucederia el cambio político que mi país tanto esperaba, ya que después de muchos intentos por terminar con el conflicto armado por la via militar, en este año ambos bandos lograron por fin llegar a un acuerdo de paz, el cual seria firmado en la ciudad de México por el entonses presidente de la república el señor Alfredo Cristiani y la cúpula de mando de el Frente Farabundo Marti Para La Liberacion Nacional F.M.L.N., dandole con esto a mi patria y a mi gente, la paz que tanto anhelaban.

En lo familiar para mi todo seguiria marchando con normalidad y mucha tranquilidad, ya que durante todos estos años, yo habria adquirido una muy buena estabilidad, tanto como en lo económico, así como en lo laboral.

En el año 1995 debido a que todo para nosotros en mi familia marcha de maravilla, en la navidad de ese año, yo comienzo a tomar conciencia de mis actos pasados, por lo que al tomar conciencia de todos mis errores, yo tomo la decisión de reanudar mi comunicacion con mis padres, y procedo a pedirles perdon por todo lo ocurrido y por todas las penas que yo les habria causado a causa de mi irresponsabilidad, retomando desde esta fecha toda clase de comunicacion con toda mi familia, por lo que esto llegaria a completar la felicidad que yo ya tenia en mi matrimonio y en mi hogar.

El inicio de el año 1996, para nosotros continua muy normal, el único suceso de mucha importancia para nosostros, vendria a ser en lo familiar ya que este seria el año en que mi padre se comienza a sentir un poco mal de su corazón, pero en este año esto vendria a ser nada más que un susto, ya que después de el sentirse un poquito mal a principios de este año, después el se recupera y por todo el resto de este año, el no volveria a sentir ninguna molestia, dandonos a todos un poco más de tranquilidad.

Durante el comienzo de el año 1997, todo marcha bien para todos y no biene a ser hasta medíados de año, que mi padre se vuelve a sentir mal, en esta ocasión si se ve que su caso es mucho más delicado de lo que todos nos imajinabamos, ya que al complicarsele lo delicado de su corazón, debido que a comienzos de este año el sufre un fuerte ataque de el corazón que lo dejaria muy debil y por lo cual a mi padre le es recomendado por los doctores, que abandone sus actividades laborales, y que a partir de esos días se dedique a descansar mucho, ya que esto seria lo único que haria que el pudiera sobrevivir algunos años más, cosa que mi padre no le tomaria ninguna importancia, por lo que el continua en ese tiempo dedicando mucho de su tiempo a sus actividades laborales, más que todo a un gran projecto que el le estaria realizando a un sobrino de mi madre, y el cual necesitaba mucho de su presencia en todo momento, y el que aún sabiendo de la gravedad de mi padre, a pesar de esto, este continua insistiendo a mi padre a seguir con tal projecto, por lo que no tardaria mucho tiempo y en ese verano de 1997, mi padre vuelve a sufrir otro ataque mucho más fuerte que el anterior y al menos en esta ocasión, mi padre si se veria obligado a retirarse temporalmente de dicha obra, por lo que fue el resto de ese año.

En ese mismo verano yo comienzo a trabajar en una empresa, en la que a unos seis meses de haber entrado, yo recibo el cargo de gerente general, ya que yo habria sido recomendado a dicha empresa, por un amigo italiano que era muy buen amigo de el dueño de esta empresa, por lo que a unos meses de estar ahí, este señor desidió darme la gran oportunidad de mi vida, al dejarme como administrador absoluto de su negocio, negocio en el cual a unos pocos meses, yo tendria la gran oportunidad de ayudar economicamente a mis padres de una forma que no habia podido antes, y mucho más al darme cuenta de su estado de salud, que fue lo que me impulsó a sentir la gran responsabilidad como hijo, de tratar por todos los medios de hacer que mi padre se recuperara totalmente de su enfermedad, y que talvez así nos llegara a vivir muchos años más, por lo que en ese tiempo cuando yo comienzo a sentir un gran cambio económico en mi situación laboral, yo le recomiendo a mi padre, que por favor se retire de todas sus actividades y que yo me comprometia a darle todo el dinero que el necesitara, para cumplir cualquier deseo o projecto que el estuviera pensando en realizar, para tratar de siempre tener entradas economicas de su parte en nuestra familia, pero esto lo hago yo pidiendole de una forma muy insistente, que ya no volviera a trabajar, y que en lugar de eso, se comenzara a dedicar a pasear y a divertirse con toda mi familia por todas partes de el país a las que ellos quisieran ir a conocer.

Es así que después de todos estos insidentes, mi padre al haber descansado por un buen tiempo logra recuperarse mucho de su salud, por lo que esto nos traeria mucha tranquilidad a toda la familia durante todo el transcurso de ese año.

En los primeros meses de el año 1998, todo para mi familia marcha muy bien, tanto en lo familiar, así como en lo económico, por lo que yo comenzaria en este tiempo, a ayudar lo más que pudiera a toda mi familia, para así llegar a recibir muchas más bendiciones de las que ya en esos tiempos estaria recibiendo, pero lo malo vendria a ser, que todo lo bueno que nuestra familia estaba viviendo en ese momento gracias a mi muy buena posición económica, llegaria a tener un cambio muy drastico e inesperado, ya que en esos primeros meses y después de varios meses de mi padre sentirse muy bien, en esos días el vuelve a sufrir otro ataque en el corazón y esta otra ocasión, si le es recomendado con mucha exigencia por parte de sus doctores que haga caso, y que de una buena vez por todas se retire de todas sus actividades laborales, ya que esto seria algo de lo que yo me vendria a dar cuenta por lo sucedido, ya que es por esta nueva emergencia en su salud, que yo llegaria a saber que mi padre a escondidas de mi persona, habria continuado trabajando, y que casi nunca se habia retirado, por lo que toda esta presión de trabajo contribuiria en esta vez, a que su estado de salud se complicara mucho más de lo que ya estaba, ya que en estas mismás recomendaciones que estos doctores le hacen, también le hacen saber que no son muchas las personas que sobreviven esta clase de infartos y que el prácticamente esta vivo de puro milagro, y que no son muchas las personas en el mundo, que sobreviven dos infartos de la magnitud como fueron los que ya el habria sobrevivido, Siendo así que al mi padre recuperarce y de nosotros sentirnos tranquilos y felices de seguir teniendolo vivo, todo para nosotros volveria poco a poco a la normalidad, por lo que yo continue ayudandolos economicamente lo más que podía, para tratar así de evitar que mi padre siguiera trabajando, ya que eso era algo muy difícil de lograr, ya que el siempre habria sido un hombre muy responsable y trabajador, y talvez no le importaba ni morir, con tal de no abandonar sus obligaciones en el hogar, ya que esa fue en su vida, una de las prioridades más importantes, la de proveer todo lo necesario a todo el resto de mis hermanos y a mi madre, en ese año, en el mes de septiembre yo decido hacer un viaje para visitar a mi hermano Carlos, el cual recide en el estado de Virginia, estado que queda como a aproximadamente unas cinco horas de el estado de Nueva Jersey, que es el estado donde yo he residido por los últimos quince años, y es al reunirnos después de algunos años de no vernos, que en esta reunión nosotros desidimos darles la sorpresa a nuestros padres, para hacerles saber lo de nuestro encuentro, y al nosotros hacerles esta llamada y al yo hablar con mi padre y al él decirme lo mal que se sentia de salud, yo en ese mismo instante tomo la determinacion, de hacerlo sentir mejor, al proponerle que si el queria construir una nueva casa en su propiedad, para así sentirse un poco más tranquilo con las entradas economicas, al tener que dejar de trabajar.

Por lo que al ver que esto era algo que a él le combenia mucho en su estado de salud, el viene y acepta mi propuesta, siendo así que en lo último que quedariamos, seria en ultimar los detalles en otra ocasión que hablaramos por telefono.

Fue así que después de haber vuelto a ver a mi hermano y de haber pasado un buen fin de semana a lado de toda la familia, yo tuve que regresar a Nueva Jersey, a seguir con mis tareas cotidíanas, donde yo desde esos mismos días decidí comenzar a vivir mi vida y a darle el nombre a esta gran historia "Tras La Sombra de El Che Guevara", ya que en un paseo que yo hago con unos amigos a la ciudad de nueva york en el fin de sermana siguiente, ahi comenzaria para mi la parte de esta historia, ya que al nosotros entrar a un establecimiento de tatuajes, yo decido en esa ocasión plasmar sobre mi cuerpo, la imajen de mi personaje más querido y al que yo más he admirado durante toda mi vida "El Che", imajen que yo decido, que fuera plasmada en mi espalda y de un tamaño que fuera lo suficientemente grande, como para poder lucir por todas partes que yo fuera, y de el color apropiado para ser admirado por quien me lo pidiera, ya que yo decido en ese momento, que la parte de su rostro, fuera de color rojo y que las orillas fueran de color negro, para que así fuera muy fácil de distinguir su imajen, imajen la cual a partir de esos días, llegaria a hacerme muy popular entre todas mis amistades y la que también me haría sentirme muy orgulloso, de ser una de las unicas personas con dicha imajen tatuada cn su cuerpo por toda el area donde yo vivo, otra de las cosas que a mi me harian sentirme mucho más orgulloso de tener dicha imajen en mi cuerpo, seria que al yo hacerme este tatuaje, ese mismo día yo decido que en la parte de arriba de el rostro de mi comandante, yo le pido a la persona encargada de hacermelo, que me pusiera en forma de círculo a el rededor de la imajen de el Che, "El Salvador", para que así, a la hora de mucha gente pedirme que yo les enseñara mi tatuaje, ellos pudieran darse cuenta sin preguntarme de mi nacionalidad.

Siendo así que al ya yo tener esta imajen de mi personaje más querido plasmada sobre mi cuerpo, esto despertaria en mi desde esos días, un gran deseo por comenzar a saber con profundidad, sobre la historia de este famoso guerrillero, por lo que yo comenzaria desde esos días a estudíar con profundidad toda su historia, pero lo más importante para mi seria que yo también desde esos días, me habria propuesto la meta de llegar a ser yo, el dueño de la coleccion más grande en todo el mundo de articulos de coleccion de el Che, Por lo que esto vendria a partir de esos días, a ser una de las cosas a las que yo más le comenzaria a dedicar mucho de mi tiempo en los años por venir.

En ese mismo año de 1998 en un momento en que yo me encontraba en los mejores tiempos de estabilidad en mi vida, yo en el mes de septiembre estaria por recibir, la peor de las noticias que jamás hubiese recibido durante toda mi vida, y esto seria algo que otra vez cambiaria mi vida para siempre, ya que esta seria la noticia más triste que yo me hubiese imajinado, todo comienza el día 29 de septiembre, el cual comienza para mi y mi familia de aqui muy normal, por lo que yo al marcharme rumbo a mi trabajo, lo hago de forma muy normal con mi esposa y mis hijas, pero lo que sucederia ese día, seria que al yo regresar a mi casa de el trabajo, mi esposa Georgina me hace saber que uno de mis mejores amigos de toda mi vida "Marlon", me estaba buscando urgentemente, y el al darse cuenta de que yo habia salido de mi trabajo rumbo a mi casa, decide salir detrás de mi para tratar de alcansarme, pero como yo habia salido con mucho tiempo de ventaja sobre el, esto me dio a mi, la ventaja de llegar a mi casa mucho más antes que él, por lo que a unos minutos de yo haber entrado a mi casa y al ya estar junto a mi esposa y mis hijas, en ese momento yo recibo una llamada, la cual era de la esposa de mi hermano Carlos, a la que al yo contestarle, me pide que me siente, ya que lo que ella me tiene que decir en ese momento es algo muy duro, por lo que al yo hacerle saber que ya estaba sentado, ya que en el momento en que mi esposa me pasa la llamada, nosotros nos encontrabamos en nuestra habitacion, por lo que a la hora de ella pedirme que me sentara, para mi fue muy fácil sentarme ahí mismo a la orilla de la cama y al yo hacerle ver esto a ella, le pregunto que por favor ya me diga que es lo que esta ocurriendo, por lo que ella me responde que la mala noticia que me tiene que dar, es de que mi padre habia fallecido un par de horas antes a causa de un fuerte infarto cardíaco y que ya la noticia de su muerte habia sido verificada por toda mi familia en El Salvador.

Por lo que al yo escuchar esto lo primero que hago al reaccionar, es tirar el telefono en la cama e imajinarme que todo eso era un sueño y que eso no era verdad, que talvez nomás se trataba de una confucion, pero es al momento de yo tomar de nuevo el telefono y volver a escuchar la voz de mi cuñada confirmandome esta noticia, que yo no hago otra cosa más que romper en llanto y comenzar a traer a mi memoria todos los momentos más bonitos e inolvidables que habria vivido a lado de mi padre, así como también todos los malos momentos que yo también lo habria hecho vivir por mi irresponsabilidad y más que todo por todos los apuros que lo hice pasar con todos los problemás políticos a los que lo habria metido, no solo a el, sino que a toda mi familia.

Es después de unos minutos de haber recibido esa noticia y de yo sentirme muy mal por lo ocurrido, que yo comprendí que era tiempo de volver a la realidad, y que tenia muchas cosas por hacer, si queria realizar ese viaje a El Salvador para poder estar presente en el sepelio de mi padre y poder también estar presente para consolar aunque fuera con mi presencia a mi madre que seria en este momento, quien más estaria sufriendo la perdida de el gran y único amor de su vida.

En ese momento cuando yo entro un poco en razon, por suerte llega a mi casa mi amigo Marlon, el cual al entrar a la casa lo primero que hace es abrazarme y decirme que lo siente mucho por el fallecimiento de mi padre y que ya él lo sabia por que unos minutos después de yo haber salido de mi trabajo y de el haber llegado, el habia recibido la llamada de mi cuñada la cual le hizo saber a el, el motivo por el cual le urgia dar con mi paradero, por lo que al ya el estar junto a mi, lo primero que me pide es que me tranquilise y que él se ofrecia para ayudarme en todo lo que necesitara, por lo que en ese mismo instante yo le pido a él que por favor llamemos a las aerolineas para reservar mi vuelo rumbo a San Salvador a la hora más inmedíata que estuviera disponible, y como yo debido a los años que ya tenia viviendo en los Estados

Unidos, no tenia el pasaporte para realizar dicho viaje, por lo que no nos quedó otra alternativa más que de reservar un vuelo para salir hasta la una de la tarde, debido a que yo a primeras horas de la mañana tendria que salir rumbo a la embajada de El Salvador en la ciudad de Nueva York, lugar a el que cuando nosotros logramos llegar y a pesar de ser muy temprano en la mañana ya se encontraba con una gran multitud, que también se encontraba en ese lugar para también solicitar pasaportes y otras clases de documentos que son expedidos por el consulado.

Por lo que esto hace que al yo ver que prácticamente iba a ser imposible que yo ese día pudiera sacar mi pasaporte si esperaba para hacerlo de la forma correcta, yo decidí hablar con unos de los empleados de este lugar y le explicaria lo que yo estaria pasando en ese momento, por lo que al yo terminar de explicarle a esta persona mi situación, este me dice que me espere, por que él va a platicar con el embajador de mi país, para ver en que forma me podían ayudar, para que yo pudiera salir de el país en esa misma tarde como lo tenia planeado, lo bueno fue que cuando esta persona regresa donde nosotros lo estabamos esperando, este al regresar me hace saber, que me van a ayudar con hacerme pasar primero que la gente que ya estaban esperando su turno, ya que para ellos lo mio era una emergencia a la que ellos estaban obligados con ayudarme a facilitarme los tramites que yo necesitara para ir a mi país a poder dar mi último adiós a mi padre.

Lo malo en esa ocasión seria que yo también estaba obligado a solicitar un permiso especial a el departamento de migracion de los Estados Unidos, para poder salir y entrar legalmente de regreso al país, ya que en esos días yo me encontraba con un estatus temporario en el país, pero al yo ver en ese día que ya se me estaba haciendo muy tarde, yo tomo la decisión de irme así nomás, ya que cuando yo llego a dicha oficina a solicitar el permiso adecuado, una de las empleadas de este lugar me dice con mucha arrogancia, que para obtener dicho permiso yo tendria que esperar por dos días, ya que ese era el tiempo que ellos se tomarian para extendermelo, por lo que yó en ese mismo instante decido realizar ese viaje de la forma en que ya yo lo tenia organizado, no midiendo de esta forma las concecuencias que tendria que pasar a la hora de tener que regresar al país.

Ese día yo salgo en un vuelo directo desde la ciudad de Newark hasta la ciudad de San Salvador, vuelo el cual tendria una duracion de aproximandamente unas cinco horas, horas las cuales yo me las pasé pensando y deseando que al yo arrivar a El Salvador, que mi familia me digera que todo habia sido una confucion y que mi padre se encontraba muy bien, todo esto seria algo que yo pensaria durante todo el viaje, hasta que por fin estabamos a punto de aterrizar en el aeropuerto internacional de comalapa el cual es el único aeropuerto internacional de el país, donde al yo llegar ahí me estarian esperando algunos de mis hermanos, y los que también serian los encargados de hacerme volver a la realidad, al decirme que todo es cierto y que la realidad me esperaba cuando lograramos llegar a nuestra casa.

Por lo que esa tarde yo la llevo muy grabada en mi memoria, debido a que en el momento en que yo pongo el primer pie para entrar a mi casa, todavía en ese momento yo guardaba la esperanza, de que todo fuera una confucion o que todo fuera una simple broma de mi familia para hacerme volver al país, pero es en el momento que mi madre sale a recibirme llorando diciendome que mi padre se nos habia ido, que yo reconosco la verdad y no me queda más que desde ese momento aceptarla, a lo que despues de yo haber sido recibido por mi madre, ella misma seria la que se encargaria de llevarme hasta el lugar donde ya yo pude ver el ataud que contenia los restos de mi padre, por lo que en el primer momento de yo entrar, mi primera reacción es la de ponerme a llorar y a pedirle perdon por todos los problemás que le cause desde los primeros días de mi nacimiento, así como a los peligros a los que lo expuse al meterme a muy temprana edad a problemás políticos, es hasta después de yo estar un buen rato a solas junto a mi padre, que yo comienzo a sentir mucha paz y tranquilidad en mi alma, ya que todos estos remordimientos de culpabilidad que yo sentia en mi corazón, yo se que mi padre me los habria perdonado mucho tiempo antes de fallecer, en ese momento a pesar de todo el sufrimiento que me causo el ver a mi padre muerto, lo que me ayudaria mucho en ese momento a sobrellevar ese gran dolor, fue el ver a toda mi familia unida, tanto la materna como la paterna, y a todos mis grandes amigos de la infancia, que en ese día habian acudido a demostrar el gran respeto que para todos mi padre tanto se merecía, después de la primera noche de velar los restos de mi padre, nosotros tomamos la decisión de velarlo por una noche más, ya que mi medio hermano "Toño" el cual reside en la ciudad de Los Angeles en el estado de California, habria llamado para decirnos que habia tenido algunos inconvenientes ese día, y que por ese motivo el no habria podido tomar su vuelo, pero que el llagaria a el país hasta la mañana siguiente, por lo que nosotros mejor desidimos esperarlo, para que así también el tuviera la oportunidad de dar su último adiós a su padre, Fue así que al siguiente día en que ya mi hermano llegó a nuestra casa y ya habria cumplido su deseo de pasar la ultima noche a lado de nuestro padre, todos los hijos y nuestra madre, desidimos a medio día, que ya era la hora de llevarnos a nuestro padre a su ultima morada, ya que a todo esto, el ya tenia tres días de haber fallecido y no se nos hizo justo tenerlo expuesto por mucho tiempo más.

Por lo que yo recuerdo muy bien, que cuando nosotros anunciamos ese día la hora en que ibamos a partir rumbo a el cementerio, la multitud que se reunio afuera de nuestra casa con la intención de ir al cementerio a acompañarnos, fue tanta que a pesar de que uno de mis tios que trabajó con mi padre en el ministerio de salud pública pidio unos autobuses de transporte de personal a ese mismo ministerio, a el que mi padre sirvio como supervisor de obras por muchos años de su vida, por lo que al mi tío explicarles a estos que estos servirian para transportar a toda la gente que asístiria a este entierro, estos no dudaron en prestarselos a mi tío, y que a pesar de contar con estos dos autobuses y con otros vehículos de algunos miembros de nuestra familia, la multitud era tan grande, que a la hora de ya estar listos para partir y de ya tener el ataud con los restos de mi padre en la carrosa funebre, no tuvimos otra alternativa, más que la de dejar a mucha de la gente que no lograron abordar uno de los vehículos disponibles a tiempo y partimos rumbo a el cementerio de nombre "Las Colinas", el que esta localizado como a unos veinticinco minutos de nuestra casa, a el costado sur de San Salvador.

Dandome esto el tiempo a que durante este viaje yo reconociera a muchos de mis amigos y amigas de infancia, a los que ya tenia varios años de no ver, pero de los que nunca me habia olvidado.

Siendo también que entre toda esta gente, yo me volveria a reencontrar con quien habria sido mi primera novia "Milagros" con la que habria dejado de tener comunicacion desde que me fui con "Georgina", pero a la que a pesar de ya varios años de no verla, en ese momento sentí mucha felicidad y alegria de volvermela a encontrar en mi camino.

Esa ocasión cuando llegamos a el cementerio y se llegó la hora de todos dar nuestro último adiós a mi padre, yo pude ver y sentir en carne propia, todo el sufrimiento que mi madre estaba sintiendo, al ella también tener que decir adiós y despedirse para siempre de el gran amor de su vida.

Al igual que mi madre también mis dos hermanas sufrirían fuertemente el tener que despedirse de nuestro padre, ya que para él, ellas siempre fueron sus "Reinas de la casa" que fue como mi padre siempre las llamo desde que nacieron.

Esa tarde unos minutos antes de ya nosotros tener que abandonar el cementerio, yo recuerdo muy claro haberme acercado a la fosa donde ya se encontraba el ataud con los restos de mi padre lista para ser cerrada por los trabajadores de ese lugar, por lo que en ese instante, yo decido acercarme a la orilla para darle mi último adiós, procediendo yo a arrancar una rosa de un ramo que se encontraba muy cerca de mi y lo que hago es darle un beso a esta rosa y mirar al cielo para pedirle a Dios que por favor recibiera a mi padre a su lado, siendo en ese momento que yo siento que alguien pone su mano sobre mi hombro y me comienza a consolar diciendome, que tuviera resignacion y que le pidiera a dios por el descanso eterno de mi padre, siendo despues de escuchar estas palabras muy bonitas de consuelo, que yo volteo para ver de quien se trataba, que me doy cuenta que se trata de "Milagros", la que también me dice en ese momento, que no me sintiera solo, ya que toda mi familia y ella estaban conmigo, llegando a ser después de escuchar sus palabras, que yo comienzo a sentir la paz y tranquilidad en mi alma que en ese momento tanto necesitaba.

Ya después de dejar a mi padre en ese lugar, a nuestro regreso a casa, yo me pasaria ese viaje en recordar todos los momentos felices que habria vivido a lado de ese hombre tan escepcional como lo fue mi padre durante toda su vida, y que a partir de ese día ya nada en nuestra familia volveria a ser igual sin su presencia, esto debido a que el fue siempre el corazón y motor de toda nuestra familia.

También recuerdo que ese día durante el viaje de regreso a casa, yo no tuve la oportunidad de despedirme de Milagros, debido a que yo me habria ido hasta la parte de atrás del autobus en que hicimos ese viaje y ella con su esposo se tendrian que bajar a medio camino de nuestro recorrido, siendo por esto que lo único que pude hacer, fue ver cuando ellos se bajaron de el autobus para irse rumbo a su casa, por lo que en ese instante yo llegué a pensar que talvez ya no la volveria a ver más.

Esa tarde cuando ya estabamos de regreso en nuestra casa, lo que hicimos fue ponernos entre toda la familia a recordar los momentos más bonitos que cada uno habria compartido a lado de ese hombre tan maravilloso que acabábamos de perder.

Reunión familiar de la que también tomaria parte mi tío Roberto, el cual ya para esos tiempos era un militar retirado, con el que yó tendria en dicha reunión la oportunidad de volver a darle las gracias por haberme salvado la vida, cuando estuve en manos de el escuadrón de la muerte en el año 1982, siendo esto algo que él mismo me confirmaria ese día con respecto a su intervencion para evitar que yo fuera asesinado por estos asesinos, ya que el mismo me aseguró que al ellos llamarlo por teléfono para preguntarle si de verdad yo era su sobrino, el en ese mismo instante les daria la orden de no hacerme ningún daño y de dejarme en libertad lo más pronto posible y lo bueno que a mi me quedaria de dicha conversacion, seria que ambos nos tratamos con mucho respeto y sin ningún rencor por la participación política en bandos contrarios que ambos tuvimos en el pasado, llegando a ser esta la ultima vez que yo tendria la oportunidad de ver a mi tío en nuestras vidas, ya que por circunstancias de la vida el fallece casi un año despues de mi padre.

Otra de las cosas que sucedieron esa tarde al estar todos juntos acompañando a mi madre a sobrellevar el gran dolor de esa perdida, es que en un momento inesperado alguien llama a la casa por teléfono y pide hablar un momento conmigo, llegando esto a ser algo que a mi me tomaria en ese momento un poco desprevenido, debido a que yo no tenia ni la menor idea de quien se podía tratar, debido a que yo nomás tenia dos días de haber llegado al país y no habia tenido todavía la oportunidad de hablar con muchas de mis amistades, pero es al momento de yo contestar el teléfono y preguntar de quien se trataba, que yo me doy cuenta que la persona que estaba llamandome era "Milagros", la que al momento de yo preguntarle por el motivo de su llamada, me dice que es para saber si estoy bien y que ella habia sentido el deseo de hablar a solas conmigo desde el momento en que nos vimos en el cementerio, pero que debido a que ella estaba acompañada de su esposo, eso fue lo que le impidio el poder estar a solas conmigo, por lo que ella me hace saber que la llamada es para preguntarme si yo también habria sentido el mismo deseo de verla a ella, respondiendole yo que también desde el primer momento de verla sentí la misma sensacion y el deseo de verla y que también sentí el deseo de saber que fue de su vida desde que cortamos nuestra comunicacion, por lo que ella en ese momento me pregunta si podemos vernos en persona el día siguiente, siendo esta una invitacion a la que yo no me le podía negar, y al yo aceptar, ella me pide que nos reunamos el día siguiente que era un domingo a la entrada de la cathedral metropolitana en el centro de San Salvador, siendo así que después de ponernos de acuerdo sobre nuestro encuentro, yo procedo a despedirme de ella y a volver a reunirme con toda mi familia, con los que en ese instante desidimos irnos a comer afuera de casa, para así tratar de hacer que mi madre se sintiera mejor y que no sintiera mucho la falta de mi padre, que tanta falta nos hacia a todos en ese momento, más que todo por ella todos nosotros teniamos que ser fuertes, para no demostrarle el gran dolor que todos también en ese momento estabamos sintiendo y tratar de hacer que ella sufriera lo menos posible esa situación.

Esa tarde recuerdo que todos no la pasamos muy bien, ya que nos fuimos a comer pupusas (una clase de comida tipica y tradicional de nuestro país), a un lugar muy famoso y reconocido que esta localizado a unos cinco kilometros de el centro de San Salvador, el cual lleva el nombre de "los Planes de Renderos" llegando a ser esto algo, que al estar todos en este lugar, nos sintieramos mucho mejor y muy felices de estar juntos y más unidos que nunca.

Pero la hora de volver a la realidad, llegaria al momento de estar de regreso en casa, ya que al llegar la noche, todos tendriamos que volver a sentir la tristesa de ser esa la primera noche que mi padre no estaria junto a nosotros.

Recuerdo que esa noche, cuando ya todos nos fuimos a dormir, cuando yo estoy durmiendo, yo llegaria a sentir muy claramente la presencia de mi padre a mi lado en la cama, y recuerdo que la sensacion que yo sentí en esa noche, fue que él llega a mi lado y se sienta a la orilla de mi cama y se queda un buen rato cuidandome mi sueño y asegurandose que yo estuviera bien, por lo que durante todo el transcurso que esto sucedía, yo llegué a sentir una gran paz y tranquilidad, debido a que mi mismo instinto me pidio que no me asustara y que lo que estaba ocurriendo en ese momento, era que el espíritu de mi padre se andaba despidiendo de nosotros, siendo por esto que yo no llegaria a sentir ningún temor en ese momento.

Después que esa noche transcurre sin ninguna otra novedad, yo me levanté un poco más tranquilo, debido a lo vivido durante la noche con mi padre, por lo que cuando ya se dieron las diez de la mañana, yo tendria que comenzar a prepararme para acudir a la cita que habiamos acordado con Milagros, por lo que esa mañana, cuando yo salí de mi casa, recuerdo haberlo hecho de una forma muy nervioso, ya que yó comenzé a sentir como que si la persona con la que me iba a encontrar en ese día, era alguien que yo no conocia, por lo que esto me pondria de una forma muy nervioso y a sentir mucha desesperacion por ya verla de inmedíato.

Ese día cuando yo llego a el lugar donde habiamos acordado reunirnos, yo al no verla a ella en ese lugar, comenzé a pensar que talvez ella se habria arrepentido de hacerme esa cita y que a la hora de la verdad, talvez se habria hechado para atrás con nuestra cita, pero todas mis dudas quedarían al olvido, cuando como a unos cinco minutos de yo estar ahí esperandola, veo que ella se aparece frente a mi, no dandome tiempo ni de decirle nada, ya que en ese momento de ternerla a mi lado, yo sentí un gran nerviosismo que me dejo completamente sin palabras, por lo que tendria que ser ella, la que tendria que tomar la iniciativa y comenzaria a hacerme platica, hasta que llegara el momento en que yo saliera de mi asombro y volviera a la normalidad.

Recuerdo que una de las cosas que ella me pregunta en el momento de encontrarnos, es que si me siento bien, por lo que yo le respondo que si y que tenerla frente a mi era como un sueño que jamás me imajiné que llegara a suceder, por lo que en ese instante ella me hace saber que ella sentia lo mismo y me pregunta que a donde yo quiero que nos vayámos para poder platicar de nuestras vidas y de nuestros recuerdos, a lo que yo le pido a ella ser la que escoja el lugar que crea conveniente, por lo que ella me pide que nos vayámos a los planes de renderos, ya que este es un parque muy grande, donde tendriamos toda la privacidad para podernos tomar el tiempo que necesitaramos para nuestro encuentro, por lo que al encontrarnos en este lugar, primero hablamos de nuestros respectivos matrimonios y después de esto recordar y traer a nuestras memorias todo lo vivido juntos en el pasado, lo cual era algo muy bonito y algo que ninguno de los dos habia olvidado, por lo que todo esto, hizo que nuestro encuentro en ese momento se volviera de una forma muy especial, Siendo así que después de estar por un buen par de horas en ese lugar, yo le pregunto si quiere que nos vayámos a comer algo a otro lugar, y cuando ella me contesta que si, nosotros nos regresamos de nuevo a el centro de San Salvador y de ahí nos fuimos a comer a un lugar, donde también pasariamos otro buen rato hablando de nuestras vidas, y es en ese lugar donde nos encontrabamos comiendo, que después de terminar de comer, que ella misma me hace la pregunta que yo tanto estaba deseando hacerle a ella, y esta era de que si ella me seguia gustando como cuando eramos niños, a lo que yo le respondo sin pensarlo dos veces que si, y es ahí entonces que ella me propone que nos vayámos a un lugar donde pudieramos estar a solas, por que ella sentia el gran deseo de estar conmigo y de tener un encuentro intimo y que deseaba entregarseme con todo el amor que sentia por mi, invitación a la que yo no me le pude negar, debido a que ella es una mujer muy bonita y de un cuerpo maravilloso, que era lo que a mi siempre me habia atraido hacia ella en el pasado, es así que a partir de ese día, nosotros comenzariamos a mantener una relación extramarital en la que ninguno de los dos podía decir no, debido a la atraccion que ambos sentiamos por cada uno, no pensando en ningún momento en el gran riesgo que esto le traeria a nuestros matrimonios, por lo que después de nuestro primer encuentro nosostros comenzamos a vernos con mucha más frecuencia, ya que ella sabia que yo muy pronto tendria que regresar a lado de mi familia a los Estados Unidos, y por tal motivo no perdíamos el tiempo y nos encontrabamos cada vez con mucha mas frecuencia, para poder disfrutar de el gran amor que tanto nos teniamos, fue así que después de ese primer fin de semana que yo pasaria junto a mi familia y después de haber vivido todo lo vivido con la muerte de mi padre, yo sentí la gran responsabilidad de quedarme a cuidar a mi madre por un mes entero, ya que todos mis hermanos tuvieron que regresar a sus actividades cotidíanas de trabajo de inmedíato y los que viven en los Estados Unidos, tuvieron que regresar a lado de sus respectivas familias en ese país, durante todo ese mes que yo me pasaria a lado de mi madre, yo me lo pase bien, ya que también tuve la oportunidad de compartir mucho tiempo con algunos miembros de mi familia, que ya yo tenia muchos años de no ver, y también el poder conocer un poco más a mis hermanas, con las que nunca antes habia tenido la oportunidad de compartir algunos buenos momentos, como los que compartiriamos en esta ocasión, es entonces que yá a casi un mes de yo estar con mi madre, yo pude ver que ya ella se sentía mucho mejor emocionalmente, por lo que al yo observar que ella estaba prácticamente recuperada de la muerte de mi padre, por lo consiguiente yo decido hacerle saber que ya yo también tenia que regresar a lado de mi esposa y mis hijas en los estados Unidos, ya que también a mi en esta ocasión, la empresa nomás me habia dado un mes de vacaciones, para que resolviera todos mis problemás familiares, por lo que yo salgo de El Salvador a fines de el mes de octubre, y esto lo hago llevandome un grato recuerdo, el de también haber compartido unos momentos inolvidables a lado de Milagros y de toda mi familia.

Cuando yo decido hacer este viaje, en esa ocasión, yo tomo la decisión de pagar a un famoso "pollero" o "coyote" (como se le conoce a toda la gente que se dedica a el trafico de personas hacia los Estados Unidos), al que yo decido pagarle una minima parte de el dinero acordado en El Salvador y que el resto se lo iba a pagar al yo llegar a mi destino final, y eso lo hago con la intención de que el viaje para mi no fuera tan duro, a comparacion de que si lo hacia de la forma como yo sabia, pero al nosotros salir de El Salvador rumbo a Guatemala, al principio todas las cosas nos comienzan salir muy bien, pero al llegar a la frontera de Guatemala con México todo comienza a cambiar y tuvimos que quedarnos estacionados en esa frontera casi por toda una semana, después de la cual esta persona ya tenia todo listo para realizar nuestra aventura rumbo a México.

Pero lo malo de dicho viaje vendria a ser, que este tendria que ser en una pequeña embarcacion, a la que talvez su cupo era como para unas 10 personas, a las que esta gente le ponen casi 20 personas, haciendo esto que nuestro viaje por en medio de el mar, fuera uno de los viajes más peligrosos que yo hubiese realizado en toda mi vida, ya que ese día pasamos un promedio de casi 14 horas en el mar, corriendo a una velocidad que habeses esta pequeña embarcacion pareciera que se quebrava en pedasos cuando se estrellaba contra las olas, por lo que después de esas casi 14 horas de viaje, nosotros logramos llegar sanos y salvos hasta una pequeña ciudad turistica que se encuentra a la orilla de el mar, la cual lleva el nombre de "Bahia de Huatulco" y lo que hacia este señor era dejarnos esperando por él más de un día y nunca regresaba por nosotros, por lo que después de un día de estar ahí, yo mejor decido irme por mis propios medios hasta la ciudad donde vive toda la familia de mi esposa Georgina, siendo así que en esta ocasión yo corro con mucha suerte y logro llegar al día siguiente a casa de mi suegra, sin haber tenido ningún contratiempo con ninguna de las autoridades de ese país, quedandome en esa ocasión por mas de una semana a lado de mi suegra y de mis cuñados, para así poder recuperarme de toda la angustia y el susto de ese mi primer viaje.

Es entonces que después de estar una semana a lado de mi familia en México, yo decido salir hacia la frontera de México con los Estados Unidos, tomando yo la decisión de irme a la ciudad fronteriza de nombre "Ciudad Juarez", la cual esta situada a un promedio de 24 horas de viaje en autobus desde la ciudad de México, por lo que cuando yá yo logro llegar sin ninguna novedad a dicha frontera, yo lo primero que hago es comenzar a buscar a la persona indicada para que me ayudara a hacer mi ingreso ilegalmente a territorio de los Estados Unidos, teniendo yo la mala suerte en esa ocasión de caer en manos de unos ladrones, a los cuales yo les doy una pequeña cantidad de dinero para que me pasaran y me llebaran a la terminal de autobuses más cercana, ya que estando en cualquier lugar seguro adentro de esa ciudad, yo no tendria ningún problema con los agentes de migracion, ya que yo si tenia mi permiso para estar legalmente, pero lo que sucede en esa ocasión es que estos hombres lo que hacen es tirarme en un lugar, donde me dejarian completamente solo y no me quedó otra alternativa, más que la de dejarme agarrar por unos agentes de migracion que venian en bicicleta rumbo a mi a la hora que me vieron saltar el serco que divide la frontera, por lo que al ser arrestado por estos agentes fronterizos, yo tendria que recurrir a mentirles y decirles que era Mexicano, para que así me soltaran rapido al otro lado de el puente, que es la forma en que ellos normalmente deportan a todo ciudadano Mexicano que arrestan en territotorio de los Estados Unidos, más que todo en las ciudades fronterizas.

Haciendo esto que al yo haber sido deportado de regreso a ciudad juarez, en esa ocasión yo tuviera mucho cuidado a la hora de contratar a una nueva persona para volver a intentar cruzar de nuevo, por lo que en esta segunda ocasión, si corro con mucha suerte y logro contratar a un par de niños, los cuales me propucieron tener un lugar muy seguro para ellos poderme llevar hasta donde yo quisiera de el otro lado de la frontera, proponiendome que si aceptaba que ellos me ayudaran a pasar, que yo les pagara hasta que ya estuvieramos en la teminal de autobuses a la que yo les estaba pidiendo que me llevaran, por lo que al ellos hacerme esta propuesta yo termine de creerles y acepté muy tranquilamente su proposición, por lo que cuando nosotros salimos rumbo a el lugar secreto que ellos tenian para cruzar dicha linea fronteriza, para sorpresa mia, esto era algo que yo no podía creer, ya que en menos de unos 30 minutos yo ya me encontraba en el lugar que yo les habia pedido, por lo que al nosotros llegar a esta terminal, a la hora de yo pagarles lo acordado, yo decido darles un poquito más de dinero, ya que de la forma en que ellos me ayudarian a pasar seria de la forma que yo me lo esperaba, sin tener que correr otra vez el riesgo de ser arrestado nuevamente por la patrulla fronteriza.

Por lo que al yo ya sentirme tranquilo en dicha terminal, lo siguiente que hago es comprar mi boleto con destino a la ciudad de Houston, ya que yo desde antes de salir de El Salvador, habria planificado pasar a esta ciudad para ver a mi primo "Roger", con el que toda mi vida nos hemos llevado y respetado mucho.

Pasando en esta ocasión dos días en casa de mi primo, por lo que después de cumplir este deseo de volverlo a ver, después yo salgo de esta ciudad rumbo a la ciudad de Washington DC, para pasar a visitar también a mi hermano Carlos y a recoger todas mis pertenencias, ya que cuando el salió de regreso de El Salvador hacia los Estados Unidos, yo habria decidido mandar todas mis pertenencias con él, ya que de la forma en la que yo tendria que realizar mi viaje, no podía arriesgar a perder todas mis pertenencias y lo mejor era que hiciera lo que en esa ocasión hice para no perder toda mi ropa que era lo más importante que yo tenia conmigo en ese viaje.

Cuando en esa ocasión yo tomo ese vuelo de la ciudad de Houston a Washington, todo me vuelve a salir muy buen y llego a esa ciudad, en la que mi hermano me estaria esperando en el aeropuerto y es después de pasar esa noche con mi hermano Carlos y de pasar un muy buen momento al ponernos a recordar muchas de las cosas vividas en El Salvador, por lo que a la mañana de el día siguiente yo tomo el autobús que seria el que me llevaria a Nueva Jersey, para volver a estar junto a mi familia.

Es en esa primera noche de ya yo encontrarme a lado de mi esposa y de mis hijas, que yo vuelvo a tener otro grato encuentro con el espíritu de mi padre, ya que cuando en esa noche yo me encontraba durmiendo en un sofa que teniamos en la sala, al yo estar dormido, sentí muy claro el momento en que mi padre entra a nuestro apartamento, y procedió a revisar todas las habitaciones y ya de asegurarce que yo me encontraba bien a lado de mi familia, recuerdo también que al él haberse asegurado que yo estaba sano y salvo de regreso en mi hogar, el sintio mucha tranquilidad y salio de nuestro hogar feliz, y esta seria la ultima ocasión en que yo tuviera un encuentro con mi padre desde el día de su sepelio, ya para esos días de mi regreso a los Estados Unidos, mi esposa y yo nos encontrabamos esperando el tercer fruto de nuestro gran amor, pero al igual que sucederia con los nacimientos de nuestras dos primeras hijas, a nosotros nunca nos dio la curiosidad de querer saber antes de tiempo el sexo de este nuevo bebe, dejando de esta forma en manos de Dios todo esto, ya que como las otras ocaciones, nosotros estabamos listos para brindarle mucho amor a lo que Dios desidiera darnos, ya fuera niño o niña.

Todo lo que comenzaria a suceder en los últimos meses de ese año 1998, serian unos días muy tristes para mi familia y para mi matrimonio, ya que después de la muerte de mi padre, yo comenzé a sentir unos cambios muy fuertes en mi vida y en mi comportamiento, que me hicieron hacerle mucho daño a el gran amor de mi vida "Georgina" y a mis dos hijas, ya que a partir de esos días después de mi regreso de El Salvador, yo comenzé a recurrir mucho en el vicio de el alcohol, y esto hizo que como yo era el jefe en la empresa en la que trabajaba, lugar en el que siempre teniamos a una mujer para que se encargara de el mantenimiento y la limpieza de dicho lugar, por lo que en estos días teniamos a una muchacha mexicana, la cual era hermana de unos de mis empleados, muchacha que a decir verdad es de una apariencia muy joven y muy bonita, por lo que al yó en esos días comenzar a comportarme de una forma muy irresponsable debido a mis problemás familiares y psicologicos, no pierdo el tiempo y como ya antes de haberme occurrido todos estos problemas, esta muchacha le habria insinuado a uno de mis amigos, que también era mi empleado en esta empresa que yo le gustaba a ella mucho, por eso en esta ocación yo aprovecho y le comienzo a decir que ella también me gustaba mucho a mi, por lo que en la primera ocasión de estar a solas platicando, yo procedo a invitarla a salir conmigo, cosa que ella acepta sin pensarlo dos veces y me dice que si, haciendo con esto que desde ese mismo día, nosotros comenzaramos a mantener una relación amorosa, relación que con los días se fue fortaleziendo mucho más , y yo comenzaria a portarme mucho más peor de lo que ya lo habria estado haciendo con mi esposa, ya que desde esos días yo comenzaria a descuidar mucho mi matrimonio, el cual yo nunca en mi vida habria deseado poner en riesgo, ya que mi esposa y mis hijas eran todo lo más importante de mi vida hasta ese momento,ya que antes de yo comenzar con esta infidelidad, mi esposa a pesar de todos los problemás que yo hubiese tenido, siempre estuvo a mi lado apoyandome y cuidandome de la forma en que nadie en mi vida jamás me hubiese cuidado, por lo que yo en ningún momento deseaba que se llegara el momento en que ella se diera cuenta de las cosas que yo en realidad andaba haciendo a su espalda.

Pero la realidad era otra, ya que yo en ningún momento medí las consecuencias de mis actos y por lo tanto se llegó el día que yo nunca hubiese querido que llegara, ya que todo comenzó cuando unas de las personas más allegadas a mi, de las cuales sabian todos mis movimientos, comenzaria por mandarle a mi esposa cartas anonimás, donde le decia que yo la estaba traicionando y que era mejor que me comenzara a vigilar, si era que queria conocer a la persona con quien yo en esos días la estaba engañando, por lo que no tardaria mucho tiempo, y Georgina comenzó a vigilarme muy de cerca, por lo que no tardó en llegar a darse cuenta de todas estas cosas que yo estaba haciendo a escondidas de ella.

En esta ocasión a la hora de nosotros tener unas fuertes discuciones a causa de esta infidelidad, ella viene y me dice que esta dispuesta a darme una segunda oportunidad y que esto lo hace por nuestro tercer bebe que ya estaba a unos cuantos meses de nacer, por lo que yo le pido perdon y le prometo tratar de cambiar mi comportamiento, para de esa forma demostrarle lo mucho que la amaba y que no estaba dispuesto a perder su amor.

Por lo que al mantenernos juntos y de ya tener todo preparado para la llegada de nuestro tercer bebe, ya que el nacimiento estaria programado para los primeros días de el mes de enero de el año 1999, siendo así que cuando llega el año 1999, todo para nosotros comienza de esa manera, esperando la llegada de ese bebe, llegando a ser esto un día 9 de enero, día en el que yo me habria marchado hacia mi trabajo de una forma muy tranquila, como cualquier día normal, por lo que es ya estando yo ahí, que recibo como al medio día, la llamada de mi esposa, en la que me dice que ya se encuentra con los fuertes dolores relacionados con el parto, por lo que yo decido en ese mismo instante abandonar mi trabajo, para salir rumbo al hospital a el que ya ella habia llegado antes de llamarme, al que cuando yo llego, me encuentro con que ya a ella la tenian preparada en una sala de partos, lista para en unos cuantos minutos ser asístida por un doctor y algunas enfermeras, que serian los que le ayudarian en todo el proceso de dar a luz a nuestro bebe.

Lo más bonito para mi en esta ocasión, seria que yo recibiria la invitación por parte de el doctor, para poder estar presente durante la llegada de mi nuevo bebe, por lo que después de dejarnos por un buen rato a mi esposa y a mi en esta sala, después ellos regresan y le hacen ver a ella que ya se ha llegado el momento, ya que en ese momento a ella se le habrian intencificado mucho más los dolores, y lo único que yo podía hacer era tratar de darle animo para soportar ese gran dolor y para que así ella por lo menos sintiera que yo estaba a su lado, brindandole todo mi amor y ternura en esos momentos tan dificiles para ella, por lo que al estos regresar y hacerle ver a ella que ya es la hora, estos también traen con ellos todo el equipo medico necesario para atender este parto, por lo que cuando todo esto comienza, ellos colocan a Georgina en una mesa especial, a la que ellos le adaptarian un aparato especial en el que ella pudicra mantener sus piernas muy abiertas, y donde ellos le ayudarian a ella a tratar de que expulsara de su vientre a nuestro bebe, por lo que después de unos minutos de todo este proceso, yo observo que desde su vajina comienza a asomarse la cabezita de nuestro bebe, por lo cual yo comienzo a ponerme muy nervioso, ya que esta para mi era una experiencia tan bonita que jamás me hubiese imaginado presenciar y en la cual yo no se de donde me salio tanta fuerza para poder soportar, ver todo lo que en ese momento estaba viendo, es así que después de que los doctores la asísten a ella a expulsar por completo el cuerpesito de nuestro bebe, a la hora de este salir por completo de su vagina, yo la primera reacción que tengo al ver, es la de voltear a verle su partecita intima, para ver si era un niño o una niña, y lo que veo es que se trataba de otra niñita, por lo que volví a sentir mucha felicidad, ya que yo desde mucho tiempo antes, estaba preparado para darle las gracias a Dios por lo que el desidiera darnos nuevamente, por lo que al yo ver esto, reacciono dandole un beso a mi esposa y a darle las gracias por ese bonito regalo de vida que me volvia a dar, a lo que también ella lo primero que hace a la hora de saber que ya el bebe habia salido, es preguntarme con mucha impaciencia ¿ que es? ¿ que es ? respondiendole yo muy feliz, que otra vez habiamos vuelto a tener otra linda muñequita.

Muñequita que desde el primer momento de salir de el cuerpo de su madre, yo pude ver como ella salio con los ojos abiertos y que al momento de salir, lo hizo como de una forma muy curiosa, como la de ella estarse preguntando entre si misma ¿y donde estoy? ya que salio como asombrada de no saber adonde era que se encontraba, Haciendo esto que en ese momento yo sintiera mucha felicidad de volver a ser padre, dandole nuevamente las gracias a Dios por este nuevo regalo de mi vida.

Esa noche después de que nuestra niña naciera, yo nomás tuve la oportunidad de ver el momento en que ella venia al mundo, ya que después de el parto, los doctores y enfermeras se la tubieron que llevar para un lugar especial, donde la tendrian que limpiar y darle su primer baño, por lo que yo tuve que esperar por un buen rato, mientras ellas la preparaban para que yo la pudiera ver y ya esta vez muy limpiezita, es entonces que cuando ya la tienen bien arregladita, una de las enfermeras va hasta la sala donde yo me encontraba esperando por este momento y me dice que ya puedo pasar a ver a mi muñeca, a lo que yo en ese momento sentí volverme loco de la felicidad, ya que tenia por primera vez entre mis brazos a una muñequita tan linda y la que me llenaria de tanta felicidad en ese momento.

Fue así que ya después de haber tenido el gusto de tener a mi nueva muñequita entre mis brazos por primera vez, yo me tuve que retirar de el hospital e irme a casa a cuidar a mis otras dos hijas, ya que Georgina y mi bebe se tendrian que quedar en el hospital por un periodo de 24 horas, para cumplir con el proceso de observacion y para asegurarse de que las dos estuvieran muy bien de salud, ya a el día siguiente que todo estaba listo para que yo fuera a recogerlas a el hospital, cuando yo llegué, ya las enfermeras me las tenian a las dos listas para irse conmigo a casa, por lo que lo único que tendriamos que hacer antes de salir, seria llenar todos los papeles de el hospital, y lo más importante que era lo de el ponerle el nombre a nuestra muñeca, a la que en esa ocasión nosotros si tendriamos su nombre con mucha anticipación, a diferencia de las anteriores, escogiendo el nombre para nuestra bebe de "Jennifer Isabel Fuentes Reyes", nombre que a los dos nos habia gustado mucho desde que lo escojimos, por lo que no tuvimos mucho que pensar a la hora de llenar los papeles para su registro de nacimiento.

Después de ya nosotros tener en casa a nuestra muñequita, todo en nuestro hogar comienza a marchar muy bien, ya que esta muñequita nos traeria toda la felicidad que nuestro hogar tanto necesitaba en esos días, más que todo debido a que ella seria desde esos días la reina de nuestro hogar, por lo que ya después de tres meses de su nacimiento nosotros sabemos que ella se va desarrollando muy saludable, haciendo esto que nosotros sintieramos mucha más tranquilidad, Por lo que después de todo esto en los siguientes meses yo trataria la forma de hacer todos los cambios necesarios en mi vida, para así tratar de dedicarles todo el tiempo posible a mi esposa y a mis hijas, ya que en los meses antes de el nacimiento de mi muñeca, yo me habria descuidado de mi familia y de una forma muy irresponsable, por lo que en los meses siguientes yo estaria portandome muy bien en mi hogar, pero es hasta como el mes de julio de ese mismo año, que ya la vida estaria por jugarme otra mala jugada y daria a mi vida otra prueba muy fuerte, ya que en ese mes yo recibiria una de las traiciones más grandes de mi vida, ya que después de yo estar como vice presidente de la compañia en que trabajaba, y en la que el mismo dueño desde mis primeros días de haber comenzado a trabajar en este negocio como administrador, este me habria comenzado a tratar como un hijo más de su familia, ya que sin conocerme mucho, el ofrecio darme la oportunidad de que yo le administrara su negocio, en el que este señor desde el primer momento, hizo que yo me quedara con la mayor parte de las responsabilidades de el mismo, por lo que en el tiempo que yo comenzé con esta nueva prueba de mi vida, todas las cosas me salieron desde el principio muy bien, ya que al yó ser el jefe principal de esta empresa, esto me daba a mi la oportunidad por primera vez en mi vida, de medir tanto mi capacidad intellectual, así como la empresarial, ya que a partir de el día en que yo quedaba con la responsabilidad de este negocio, yo comenzaria a partir de ese mismo día a implementar ciertas tacticas, para comenzar a atraer la mayor cantidad de clientes posibles a este negocio, siendo que cuando ese señor me entrega a mi toda la responsabilidad de su negocio, en esos días este nomás contaba con tres empleados y con un ingreso semanal de apenas setecientos dolares, ingreso que no alcansaba en esos días ni a cubrir con la planilla de los empleados, por lo que ya al yó comenzar a implementar mis ideas y mi nuevo plan de trabajo, todas las cosas en muy corto tiempo comienzan a cambiar, por lo que ya después de un mes yo comenzaria a atraer mucha clientela para el que en esos días yo podía todavía llamar "mi negocio", por lo que conforme la clientela fue creciendo, también fue tiempo para mi de comenzar a contratar nuevos empleados, y todo esto a pesar de yo tener todo el personal adecuado y capazitado para realizar todas estas labores, todo esto debido a que yo siempre hacia que todo cliente que llegaba a este negocio, siempre se fuera muy satisfecho por el trabajo realizado en sus vehículos, para así poder Siempre contar con ellos como unos clientes estables de este negocio.

Es así que ya a tres meses yo contaba con una clientela muy extensa y con un promedio de 10 empleados, generando de esta forma a este negocio un promedio de casi seis mil dolares semanales, haciendo con esto que al tener mejores ingresos, yo tuviera la posibilidad de implementar nuevas tacticas para atraer el doble de los clientes que con los que ya contabamos en esos días, Siendo una de mis nuevas tacticas, la de comenzar a brindarles a todos nuestros clientes, cierta clase de alimentacion gratis y de mejorar todos nuestros servicios de higiene personal, para así hacer que estos se sintieran como si estubieran en sus propias casas, ya que después de yo hacerme muy amigo de muchos de ellos, me pude dar cuenta de lo difícil de el trabajo que toda esta gente desempeñaba, ya que tendrian que pasar casi la mayor parte de su tiempo de un estado para otro y era muy importante para ellos el poder llegar a un lugar donde pudieran tener todas las comodidades que yo en esos días les habria comenzado a brindar, por lo que esta nueva tactica, fue lo que hizo que este negocio me llevara a tener todo el exito que llegué a tener en él y el cuál yo siento que fue él más importante tanto a nivel personal, así como en lo profesional, todo esto debido a la forma en que yo comencé a tratar a todos y cada uno de mis empleados, los cuales fueron los mismos de decirme que la forma en que yo los trataba era una forma muy humana y comprensiva, llegando a ser esa una de las cosas que a mi me harian sentir muy orgulloso de mi personalidad, por que de haber sido todo lo contrario, creo que nunca habria llegado a tener todo el exito que tuve en dicha empresa, más que todo, esto sucedió debido a que yo a mis empleados en horas de trabajo los trataba como mis empleados y en las horas o días de descanso, ambos nos tratabamos como muy buenos amigos, haciendo esto que de esa forma yo llegara a tener el mejor y más selecto grupo de empleados que cualquier jefe pueda desear.

Ya a los casi dos años de tener la responsabilidad total de esta empresa y de haber luchado por lograr todo el exito que ya teniamos en ese tiempo, ya que para ese tiempo ese negocio yo lo tenia a su maxima capacidad de produccion, generando este una entrada económica de 25.000 a 26.000 dolares semanales, y contando con el mejor y más eficaz equipo de trabajo, más que todo también contando con lo más importante, como lo era una clientela super grande, de la cual yo me habria ganado su afecto y respeto por la forma de yo comportarme con ellos, esto debido a mis atenciones a todos ellos, por lo que muchos de ellos habrian llegado a verme como un amigo y no como el administrador de dicho negocio, por lo que después de todo esto yo llegaria a tener una buena posición económica, lo cual era algo que yo habia deseado mucho tiempo atrás, ya que este sueldo que yo tenia en ese lugar superaba todas las espectativas que jamás me hubiese imajinado llegar a tener en toda mi vida.

Pero todos los sacrificios que yo hiciera por ese negocio, serian en vano para mi futuro, debido a que lo que el dueño de este negocio, tenia preparado para el futuro de este, lo cual era algo en lo que yo no estaba incluido, y lo cual consistía en que ya yo no estuviera a cargo de su negocio, haciendome vivir en las semanas siguientes, una de las peores traiciones que yo jamás hubiese recibido en mi vida, ya que al este negocio estar generando ganancias de un promedio de más de un millón por año y de tener una clientela muy numerosa y bien establecida, este biene después de dos años y decide de un día para otro, el quitarme a mi de mi posición tan importante que yo tenia en ese negocio y le da el mando total a uno de sus sobrinos, tratandome a mi de una manera que yo jamás me hubiera imajinado, debido a que apenas unos meses atrás, este hombre me habria tratado hasta de hijo y a unos meses después y de un día para otro me estaria haciendo pasar unas de las peores pesadillas que cualquier ser humano pueda soportar, todo esto debido a que este señor de descendencia irlandesa, me estaria demostrando en ese momento a la hora de quitarme de ese puesto tan importante y en el cual yo me habria comportado de una forma muy fiel y honesta, que a el no le importó todo lo que yó hubiese hecho por dicha empresa, ya que todo esto me lo hizo saber de la forma más cruel que

yo me esperaba, esto es por que cuando se llegó el día en que
el decidió quitarme a mi el mando de ese negocio y de darselo
a su sobrino, esto el me lo dijo de la forma más inhumana del
mundo, haciendo esto que yo le preguntara a el ¿ por el motivo
de esa decisión? a lo que este me responde !el negocio es mio y
hago con el lo que quiera!, haciendo esto que yo me sintiera en
ese momento como el ser humanomás despreciable del mundo,
pero lo único que me haria sentirme muy orgulloso de lo que en
ese momento estaba ocurriendo, seria que a la hora de este señor
decirme lo de su decisión, yo tendria el valor de reclamarle el
por que de esa forma de comportarse así conmigo, ya que el y yo
sabiamos que todo lo que yo habria hecho por esa compañia, lo
habia hecho de la forma más honrada y honesta que cualquiera
se pudiera imaginar, esto debido a que durante los años que yo
estuviera como administrador de este lugar, yo siempre llevé las
cuentas muy claras con él y que este a la hora de yo hacerle este
reclamo me dice que yo tengo toda la razon, y que no tiene nada
en contra de mi, pero que la decisión de darle mi posición a su
sobrino es irrevocable y que lo único que podía hacer a partir
de ese día, era continuar trabajando en su empresa, pero ya bajo
el mando de su sobrino, por que el tomaria el cargo desde ese
mismo día.

Es asi que cuando este señor me hace esta proposición, yo
lo que hago es preguntarle ¿por que mejor no me despide de mi
trabajo? debido a que por orgullo propio para mi esto seria lo
mejor que el pudiera hacer, a lo que el me responde, que no es
su intención despedirme por completo de esa empresa y que es
opción mia aceptar o no seguir en su negocio, pero como en ese
momento yo sabia muy dentro de mi que no iba a poder soportar
eso, ya que incluso en ese instante yo sentia estar viviendo en
carne propia un caso de racismo y descriminacion que me hizo
comprender en ese momento que lo que este hombre hizo fue
usarme, debido a que en los Estados Unidos el negocio de la
transportacion terrestre por medio de vehículos pesados, es
controlado por un porcentaje muy alto de la raza hispana y fue

por este motivo que este señor me daria a mi la oportunidad de comenzar desde los primeros días de el abrir este lugar, para que así como yo siendo hispano, era logico que esto haria atraer a la gran mayoría de clientes hispanos para su negocio y lo cual si le dio a el un muy buen resultado, ya que un ochenta por ciento de toda la clientela que yo atraeria a dicho negocio vendria a ser de mi misma raza y esta misma seria la que me ayudaria, a que en un periodo de dos años este negocio se estableciera de una forma muy reconocida, tanto a nivel estatal, así como nacional y fue esto lo que hizo que este señor al ver que su negocio ya se encontraba en el punto que el lo queria, fue que el pensó que ya era tiempo de deshacerce de mi, siendo ahí que yo me daria cuenta de lo que yo habia sido víctima durante todo ese tiempo.

Por lo que cuando este me hace la propuesta de quedarme a trabajar bajo el mando de su sobrino, yo en ese mismo instante decido aceptarlo, con la intención de que al continuar en ese lugar, esto lo haria con la intención de vengarme de esa gran traición, haciendo esto de una forma que ellos jamás se imajinarian, por que lo que yo comenzaria a hacer a partir de esos días, era dejar que todos los empleados se llevaran todo lo que quisieran y que también en los momentos que yo los dejaba encargados de cobrar por los trabajos que hacian, yo les daria a todos ellos la autorizacion de no darle su recibo al cliente y que ese dinero se lo repartieran entre ellos, haciendo con todo esto, que durante el siguiente año que yo continue en esta empresa bajo el mando de el sobrino de este señor, yo en lugar de generarle ganancias en mis turnos de trabajo, lo que hacia era ocacionarle perdidas encalculables, ya que para estos días a mi me daba lo mismo si seguia trabajando en ese lugar o si me despedían.

Siendo algo que no tardaria en ocurrir, debido a que después de unos días de yó regresar de sepultar a mi padre y al volver a trabajar en dicha empresa, yo comienzo a ver que este sobrino de este señor, resulta ser una persona muy racista con todos mis amigos, lo cual seria algo que yo no iba a soportar, pero lo que si tuve que hacer por algunos meses, debido a todos los gastos a los que habria tenido que recurrir para ayudar a mi madre con todos los gastos que se tuvieron que hacer, y seria esto lo que me obligaria a seguir por unos meses más en esta compañia, a el cual en el momento de yo haberle entregado el control total de esta Empresa, yo se lo entregaria generando una entrada económica de casi 26.000 dolares semanales y con un grupo de 25 empleados, de los que yo habria escojido en un promedio de nueve meses para poder escoger a los mejores de todos los que llegaban a solicitarme empleo en ese lugar y lo que haria que ya cuando este señor hace dicho cambio, ya este llegaria a disfrutar de todos los beneficios de una empresa bien establecida y de la que yó puedo decir hasta estos días, que yo fui el que hizo que este fuera todo un éxito, pero todas esas cosas a esta gente no les importó y yo soy despedido de dicho lugar en el mes de julio de ese mismo año 1999, por lo que a mi no me quedó de otra, más que de continuar con mi vida y tratar de terminar ese año con toda la felicidad posible que nos traeria la llegada de mi muñequita a mi hogar, ya que para mi, no habia nada que pudiera empañar dicha felicidad.

Ya para principios de el año 2000, todo comienza para nosotros en mi familia de una forma más tranquila, debido a que lo único en que pensabamos en esos días, era en que ya estaba por llegar el día nueve de enero, el que era el día de el primer cumpleaño de nuestra muñequita Jennifer, lo cual nos llenaba a todos de mucha felicidad y tranquilidad, sabiendo que al ella cumplir su primer añito, esto nos daba más tranquilidad con respecto a todas las enfermedades de que son victimás los recién nacidos en sus primeros meses de vida, después de todo esto, en el mes de abril, yo dejo la relación que mantuve con la hermana de uno de mis empleados, la cual comenzó a hacerme sentir que con ese matrimonio, yo ya no llegaria muy lejos, ya que a unos meses de yo dejar esa relación y ya yo con 34 años de edad, no se por que motivo a partir de esos días, yo comenzé a sentir la necesidad de salir con más mujeres y a no sentirme satisfecho con ninguna, esto debido a que los cambios que yo estaba viviendo en esos días, eran tan fuertes que a pesar de yo tenerlo todo a lado de mi esposa Georgina, a la que yo en todo momento he amado y amaré durante todos los días de mi vida, a la que siempre era capaz de hacer y cumplir hasta mi más intimo deseo, yo no se ni comprendo el por que de el cambio en mi comportamiento, y en el mes de julio de ese mismo año, toda mi situación estaria por cambiar, esto debido a que a medíados de ese mes de julio, yo comenzaria a dedicar mucho de mi tiempo a hacer crecer mi coleccion, la cual a partir de esos días comenzaria a crecer de una forma incredible, otro de los sucesos de mayor importancia y el que en un futuro no muy lejano volveria a cambiar mi vida, vendria a ser, el que para esos días yo comenzaria a pasar mucho de mi tiempo libre en la computadora, ya que este instrumento para esos días, se habia vuelto un aparato muy importante para poder mantener información o para poder comunicarse más fácilmente con personas de todo el mundo, lo que hacia todo más fácil para realizar cualquier projecto, así fuera de entretenimiento o simplemente como un medio de educación, el cual también en esos días, se habría convertido en algo que no podía faltar en ningún hogar de todas partes del mundo, y fue usando este aparato, que en ese verano, yo comenzé a entrar a ciertas salas de "Chat" como es comunmente conocido en ingles, en las que en una de ellas yo llegaria en esos días, a conocer a una muchacha de descendencia puertorriqueña con la que a partir de ese mismo día que nos conocimos, comenzariamos a mantener una muy bonita amistad, y con la que también durante el transcurso de todo ese año, comenzariamos a compartir todas nuestras cosas intimás de nuestros respectivos matrimonios, por lo que no tardamos mucho tiempo en darnos cuenta de que ambos estabamos en una sutuacion similar con nuestras respectivas parejas, esto debido a que ya para estos días, mi relación con Georgina se encontraba en una situación muy delicada, debido a que para Georgina era muy difícil el poder llegar a perdonarme totalmente la gran traición que yo le habia hecho unos meses antes de que naciera nuestra ultima hija, todo esto hacia que nuestro matrimonio se encontrara prácticamente destruido, y es todo esto, más la perdida de mi empleo unos meses antes que también vuelven a ocacionar, que yo comenzara a buscar por otro lado lo que tenia en mi casa, lo malo seria que esta vez, yo si llegaria un poco más lejos que las veces anteriores, ya que durante los primeros dos o tres meses de yo haber conocido a esta muchacha, yo comenzaria a mantener cierta clase de platicas con ella, por lo que después de un tiempo, ambos comenzamos a ver la forma de como podernos conocer en persona, para ver de esa forma si nos llevabamos muy bien en persona, así como nos llevabamos por el internet, el único inconbeniente que tendriamos en esos días, seria que como ella en esos días estaba viviendo con el que en ese tiempo todavía era su esposo, el cual ella me platicaria con anterioridad, la maltrataba de una forma muy salvaje e inhumana, ya que ella misma me llegó a hacer saber que en más de una ocasión, este hombre incluso habria llegado al punto de casi matarla y era esto lo que habia hecho que ella comenzara a entrar a estas salas de chat, con la intención de ver si llegaba a conocer a alguien, que la pudiera tratar de una mejor manera y con el respeto que todo ser humano se merece, viniendo a ser este, el inconbeniente que se nos tendria que cruzar por nuestros caminos, debido a que en esos días de nosotros estar planificando nuestro encuentro en persona, ella llegaria a tener un serio problema con su esposo y tendria que marcharse de emergencia a vivir temporalmente a un refugio para mujeres maltratadas y abusadas por sus parejas, haciendo esto que desde ese día no nos volvieramos a ver por el resto de todo ese año, por lo que después de todo lo vivido durante el transcurso de este año 2000, y cuando se llegan las fiestas de fin de año, para mi era tiempo de tratar de estar en paz y en harmonia a lado de mi familia, por lo que traté todo el tiempo, de pasar todo el tiempo posible con mi esposa y mis hijas, principalmente de cuidar mucho a mi muñequita "Jennifer", que en esos días era por lo que más me dolia todas las cosas familiares que viviamos en ese momento.

Ya a principios de el año 2001, las cosas para nosotros comenzaron a empeorar con mi esposa a nivel de pareja, y es en esos primeros días, que después de yo no saber por algunos meses lo que habia pasado con la muchacha puertorriqueña que habria conocido por el internet, por casualidad en los primeros días de ese año, yo vuelvo a reencontrarme con ella y al ella explicarme todas las cosas que habria vivido en esos últimos meses que no tuvimos ninguna clase de comunicación, fue ahí que yo comprendí lo que en realidad esta mujer estaria sufriendo a lado de quien en lugar de cuidarla y protegerla como lo más sagrado, lo que este hombre hacia era tratarla como a un animal o como a una mujer de servicio domestico y no como a la madre de sus hijos, siendo entonces que desde ese día que nos volveriamos a reencontrar, los dos nos propusimos a llegar a poner todo de nuestra parte para poder conocernos en persona, para poder ver cual era el efecto y la impresión de estar los dos frente a frente, por lo que como yá para esos días se aproximaba el segundo cumpleaños de mi "Muñequita Jennifer", lo cual me llenaba de mucha felicidad debido a que al verla a ella crecer muy sanita, todos mis temores de su infancia cada día se fueron desvaneciendo, es entonces que cuando se llegó el día nueve de enero para mi todo era de total felicidad, por un lado, por estar celebrando el cumpleaños de la reinita de mi casa y por otro lado, de tristesa por que ese mismo día yo me comunicaria de nuevo con mi nueva amiga, la que lleva el nombre de "Dawn Nieves", con la que en ese mismo día nos pondriamos de acuerdo para vernos en persona en un lugar cerca de donde ella residía en esos tiempos, lugar el cual es una ciudad muy grande y reconocida en el estado de "Connecticut" y el nombre de dicha ciudad donde ella residía es "Hartford", ciudad que esta localizada a un promedio de dos horas y média de el lugar donde yo he residido por los últimos 17 años de mi vida.

Por lo que cuando ya se llegó ese día diez de enero, que era el día de nuestro encuentro, yo lo que hago es salir de mi casa muy temprano, debido a que como en ese tiempo en la parte este de

203

los Estados Unidos, que es donde nosotros vivimos, en los meses de enero y febrero es cuando más cae nieve y por casualidad, ese día en que yo tendria que realizar este viaje, esa noche antes en esta area habriamos tenido una pequeña lluvia de nieve, lo cual hacia mi viaje un poco peligroso debido a el mal estado de las carreteras, las cuales con estas lluvias se ponen muy resbalosas por el hielo que se acumula sobre ellas, siendo este el motivo por el que yó ese día, decidí salir como con unas cuatro horas antes de nuestra cita, para así tener todas las precauciones necesarias durante este recorrido para llegar a dicho lugar, pero lo bueno seria, que durante este trajecto yo no llegaria a tener ningún contratiempo, haciendo esto que yo llegara a nuestro punto de reunión casi con dos horas de anticipación, teniendo que buscar de esta forma algún lugar donde poder pasar el tiempo para mientras se acercaba ese momento tan esperado.

Por lo que cuando ya casi se llega el tiempo de este encuentro, yo me fui hasta el lugar acordado donde "Dawn" me habria pedido que la esperara, donde ya como a unos 25 minutos de yo estar en ese lugar esperandola, estos se me llegaron a hacer los minutos más largos de mi vida, debido a que en esos minutos, el nerviosismo fue algo que comenzo a invadir todo mi cuerpo, pensando en que como esta era una cita a ciegas, yo no sabia si en realidad, yo seria el hombre que ella esperaba encontrarse a la hora de tenerme frente a ella, asi Como en realidad yo tampoco sabia como era ella realmente, si bonita o fea o gordita o flaca, todos estos factores hacian que conforme se llegaba la hora de nuestra cita, yo me sintiera cada vez con mucho más nerviosismo, más que todo también por que el día antes de nosotros ponernos de acuerdo en vernos en persona, ella me diria que una de las primeras cosas que haria al tenerme frente a frente, seria que me daria un fuerte abrazo y me daria un gran beso, siendo esto lo que me ponia mucho más nervioso de lo normal, más que todo a unos minutos de su llegada, debido a que yo mismo me considero no ser un hombre de muy buen físico y no sabia si yo en realidad le podía gustar a ella a la hora de verme, tampoco me considero o cualquiera pudiera decir que sea el más feo del mundo, todo esto era a pesar de que ya ella me habria hecho saber que lo que a ella le gustaba de mi, era mi forma de ser y la forma en que siempre hablabamos desde los primeros días cuando nos conocimos por internet y que ella no buscaba a alguien por su físico sino que por sus sentimientos, fue entonces que cuando se llegó la hora de nuestro encuentro, en un momento en que yo me descuide y me dí la vuelta para leer un anuncio que estaba en una de las paredes de ese lugar, el cual era el centro de convenciones de el centro de la ciudad de Hartford, fue entonces que cuando yo me doy la vuelta para ver hacia la entrada principal de ese lugar, me doy cuenta que ya ella estaba frente a mi, quien al tiempo de yo verla me llevo una fuerte impresión, debido a que de lo poco que yo sabia, era que ella era blanca y que medía un promedio de cinco pies con 5 pulgadas (equivalentes a un metro con sesenta y dos centimetros), pero que al yo tenerla frente a mi, esta resulta ser una mujer super linda y bonita, a la que yo en ese momento de tenerla junto a mi, nunca llegué a imaginarme que yo tuviera alguna oportunidad de llegar a tener algo con ella, ya que yo soy un hombre moreno de una estatura normal de cinco pies con siete pulgadas (equivalentes a un metro con sesenta y siete centimetros), y para decir verdad no de muy buen físico, por lo que al momento de yo tenerla a ella frente a mi yó no supe ni que cosa decirle, o de que forma comenzar a tratar de llevar una conversacion pero como yá para este tiempo nosotros habiamos tenido muchas buenas conversaciones por el internet, por ese medio ya ambos nos tratabamos con mucha confianza y fue eso lo que talvez la impulsó a ella a mantener la calma y yo no supe que decir ni que hacer, la que si supo reaccionar fue ella y la que al momento de tenerla frente a mi lo primero que hace es darme un fuerte abrazo y también procede a darme un beso de la forma como me lo habia dicho que lo haria un día antes de esto, siendo en el momento de tenerla a ella entre mis brazos que yo senti que tenia que despertar de ese sueño y comenzar a disfrutar de ese bonito momento que estaba viviendo en ese instante de estarnos conociendo en persona por primera vez, por lo que después de una pequeña charla, lo que disidimos hacer, fue que nos fuimos a comer a un lugar de comida Americana muy reconocido a nivel mundíal, y ya que en ese momento a los dos se nos habia quitado el nerviosismo, por lo que después de estar en este lugar por un largo rato y después de ya haber entrado ambos en un estado de confianza, fue que tomamos la decisión de irnos a un lugar donde de verdad llegariamos a conocernos con más profundidad, ya que desde el momento que llegamos a dicho lugar, ambos no perdimos el tiempo y comenzamos por darle rienda suelta a lo que en realidad los dos queriamos que ya pasara sin perder ningún minuto más, siendo así que durante esa nuestra primera cita, nosotros llegariamos a tener un encuentro sexual, que ni yo ni ella nos imajinabamos que llegaria a suceder, pero como todo esto se fue dando de una forma muy natural, nosotros cuando menos nos imajinamos ya estabamos bien metidos en lo que fue nuestro gran encuentro amoroso, el que a partir de ese día, llegaria a ser el nacimiento de una gran relación sentimental, esto a pesar de ambos aun continuar viviendo con nuestras respectivas parejas sentimentales de muchos años, a lo que ninguno de los dos en ese nuestro primer encuentro, sabriamos lo que en realidad nos esperaria en nuestro futuro como pareja, debido a que en ese instante ambos lo único que queriamos era el poder disfrutar al maximo el uno de el otro, por lo que en ese momento de entregarnos de la forma en que lo hicimos, nunca pensamos en las consecuencias que nuestro acto de pasión traeria a nuestros futuros.

Fue entonces que después de terminar nuestro inesperado encuentro, y de haber compartido varias horas juntos, se llego el momento que talvez ninguno de los dos queriamos que llegara, pero que tenia que suceder, debido a que ambos teniamos hijos y una pareja que nos esperaban en nuestros respectivos hogares, siendo así que cuando se llego el momento de tener que despedirnos, los dos lo tendriamos que hacer de una forma en la que ni ella ni yo, demostrariamos lo mucho que desde ese día habriamos comenzado a sentir el uno por el otro, pero que a la hora de decirnos adiós, lo que hicimos fue prometernos el hacer todo lo posible para tratar de vernos lo más pronto que a ambos se nos hiciera posible, después de despedirnos y de yo tener que comenzar a manejar de regreso, esta vez yo lo hice de una forma tan rapida, que llegué en menos de el tiempo normal, ya que durante todo el camino lo único que hice, fue pensar y recordar con mucha incredulidad lo bonito que ese día habia sido para mi, por lo que cuando yo logré llegar de regreso a mi casa, no me quedó otra alternativa más que la de mentirle una vez más a mi esposa "Georgina", la que en esos días jamás se podria imaginar que yo la estaria volviendo a traicionar, por lo que al llegar a casa, tuve que disimular demásiado para que ella no se diera cuenta de lo que yo habia hecho ese día, pero después de este día tan bonito para mi las cosas este año no serian tan faciles, pero de una forma u otra yo tendria en esos días que retomar mi vida de una forma normal, y lo primero que hago es trabajar para salir de toda la deprecion que me habria dejado la gran traición jugada por el dueño de la empresa donde trabajé mis últimos tres años.

En esos primeros días de este año, por suerte también comienzo a trabajar en una compañia de mudanzas muy famosa, en la que por suerte también desde los primeros días, yo comienzo a mantener una muy buena relación laboral con el dueño y con todos los empleados, logrando con esto que en muy corto tiempo comenzara a superar todo el daño psicológico que me causó, la gran traición jugada por mi antiguo empleador, por lo que todo me comienza a salir muy bien a partir de esos días, después de unas semanas de yo haber comenzado en mi nuevo trabajo, la siguiente ocasión que yo tendria la oportunidad de volverme a ver personalmente con Dawn, vendria a ser a aproximadamente un mes de nuestro primer encuentro y después de la segunda ocasión la tercera llego con mucha más anticipación, debido a que las cosas se nos comenzaron a dar tan facilmente, que en el transcurso de ese año nosotros logramos estar juntos por muchas ocaciones.

Ese año 2001 vendria a ser un año muy triste para todo el mundo, pero principalmente para los que vivimos en los Estados Unidos, ya que lo que estaria por suceder vendria a ser un hecho que en este país nadie se esperaba y todo comienza en el mes de septiembre y como ya para ese tiempo yo contaba con mi licencia comercial y esto me permitia a mi el poder manejar cualquier clase de vehículos pesados.

En los primeros días de este mes a mi me ofrece mi primo Roger que le lleve un camión lleno con partes usadas de camiones que el habia comprado en new jersey para houston texas, donde el venderia todas esas partes usadas, a un cliente de él que venia desde México en busca de esta clase de partes, y en esa ocacion a la hora que el me propone realizar dicho viaje, yo opto por aceptar, debido a que mi primo me habria ofrecido un buen pago y también comprarme mi pasaje de avion para yo poder regresar rapidamente a lado de mi familia en el estado de Nueva Jersey en avion, es así que cuando se llega el día en que ya mi primo tenia ese camión lleno y listo para partir, eso lo hicimos un día seis de septiembre y todo por el camino nos comenzó a salir un poco bien, el único contratiempo que tendriamos en este viaje, vendria a ser, que como este era un camión algo viejo y al este ir muy lleno de partes muy pesadas, esto hizo que este no desarrollara una velocidad maxima a las 55mph (millas por hora) o sea el equivalente a unos (80 kilometros por hora), siendo por este motivo que dicho viaje, el cual tiene un recorrido que normalmente se hace en dos días, nosotros en esa ocasión terminamos haciendolo en cuatro días, llegando de esa forma a la ciudad de Houston texas el día 10 de septiembre ya muy tarde en la noche.

Luego de llegar a esta ciudad lo que hicimos fue irnos a comer un poco y después de esto irnos a un hotel, para poder descansar lo de el viaje, y es en la mañana de el día 11 de septiembre, que cuando nosotros nos levantamos muy temprano para cada quien darse un buen baño, para después salir a un lugar donde mi primo tendria que recoger otras partes para completarle a su cliente ese viaje.

Lo que nunca nadie se esperaba estaba por ocurrir en ese instante, ya que al momento de nosotros encender el televisor de el cuarto de nuestro hotel, al comienzo de haberlo ensendido, nosotros comenzamos a observar que estan pasando una noticia de ultima hora y la cual se trataba hasta ese momento de un gran accidente en la ciudad de nueva york, donde enseñaban un avion estrellarse sobre una de las torres gemelas, las cuales en ese tiempo eran uno de los simbolos más importantes de esa ciudad y de los edificios más reconocidos del mundo, y lo primero que se podía observar en ese instante, era un avion estrellarse contra una de esas torres, pero lo que sucede al momento en que estas señales son tiradas en vivo a todas partes del mundo, es que de repente se ve pasar otro avion que en ese mismo instante también impacta la segunda torre, por lo que es muy fácil en ese momento llegar a la conclucion, que esto no se trataba de un accidente, sino de un fuerte ataque terrorista, siendo esto incluso un comentario que yo haria en ese mismo instante a los que estabamos reunidos viendo lo que ocurria, comentario que no tardaria mucho tiempo en ser verificado, debido a que a unos pocos minutos de esto haber sucedido, el gobierno de los Estados Unidos declara publicamente, que todo esto es obra de un terrorista muy reconocido a nivel mundíal y el cual resultaria ser el lider de una gran red terrorista a nivel mundíal, la cual se caracteriza por ser una red que lleva ataques terroristas de una forma muy sanguinaria, la cual se concentra en realizar ataques terroristas en contra de el gobierno de los Estados Unidos, esto debido a que dicho lider de esta red terrorista el cual lleva el nombre de "Osama Bin Laden", habria trabajado por muchos años para la agencia central de inteligencia, conocida como la C.I.A. por todo el mundo, el que después de trabajar por muchos años para este gobierno, estos lo único que hacen es usarlo y después de ya no necesitar de sus servicios, lo que hacen es despedirlo sin ningún motivo, y comienzan a hacerlo ver como un gran terrorista a nivel mundíal, creando con esto, que este hombre se convirtiera en muy pocos años como el enemigo numero uno de los Estados Unidos, el que a partir de esos días, llegaria también a ser un hombre que tomaria tanto odio hacia dicho gobierno, ya que este a partir de dicho ataque declararia una guerra abierta a el gobierno de los Estados Unidos, siendo esta gran traición lo que este hombre no le perdonaria a este gobierno, por lo que este llegaria a ser uno de sus primeros golpes en contra de el gobierno que lo entrenó unos años antes en toda esta clase de ataques.

Ese día a la hora de nosotros salir de el hotel, yo nunca me imajiné que al llegar a el lugar donde tendriamos que recoger algunas partes usadas para camión de mi primo, al nosotros llegar a ese lugar, vimos como los empleados de ese lugar reaccionaban con mucha tristesa a lo que en ese momento estaban viendo por los noticieros, por lo que al yó ver esto, lo primero que hago es acercarme para preguntarles que era lo que estaba sucediendo, y uno de ellos me dice que pasara para que viera que era lo que estaba ocurriendo, por lo que cuando yó me acerco a el televisor lo que veo es el momento en que una de las torres se desploma totalmente, y que unos minutos después de esta, la segunda también cae totalmente al piso, haciendo esto que en ese momento sintiera una gran tristesa por lo que estaba ocurriendo a pocos minutos de el lugar donde yo he vivido los últimos años, ya que a pesar de yo no compartir el ideal de el gobierno de los Estados Unidos, yo lo primero que pensé en ese instante fue en toda la gente inocente que estaria muriendo en ese momento, ya que se supone que entre los cuerpos encontrados y los desaparecidos, se calcula que fueron casi un total de 3000 personas las que perdieron la vida en dicho ataque terrorista, la cual no tenia nada que ver con la política ni de el gobierno, mucho menos con la de este señor Bin Laden, por lo que al momento de todo esto ocurrir, el gobierno decreta un estado de alerta maxima en todo el país, y una de las primeras medidas que implementaria seria la de paralizar por completo el espacio aereo del país, ya que lo primero que se llego a saber y se comprobó, fue que la forma de efectuar este ataque terrorista, fue que esta red planificó con anticipación, secuestrar muchos aviones de vuelos comerciales y estrellarlos sobre objetivos que le hicieran mucho daño a el gobierno de el señor George .W. Bush, y el motivo de el gobierno de paralizar todo el espacio aereo, fue que todavía hasta ese momento no se sabia el total de aviones que esta gente habria planificado secuestrar para usar como bombas en contra de todos los objetivos planificados, haciendo que este paro aereo durara un promedio de dos días, haciendo esto que como yo tenia un vuelo que tomar ese día, para regresar a Nueva Jersey a lado de mi familia, no quedandome otra alternativa más que la de realizar mi viaje de regreso en autobús, aunque esto me tardaria dos días en llegar, en realidad no tenia otra alternativa, y es después de yo salir de la ciudad de houston texas el día 12 de septiembre que era un día miercoles, yo llego a la ciudad de nueva york el día viernes por la mañana y como el area donde esta la terminal a la que a mi me tocó llegar esta muy cerca de el lugar donde estaban localizadas las torres gemelas, a la hora de yo arribar a esta ciudad, fue muy fácil para mi darme cuenta todo lo que estaba sucediendo con respecto a la recuperacion de cadáveres de ese atentado y también de limpieza por toda el area afectada, ya que me pude dar cuenta al acercarme un poco a la salida de esa terminal, que toda esa area se encontraba completamente contaminada con polvo, el cual seria producido por la caida de estos dos grandes edificios, por lo que después de yo estar de regreso en casa, todos tendriamos que tratar de seguir viviendo nuestras vidas como si nada hubiese ocurrido y esto a pesar de que a los días después de este gran ataque terrorista, ya las cosas en todo el país nunca volverian a ser iguales para nadie, debido a que muchas empresas comenzaron a irse a la quiebra a causa de toda la inestabilidad económica que este atentado creo entre toda la población de todo el país, pero por suerte para mi, en la compañia donde yo estaba trabajando en esos días, esto no nos afecto en nada y después de volver de dicho viaje yo comienzo a trabajar de nuevo, siendo como a un mes después de todas estas cosas que yo vuelvo a tener comunicacion con Dawn, la que en esos días tuvo que ser ella la que tuvo que venir a verme a Nueva Jersey, esto por que en esos días yo me encontraba en una situación, que no me permitia realizar el viaje para yo poder ir a verla, a lo que en esta ocasión que ella viene a finales del mes de octubre, visita en la que ambos comenzariamos a hacer planes para poder en un futuro no muy lejano, llegar a estar más cerca que nunca, por lo que ella me hace saber de sus intenciones de mudarse hacia el estado donde yo vivo, para así poder escapar de los abusos de su esposo y a la vez poder estar cerca de mi, planes los cuales a pesar de yo estar consiente que yo también tenia mi pareja y mis hijas, pero la que a pesar de este tiempo yo sabia que hiciera lo que yo hiciera, ya mi matrimonio yo lo habia perdido mucho tiempo atrás, debido a que después de que mi esposa descubriera ese primer engaño, para ella eso iba a ser algo muy difícil de perdonarme, por lo que yo acepte su plan de mudarse cerca de mi, debido a que en los pocos meses que llevabamos como pareja, yo pude ver en ella que si tendriamos mucho futuro si llegabamos a compartir nuestras vidas como un matrimonio.

Por lo que ese fin de ese año 2001, vendria a ser uno de los fines de año más tristes de toda mi vida, por que a pesar de lo mucho que yo siempre habria amado a mi esposa durante muchos años, y que a pesar de todos los problemás que habriamos atravezado juntos, yo sentia que hasta esos días mi felicidad estaba a su lado, pero lo que yo creo que sentia para esos días no era amor de pareja, sino que amor de cariño, debido a los muchos años de compartir nuestras vidas juntos, siendo así que a principios de el año 2002, todas las cosas comenzarian a tener un gran cambio sentimentalmente que cambiaria mi vida para siempre, esto por que a pesar de toda la felicidad que yo sentia al estar junto a mis hijas y a pesar de todo el amor que yo todavía sentia por mi esposa hasta ese momento, yo muy dentro de mi corazón sentia que algo me decia que no dejara ir esa oportunidad de comenzar una nueva vida a lado de Dawn, esto por que ya mi relación de pareja con mi esposa Georgina se encontraba muy lastimada a causa de mis infidelidades, siendo eso algo muy difícil que ella me pudiera perdonar, y mucho más si yo no estaba dispuesto a poner todo de mi parte para ello, ya que la única persona culpable de todos los problemás que nuestra relación matrimonial y familiar estaba atravezando en ese momento, eran completamente por culpa mia, llegando a ser esto talvéz lo que me impulsó a profundisar mucho más mi nueva relación, esto es talvez por que ya para este tiempo yo no queria seguir viviendo mi vida con mentiras y el continuar haciendole daño a la mujer que para mi era y continua siendo el gran y único amor de mi vida, a la que a pesar de todo lo vivido, sigo amando como desde el primer día en que la conocí.

Por lo que ese fin de ese año 2001 yo lo terminaria a pesar de todo con mi familia, pero más confundido que nunca.

A principios de el año 2002, todo para mi marcha muy bien, pero este año vendria a ser en el que yo comenzaria a vivir muchos malos momentos, debido a mi forma de siempre vestir algo que tenga la imajen de el personaje que más he admirado durante toda mi vida y todo comienza un día que me fui con un amigo a observar un gran desfile que se lleva a cabo todos los años en una pequeña ciudad de New Jersey, la cual se llama Union City y en la que habitan miles de exiliados Cubanos y de los cuales la gran mayoría son gente de las que el comandante Fidel Castro obliga a abandonar el país a finales de los años setentas, de los que también la gran mayoria serian expulsados de la isla por ser delincuentes, prostitutas, asesinos, homosexuales y toda clase de delincuentes comunes que uno se pueda imaginar, y a los que el mismo gobierno Cubano les proporsionaria las embarcaciones necesarias, para que toda esta gente a la que el mismo Fidel Castro les dijera que eran gente que no le servian para nada al país y que por eso les pedía que se fueran de el país lo más pronto que pudieran, autorizandolos a abandonar cuba por el puerto conocido como "El Mariel", llegando a ser de esta forma que los miles de esta gente que lograron llegar a las costas de el estado de la florida en los Estados Unidos, tomarian el sobrenombre de "Marielitos", esto debido a que cuando estos comenzaron a hacer todas sus fechorias en este estado, la gente de todas las otras nacionalidades usaron este termino para distinguir a todos estos delincuentes, viniendo a ser esta la diferencia entre un Cubano llegado por el mariel y los llegados por otros medios, ya que entre estos seria que llegarian a el país los cubanos buenos y los de trabajo, los cuales habrian abandonado Cuba por otras circunstancias, no hechados como todos los delincuentes de el mariel.

Los cuales a un poco tiempo de su llegada a los Estados Unidos comenzaron a hacer toda clase de crímenes, de los que muchos resultarian ser unos crímenes muy feos y jamás vistos en ese país.

Por lo que yo esto lo hice con la intención de yo por primera vez, observar la clase de reacciones que tendria esto para esa gente al ver esa imajen en un lugar público, siendo entonces que en esa ocasión de ese desfile, yo por casualidad en ese mismo momento habia comprado una camisa con la imajen de El Che, y una bandera también con esa imajen, por lo que al momento de iniciar dicho desfile, yo opté por exivir esas dos imajenes, llegando a ser durante este desfile el cual lleva el nombre de "Desfile de la hispanidad", ya que este es en celebracion de el día de la Raza, en el cual participan delegaciones de todos los países que más habitantes tienen viviendo en esta region de este estado, siendo entonces que al este desfile dar inicio, yo comenzaria a recibir diferentes clases de saludos, algunos muy positivos de mucha gente a la que yo podía observar su gran alegria al ver esta imajen, de los cuales muchos me hacian la señal de victoria, otros lo único que hacian era felicitarme por portar esta imajen, pero llegó el momento en que pasarian frente a mi la delegacion de la comunidad cubana y lo que pasaria en ese momento, seria que cuando uno de estos sujetos bien encorbatado se me acerca, este sin motivo alguno comienza a ofenderme con toda clase de insulto vulgar que cualquiera se pueda imaginar, diciendome que cual era el motivo por el que yó estaba en ese lugar exibiendo esa imajen de ese asesino, teniendo yo que responderle enfrente de mucha gente, que El Che era un asesino para él, pero que para mi y para millones de gente alrededor del mundo, él era y sigue siendo un gran idolo y un gran revolucionario, que luchó y dio su vida por ver a todo el mundo libre de el dominio de el imperialismo yankee, por lo que al yo terminar de decirle todas estas cosas, ese señor llegaria a sentirse tan ofendido, que al ver que no iba a poder conmigo en una discucion política, este recurrió a llamar a un policia y decirle que yo le estaba faltando el respeto con estar enseñando esa imajen en ese lugar, a lo que este policia biene y le responde que el que habia faltado el respeto a alguien era el, con haberme hido a reclamar y que él en ningún momento me habia observado faltarle el respeto a nadie, haciendole ver que como estamos en un país libre, yo tenia el derecho de estar en la calle con la imajen que a mi se me diera la gana, todo y cuando estas no ofendieran a la gente de una forma más ofensiva.

Llegando a ser entonces que después de este señor verse ignorado por este agente de la policia, mejor decide marcharse junto a los demás de su grupo, quedando de esa forma como un ignorante y un mal educado delante de toda la gente, siendo ahí que yo comienzo a recibir cierta clase de insultos de parte de algunos, que supuestamente aparentaban ser unos señores muy distinguidos, esto debido a que la gran mayoría de estos, vestian trajes de los que hacen ver a la gente muy formal y educada, pero que tampoco estos evitan que mucha gente que los use resulten ser una gente muy corriente, y mal educada, pero lo bueno despues de todo esto para mi vendria a ser, que entre toda la gran multitud que observo dicho insidente, se me acercaron dos señores Cubanos de edad avanzada, uno de ellos de setenta años y el otro de sesenta, los que al ver la forma en que yo me enfrente verbalmente con ese señor, ellos llegan a el lugar donde yo estoy parado con mi amigo y me comienzan a preguntar primero que de donde soy, por lo que yo les respondo que soy de El Salvador, segundo, estos me preguntan que cual es mi edad, a lo que yo como en ese tiempo tenia 37 años les respondo que 37 años de edad, siendo después de hacerme estas preguntas que comienzan a decirme que ellos habian observado todo el altercado que tuve con el otro señor y que de verdad me felicitaban por la gran valentia, con la que defendía mi ideal y mi forma de pensar, ya que ellos en ese lugar nunca antes habian visto a alguien enfrentarse a esta clase de exiliados de la forma que yo lo hice, llegando ellos en ese momento a decirme que también simpatizaban mucho con los ideales de "El Che Guevara", y que no me preocupara por lo que pudiera pasar durante el resto de ese desfile, por que ellos se iban a quedar a mi lado para acompañarme y defenderme en caso de que se me volviera a acercar Algun otro mal educado como el anterior.

Es entonces que cuando ese desfile terminó, estos señores me invitaron a que tuvieramos una gran conversacion ahí en la calle y para mi en realidad fue un gran honor el aceptar dicha invitacion, ya que esta dio la oportunidad a que a partir de ese día comenzaramos una muy buena amistad, la cual siempre compartiriamos para platicar de diferentes puntos de vista, más que todo de nuestros puntos de vista con respecto a política, por lo que en esa primera ocasión, una de las primeras cosas que ellos me hicieron saber, fue que ellos habian conocido personalmente a El Che, y que ellos fueron testigos de las muchas obras que este hiciera para ayudar a la gente pobre de Cuba en los años después de ellos ganar dicha revolucion, siendo también esta la primera vez que yo escucharia de boca de alguien que de verdad habria vivido en persona, los grandes cambios políticos que en Cuba se vivieron después de la llegada al poder de "Los Barbudos", que es como eran muy popularmente reconocidos todos los miembros de este movimiento revolucionario, que lucharon y ganaron dicha revolución, los que después de tomar el poder tendrian, que recurrir a limpiar el país de gente muy peligrosa de el gobierno derrocado, ya que sino hacian esto, su nuevo gobierno correria el riesgo y el peligro, de en muy poco tiempo estar luchando otra nueva revolución, lo único que esta seria en contra de esa misma gente, a la que ellos dejarian operar libremente, sino se hubieran deshecho de ellos de la forma como lo hicieron, ya que durante los primeros años en el poder, estos tendrian que ejecutar de diferentes formás, pero la más comun fue la de fusilar a miles de esta gente, de las cuales muchos ya habian cometido fuertes atropellos en contra de la población, muchos años antes de la llegada de estos revolucionarios al poder, haciendo esto, que con esta platica que estaba teniendo en ese momento con estos dos señores, corrovorara algo de lo que mucho tiempo atrás habria sacado mi propia conclucion, ya que eso era algo que por logica tendria que ocurrir en cualquier país y Cuba no seria la escepcion, pero la gran diferencia seria que estos exiliados en los Estados Unidos, después de ser comprados por el gobierno de ese país, vendrian a comenzar a engañar a toda la población mundíal que vive en ese país, haciendoles ver que estos no eran revolucionarios, sino que unos asesinos, cosa que mucha gente por su ignorancia, les creian y comenzaban desde esos días a tomarle odio a los dirigentes principales de dicha revolucion, de los cuales los que más sobresalian eran "Fidel Castro" Y " Ernesto El Che Guevara", llegando a ser estos los dos nombres, que la gente más llegaria a reconocer a nivel mundíal y de los que estos exiliados usarian sus nombres para hacerlos ver como unos grandes asesinos ante todo el mundo, por lo que después de tener esta gran platica con mis dos nuevos compañeros de ideal, yo comenzaria a aprender mucho más de lo que ya sabia sobre la vida de mi comandante, y de que por medio de mis dos amigos, me pude dar cuenta de otro de sus aspectos humanitarios que el tenia, a el que estos señores me dicen que en varias ocaciones observaron, que a el se le acercaron algunas personas humildes, de las que talvez en esos días no contaban con un lugar digno donde vivir, y las cuales al tener la oportunidad de tener a "El Che", frente a ellos, le pedían que si les podía ayudar, para poder conseguir los materiales para construir una vivienda más digna para su familia, a lo que estos dos señores me dicen haber visto con sus propios ojos, que lo que El Che habria hecho en esas ocaciones, fue que el ordenaba todos los materiales necesarios para dicha construcción, y que ya al tenerlos en el lugar donde se necesitaban, el mismo era el que se encargaba de comenzar dicha obra y que el trabajaba mano a mano con todos los especialistas en construcción, para así el mismo asegurarse que esa familia quedara satisfecha con su nuevo hogar.

Otra de las cosas que yo llegaria a aprender con estos señores, fue los aspectos políticos que vivio Cuba después de la revolución, ya que muchas de las cosas que la gente exiliada y principalmente los "Marielitos", hicieron fue a hablar puras mentiras para tratar de desprestigiar ante todo el mundo a el nuevo gobierno de la isla y una de esas grandes mentiras es la de decirle a la gente lo de la gran falta de libertad en ese país, y lo cual es toda una gran mentira, ya que en dicho gobierno toda la población tiene el derecho y la libertad de expresarse y movilizarse libremente y es logico que se tengan ciertas restricciones, debido a que después de la revolucion, el país continuaria siendo asechado por el imperialismo, el cual comenzaria a utilizar a una gran cantidad de estos exiliados, los cuales no son más que unos resentidos sociales en contra de el nuevo gobierno en el poder en la isla, los cuales se prestarian con este gobierno de los Estados Unidos para tratar de desestabilizar politicamente a este gobierno revolucionario, manteniendo así la esperanza de que si esto sucediera, en un futuro formar un pequeño ejército y tratar de ir a invadir esta isla, siendo esto algo que no tardaria mucho en ocurrir, ya que en los primeros meses de el año 1961, el gobierno de los Estados Unidos, encabezados por la C.I.A se dio a la tarea de organizar a muchos de estos exiliados y comenzó a organizarlos y a entrenarlos en la muy famosa Brigada 2506, para así en el mes de abril de ese año mandarlos a invadir Cuba, pero en esa ocasión todo para ellos seria un gran fracazo, debido a que a pesar de toda la ayuda económica y militar que estos invasores recibieron de el gobierno norte americano, este después optó por no ayudarles con personal especializado para esa clase de maniobras, debido a que este gobierno no queria correr el risgo de tener ninguna clase de confrontamiento político con el nuevo gobierno instalado en esa isla, llevando todo esto a que estos pocos hombres que se organizaron para llevar a cabo dicha invasíon, no tuvieran ningún exito al llevarla a cabo, ya que la mayoría de estos, fueron muertos al primer instante que pisaron suelo cubano al momento de querer hacer su entrada por la muy famosa "Bahia De Cochinos", haciendo esto que desde esa ocasión ninguna otra de las muchas organizaciónes anti castristas, que ellos llegarian a formar en los Estados Unidos, volviera a intentar otra clase de maniobras de esta magnitud, llegando a ser después de los años, que conforme dicha revolucion tomo una muy buena posición en el país y con una muy buena organización, que lo único que a estos exiliados les quedaria por hacer, fue lo de comenzar a llorar y a exigirle a el gobierno de los Estados Unidos, que haga algo por supuestamente ayudarles a ellos a liberar a Cuba de este nuevo sistema de gobierno, por lo que el gobierno norte americano lo que hace para mantener a toda esta gente callada, es que este le impone a la isla un fuerte embargo comercial, y lo que este gobierno imperialista haria es obligar a todos los gobiernos de el mundo, a no mantener ninguna clase de negocios con el nuevo gobierno de esa isla, llevando esto a que en muy poco tiempo, la economía de la isla se viniera un poco abajo, pero obligando a este gobierno revolucionario a buscar diferentes opciones para sacar a ese pueblo adelante y de las cuales muchas de estas tendrian muy buenos resultados, ya que después de todos estos cambios, Cuba habria llegado en muy poco tiempo a ser uno de los países, que cuentan con una de la mejor clase de educación de todo el continente, esto debido a que la educación vendria a ser la mayor prioridad de este gobierno, y los resultados de esto tampoco se harian esperar por muchos años, ya que en pocos años, Cuba seria el país con un alto indice de exportacion de doctores de todo el mundo, llegando a contar con muchos buenos doctores a nivel mundíal.

Otra de las cosas más importantes que este nuevo gobierno implementaria, fue de que en todos los rincones de la isla, se dio la orden de que todos los niños tuvieran su alimentacion y toda su educación garantizada desde el momento de su nacimiento, llegando a hacer con esto, que Cuba pasara a ser un país con muy buena educación, por lo que lo haria con el tiempo llegar a ser uno de los países con una de las mejores delegaciones deportivas en todos los eventos que se celebran a nivel mundíal, llegando a ser esta la primera de muchas conversaciones que yo llegaria a tener con mis dos grandes amigos, con los cuales seria mucho lo que yo llegaria a aprender con lo relacionado a la vida de nuestro querido personaje, después de esto una de las cosas que me llenarian mucho de felicidad, vendria a ser la llegada de el cumpleaños numero tres de mi muñequita "Jennifer", con la que yo habria llegado a crear una relación muy estrecha, ya que a pesar de ella ser una bebe, ella para esos días me buscaba mucho y yo sentia lo mismo, ya que compartiamos mucho tiempo juntos e incluso habia ocaciones en las que si yo tenia algún mandado que ir a hacer, era tanto lo que ella insistia por irse conmigo y lo mucho que lloraba, que por fin no me quedaba otra alternativa, más que la de llevarmela conmigo, y lo cual era algo que a mi me llenaba de mucha felicidad, debido a que estando a lado de mi muñequita yo podía sentir la satisfaccion de al menos sentir que ella me tenia un gran amor y que el amor de mis hijas siempre estaba conmigo, ya después de el día de su tercer cumpleaños de mi niña, y el que iba a ser talvez uno de los únicos acontecimientos de mayor trascendencia durante todo ese año para nuestra familia, aun que después de eso las cosas para nosotros nunca volverian a ser iguales, debido a que a comienzos de el mes de marzo y después de muchos días de Dawn estar planificando y buscando la forma de como poder escaparsele a su esposo, ella en esos días me hace saber que ya prácticamente tiene todo listo para mudarse a vivir a Nueva Jersey y me pide en esos días que le ayude a buscar un lugar donde poder llegar para mientras ella se acomoda, siendo a partir de ese día, que yo comenzaria a vivir una vida de muchas mentiras, ya que a una de las primeras a las que recorrí, fue a la de engañar a un amigo de la familia, a el que yo le dijera que tenia a una persona que era soltera y que lo único malo era de que ella era madre soltera y que estaba acompañada por un niño, y que esta muchacha estaba muy necesitada de un lugar donde poder vivir temporalmente para mientras ella encontraba su propio apartamento, pero que si tenia el dinero para pagarle lo que el le pidiera, y es entonces que al yo decirle todas estas cosas a mi amigo, el termina por aceptar y a decirme que le de a esa muchacha su numero de telefono, para así el ponerse de acuerdo con ella, siendo entonces que cuando yo hablo con Dawn y le hago saber que ya le he encontrado un lugar donde poder llegar, ella toma la decisión de dejarse venir para Nueva Jersey el día siguiente, debido a que ya ella tenia todo preparado para esto y no queria perderse esta oportunidad, de poder escapar de quien le habria hecho mucho daño durante muchos años, y es entonces que cuando ella llega el día siguiente con lo poco que se pudo traer de sus pertenencias y con su hijo, yo lo primero que hago es llevarla a donde mi amigo, donde ella comenzaria a vivir desde ese día y al momento de yo presentarsela a este, yo veo que este comienza a comportarse con ella de una forma muy amable, por lo que esto haria que yo me sintiera un poco más tranquilo, debido a que con esto, el nunca llegaria en esos días a tener ni la menor sospecha de que nosotros no eramos amigos sino que eramos amantes y viene a ser entonces que después de ella estar viviendo muy cerca de mi, que las cosas para mi, se comenzaron a hacer mucho más complicadas de lo que yo me las imajinaba, debido a que al yo tenerla a ella muy cerca, esto haria que yo comenzara a tener con ella una relación mucho más estrecha, haciendo con esto que a partir de esos meses yo comenzara a descuidarme y a alejarme mucho más de mi esposa, a la que a partir de esos días, yo comenzaria a mentirle de una forma más descarada que las anteriores, ya que a partir de esta fecha, yo todos los días buscaria la forma de estar a lado de Dawn y este seria el motivo que me haria inventarle a mi esposa todos los días una mentira diferente para poder salir de la casa sin que ella sospechara nada.

Pero las cosas no siempre me iban a salir como yo las esperaba y era logico que Georgina algún día se tendria que enterar y descubrir lo de esa relación, haciendo con esto, que todo el resto de ese año, yo lo continuara viviendo con esa doble vida, la cual yo mismo sentia que no me hacia ningún bien a mi y mucho menos a todas las personas que yo más he amado durante toda mi vida, ya que para las celebraciones de ese fin de año yo comenzé a sufrir en carne propia los efectos de esa doble vida, todo debido a que en la noche de navidad, yo no sabia que hacer, ya que por un lado queria estar feliz con mi familia, principalmente con mis hijas y por otro yo queria estar con quien ya para esos días se habria convertido en mi nuevo amor y la que en un futuro no muy lejano cambiaria mi vida de una forma total e inesperada.

A principios de el año 2003, yo comenzaria a vivir una gran variedad de insidentes con algunos exiliados cubanos, ya que para mi ese vendria a ser un nuevo reto en mi vida, más que todo debido a mi forma de ser y de pensar, siendo esta la de no ocultar lo que siento ni de tampoco negar mi ideal, siendo esta una de las caracteristicas más importantes de todos los que vivimos nuestras vidas como unos buenos revolucionarios, por lo que uno de los primeros incidentes que me tocaria vivir este nuevo año, fue en una ocasión en la que tuve que acompañar a un muy buen amigo, para servirle como interprete en un juzgado y en el que cuando nosotros llegamos a ese lugar todo comenzaria muy bien, pero todo cambiaria a la hora de nosotros pasar frente al juez, ya que como este día por estar un poco frio, yo habria llevado un sueter el cual tiene en la parte de atrás una gran imajen de El Che, con la consigna de "Hasta La Victoria Siempre", y es cuando yo observo que una de las secretarias de ese juzgado se me queda viendo como con una cara de asombro y lo siguiente que esta hace, es irse donde el juez y le dice algo al oido y es después de ella decirle algo, que ese juez procede a pedirme que le de la espalda, para poder ver la imajen que yo traia y es al yo darme la vuelta y este señor ver esa imajen, que este comienza a ofenderme de una forma que yo hasta llegué a creer que talvez ese señor nunca habria hido a la escuela, ya que en ese momento lo que parecia era una persona de la calle y sin ninguna clase de educación, por lo que una de las primeras cosas que este me dice, es que si yo se la clase de asesino que era la persona que yo traia en mi espalda, a lo que yo le respondo que si se quien ese era y que para mi no era ningún asesino, sinó que el era alguien que luchaba por la libertad de todos los pueblos de america latina de el dominio de los imperialistas, siendo al momento de yo terminar de decirle esto, que el comienza a tirarme toda clase de insultos y maldiciones, por lo que yo otra vez le tendria que responder y esta vez decirle que yo pensaba que el era un juez respetable y no el mal educado que estaba viendo en ese momento, y la reacción que yo tuve al instante de decirle esto y de el volver a lanzarme muchos insultos, fue la de ponerme a reir y a taparme los oidos para hacerle saber que no estaba dispuesto a seguir escuchando sus estupideses, y para demostrarle con esto, que yo si soy una persona de educación y que si respeto los derechos de los demás, logrando con esto que toda la gente que se encontraba ahí presentes, se comenzaran a reir muy fuerte por la accion que yo habria hecho, ya que esto hizo ver muy mal y como un mal educado a este señor juez, por lo que después de yo ignorar a este, una de sus secretarias se me acerca y me felicita por mi gran accion, la cual al mismo tiempo me dice que estuvo muy bien lo que hice, ya que yo si le demostré a ese señor tener muy buena educación y que habria logrado que en esa ocasión la persona que pensaba humillarme, resultara ser el humillado, llegando a ser este uno de los insidentes más importantes de todos los que habria vivido hasta esos días.

Después de todos esos insidentes de el año anterior, este año yo tomo la decisión de emprender un pequeño negocio de colleccion de articulos de "El Che", el cual yo comenzaria con diceñar una gran variedad de articulos, entre ellos como siete modelos de camisetas nunca antes vistas en el mercado, también como seis estilos de calcomanias para vehículos, una gran variedad de imanes para poner en el refrigerador y una pequeña colleccion de posters, los que fueron diceñados especialmente por mi con la ayuda de mi ahora novia "Dawn", quien llegaria a ser la única persona que me a ayudado a llegar a tener la coleccion que ahora tengo, por lo que después de yo emprender este nuevo projecto, yo comenzaria a vivir nuevos retos relacionados con esta historia, debido a que a partir de esos días yo habria convertido mi vehículo en una especie de anuncio comercial rodante de "El Che", y este seria el que me haria ser reconocido como él de el "Che mobil", siendo esto algo que me haria una persona muy reconocida por todas partes a las que iba en esos días, lo que también comenzaria a hacer que yo observara y recibiera toda clase de reacciones de parte de la gente en la calle, las que algunas de ellas eran muy buenas y de yo recibir muchas felicitaciones y muchas otras de repudio y odio por parte de gente que odía el simple hecho de ver dicha imajen, llegando a ser una de ellas, cuando un día que yo habria salido de compras a un supermercado con mi todavia esposa Georgina y con mi muñequita Jennifer, lo que nos ocurrió fue que cuando veniamos de regreso rumbo a casa, yo escucho que alguien que venia a un lado de nuestro vehículo comienza a tocar su bocina, por lo que al yó voltear a ver de quien era que se trataba, lo primero que observo es una señora de apariencia respetable y de mucho dinero, ya que el vehículo que ella tenia resulto ser un mercedez Benz de último modelo, pero la que al tiempo de ver la imajen de El Che en mi vehículo, a esta se le revolvio tanto la sangre, que no se aguanto su instinto de persona vulgar y lo primero que hizo al yo voltearla a ver fue enseñarme el dedo vulgar que todo mundo usa para ofender a los demás y comienza a gritarme que !por que si tanto amo a El Che y el comunismo no me voy a vivir a Cuba!, a lo que yo le respondo de una forma muy fuerte " vieja malcriada de nada le sirve traer un auto último modelo y aparentar ser rica, sino sabe ni respetar a los demás ", haciendo esto que esta señora se pusiera muy roja de rabia y que mejor optara por ya no decirme nada y acelerara su vehículo para perderse de mi vista, llegando a ser esta la primera vez que mi esposa me dijera, que eso era lo que me gustaba hacer, andar en la calle peleando con la gente, por lo que yo le tendria que responder, que esa es mi forma de ser y que por la gente yo no iba a ocultar la forma de yo pensar o de sentir con respecto a como yo soy de feliz al no negar mi admiracion por la imajen de el ser humano que yo más admiro y respeto, y que esa clase de gente a mi no me preocupa, ya que los mal educados son ellos al comenzar a ofenderme por el hecho de traer esta imajen, logrando con esto que en esa ocasión ella mejor optara por darme la razon, debido a que ella misma habria sido testigo de los insultos de esta persona sin yo darle ningún motivo para ello.

Otro de los incidentes que más recuerdo de este año también fue, el que un día que yo habria acompañado a mi esposa Georgina a ver a su doctor, ocasión en la que también estariamos acompañados de nuestra princesita "Jenni", a la que yo me tendria que encargar de cuidar mientras Georgina era atendida por su doctor, por lo que yo hice ese día para no sentirme aburrido mientras esperabamos, fue esperar en mi automóvil escuchando un poco de música, siendo en el rato que estamos ahí esperando con mi niñita, que apenas en ese tiempo contaba con cuatro años de edad, cosa que a este señor no le importó, ya que este se acerco para reclamarme el por que de traer la imajen de El Che en mi vehículo, pero este se acerca diciendome de una forma muy vulgar y arrogante, como si en realidad el hubiese sido el encargado de andar por las calles diciendole a la gente lo que pueden y lo que no pueden hacer o usar, siendo en ese momento que yo le hago saber que yo soy una persona libre y que puedo hacer de mi vida lo que se me de mi regalada gana y que traer esas fotos de El Che en mi vehículo es algo de mucho orgullo para mi persona, debido a que ese si fue un hombre que luchó hasta su último segundo de vida, por defender sus ideales y que no era como muchos que a la primera oportunidad, son capaces de venderse a las garras de un gobierno autoritario, que lo único que hace es darles un pequeño apartamento y comida de gratis, para así tenerlos pregonando por todo el mundo lo bueno que es el gobierno imperialista de los Estados Unidos, cuando la realidad, es que este gobierno lo único que hace es usarlos como titeres ignorantes que en realidad es lo que estos son, siendo después de decirle todo esto, que este señor explota contra mi con toda clase de insultos muy ofensivos y vulgares, no importandole que mi niñita estuviera ahí presente, haciendo esto que al yo comenzar a recibir todos sus insultos, mejor optara por amenazarlo diciendole que sino se retiraba de mi vista en ese mismo momento, yo le iba a llamar a la policia y que lo iba a acusar de asalto verbal agravado, haciendole saber al mismo tiempo que el era una de las personas cubanas de las más ignorantes con las que yo me habria cruzado en mi camino, esto debido a que en todas las ocaciones que tuve alguna discucion política con muchos de ellos, yo nunca recuerdo haber llegado a el extremo de llegar a tratar vulgarmente a nadie, y esto era algo que yo no iba a permitir que este lo hiciera frente a mi niña, siendo esto lo primero que yo le habria advertido que seria lo primero que le iba a decir a la policia, logrando con esto que este señor se retirara de mi vista de una forma muy rapida y dejando ese altercado en el olvido.

Otra de las cosas más importantes que sucede en los primeros meses de este año, es que la relación que yo habria comenzado con Dawn de una forma informal y sin futuro, ya para estos días se habria convertido en una relación muy seria, debido más que todo a que después de algunos meses de ella estar viviendo cerca de mi, ambos comenzamos a sentir que no podíamos vivir separados el uno del otro y que siempre nos gustaba estar mucho tiempo juntos y tampoco podíamos vivir mucho tiempo alejados, por lo que biene a ser en el verano de ese año, que al yo comenzar a recurrir a demásíadas mentiras y de tener que inventar cada día una excusa a Georgina para poder salir e ir a verme con Dawn a el lugar donde ella se encontraba viviendo, y una de ellas fue la de todos los días decirle que tenia que ir a un desguezadero de carros a buscar unas partes para mi carro, pero todo se me comienza a poner muy difícil, debido a que todo esto le comenzaria a despertar a mi esposa mucha sospecha, más que todo con la frecuencia con que yo comenzé a salir desde esos días y aparte de la frecuencia, lo que a ella le comenzaria a despertar mucha sospecha seria el descaro con el que yo lo hacia, ya que para esos días, casi todos mis amigos sabian lo de mi nueva relación con esta mujer.

Por unos meses las cosas para nosotros continuarian de una forma muy normal, Siendo en este mismo verano de el año 2003 que yo comenzaria a vivir mi vida de la forma en la que yo decido comenzar a recopilar toda la historia para escribir este libro, el cual yo tomaria la decisión de titularlo "Tras La Sombra de El Che Guevara", debido a que apartir de este mismo verano, yo comenzaria a profundisar mis estudios y también a ampliar mi coleccion de articulos relacionados con la vida e historia de "mi comandante", llegando a ser que a partir de esos días, que para mis amigos yo tomaria el sobrenombre de "El Che", esto debido a que apartir de ese año, esta habria llegado a ser la forma de ellos referirse hacia mi persona, pero en el mes de julio de este año, también mi vida tendria el cambio más grande que yo jamás hubiese imajinado, ya que en ese mes Georgina por motivos muy obvios y por un gran descuido que yo habria cometido, descubre lo de mi relación con Dawn, ya que en el lugar en el que ella estaria viviendo durante todos esos meses, esta persona a la que yo le pedí ayudarla, era un muy buen amigo de Georgina y el cual ya en esos días yo creo sabia lo de nuestra relación, y al él haber intentado hacer que Dawn le hiciera caso a el para llevar una relación y al ella rechazarlo en varias ocaciones en las que este le hizo cierta clase de insinuaciones, este al sentirse rechazado por esta mujer y al sentirse humillado, lo primero a lo que el recurre es a decirle a mi esposa Georgina las sospechas y los rumores que el sabia respecto a lo de nuestra relación, siendo esto algo a lo que mi esposa no pudo esperar por mucho tiempo en comprobar y lo primero que hace, es ir a pelear conmigo de una forma verbal muy fuerte, hasta que llego el punto en que yo no soporté más y termine por decirle toda la verdad, siendo esto algo que yo no podria negar ni ocultar por mucho tiempo, debido a que era demásiado el dolor que yo le estaria causando en ese momento a quien nunca en la vida se lo merecia, por lo que opté mejor en ese instante, en decirle toda la verdad de lo que estava sucediendo, para así terminar de una vez por todas con esa gran mentira, haciendo todo esto a pesar de yo amarla mucho a ella y de no tener ninguna intención de separarme de su lado y mucho menos la de alejarme de mis hijas, por lo que al momento de yo decidírme a decirle a ella toda la verdad en ese instante, esto yo lo hago con la intención de ya no lastimarla más y esto a pesar de yo saber que talvéz ya esta vez ella nunca me lo iba a perdonar, pero a la vez yo lo habria hecho con la intención de buscar la forma de definir mis sentimientos, debido a que por un lado yo sentia y siento hasta la véz un amor muy profundo por mi esposa, pero por el otro lado, yo no sentia el poder evitar esa necesidad de tener a esta otra mujer a mi lado, de la que desde esos meses me habria llegado a enamorar de una forma prácticamente inevitable, Siendo entonces que al yo decirle a mi esposa toda la verdad, lo primero que ella hace, es comenzar a llorar de una forma que me dolio tanto, que hubiese sido capaz hasta de dar mi vida por evitar darle ese gran dolor, como yo estaba muy conciente de lo difícil que se encontraba nuestra relación de pareja, yo en realidad con todo el dolor que me causaba el ver sufrir de esa manera a el gran amor de mi vida por mi culpa, lo único que yo sentia en ese instante, es de que era mejor que los dos sufrieramos las consecuencias de mis actos de una vez por todas, y ya no tener que seguir viviendo una vida llena de muchas mentiras, por lo que un tiempo después de ya haberle dicho toda la verdad a Georgina, ella viene y toma la decisión a pesar de sentirse muy dolida por mi nueva traición y me propone que si yó la amo tanto como siempre se lo habria demostrado durante todos los años de vivir juntos, y después de estar compartiendo toda una vida juntos, ella me pide que se lo demuestre una vez más, confrontando frente a frente a ella y a "Dawn", y que le dijera que ya no queria saber nada de ella, por que a la que yo amo es a mi esposa, pero esto para mi seria algo que para mi era una exigencia de ella y no lo que yo en realidad estaria sintiendo en mi corazón, ya que en ningún momento estaria dispuesto a hacerle ningún desaire ni a una, ni a la otra, esto era por que ya para mi todo ese daño estaba hecho y yo estaba muy conciente que aun que en ese momento yo hubiese escojido el quedarme a lado de mi esposa Georgina, yo sentia en lo más profundo de mi Corazon, que yá nuestra relación habia llegado a su fin y que si yó me quedaba a su lado, esto no iba a ser por mucho tiempo y que yo no tardaria mucho tiempo en volver a buscar a otra mujer para volver con los mismos engaños de antes, por lo que al ella tratar de hacer que yo las confrontara a las dos, yo mejor tomaria la decisión de pedirle a Georgina un periodo de tiempo, para yo tomar una decisión y definir con quien de las dos yo queria continuar viviendo los siguientes años de mi vida, pero esto seria algo que no llegaria a ocurrir, ya que a dos semanas de todo esto haber ocurrido, Georgina de repente toma la decisión de pedirme que abandone nuestro hogar, por que ya ella no esta dispuesta a seguir viviendo con mis engaños, siendo esto algo que ella me pide de una forma, en la que yo sabia que ella estaba con el corazón hecho pedasos, debido a todos los buenos momentos que habiamos disfrutado juntos en los casi 20 años que duró nuestro matrimonio, y es en ese momento, que ella me dice que esta vez ella no estaba haciendo esto nomás por sentirse dolida, debido a que esta vez yo si ví en ella una total determinacion de ponerle fin a nuestro matrimonio, a causa de la varias ocaciones en las que ella sabia que la habia engañado, pero que el motivo de haberme perdonado en esas ocaciones, fue por que en esas ocaciones ella si habia visto que yo estuve muy arrepentido por lo sucedido y que en todas esas ocaciones, yo si traté la forma de recapacitar de todos mis errores y me alejaba de esas otras mujeres sin ningún remordimiento y sin llegar a causarle mucho más daño a ella.

Es así que cuando yo veo que en esta ocasión ella esta muy segura y determinada a votarme de nuestro hogar, yo también tomo la decisión de ya no pedirle perdon ni mucho menos otra oportunidad, ya que para este tiempo, yo prácticamente tenia todo listo para mudarme a vivir con la que llegaria a ser desde esos días la segunda mujer con quien yo llegaria a compartir mi vida y con la que yá para este tiempo, yo sabia que en realidad teniamos muchas cosas en comun, por lo cual esto me hacia tener la esperanza de volver a rehacer mi vida con una persona que al menos en esta ocasión compartiria los mismos intereses de la vida que yo, y que también llegaria a ser la pareja buena y comprensiva que yo tanto necesitaba tener a mi lado en esos momentos, es entonces que cuando por fin se llegó el momento en que yo tendria que abandonar mi hogar, lo que más a mi me llenaria de dolor vendria a ser, el yo tener que decirles a nuestras hijas lo de nuestra decisión, debido a que eso era algo que los dos habiamos acordado dejar para último minuto, por causa de lo mucho que a ellas les iba a doler el llegar a saber lo de nuestra separación, pero como yá todo era inevitable, se llegó el momento de yo tener que darles a ellas una explicación muy concreta y directa de lo que estaba sucediendo y por lo que al yó hacerles saber esta noticia, mis hijas rompen en un llanto tan inconsolable que fue lo que en ese momento más me partiria el corazón, por el hecho de saber que todo este sufrimiento familiar seria a causa de todos mis engaños, pero todo lo bueno de esto vendria a ser, que como mis dos hijas más grandes "Joanna" y "Cristina", ya para este tiempo estarian grandes y ya casi alcansando la mayoría de edad, eso hizo que a la hora de yo explicarles todo lo sucedido, ellas llegarian a comprender que en realidad era mejor que yo me marchara de el hogar de una vez, para así no tener que continuar viviendo una vida de mentiras a lado de su madre como lo habia estado haciendo en los últimos años.

Fue entonces que después de yo tener esa larga conversacion con mis hijas, en la que a la vez les haria saber, que nunca estaria dispuesto a alejarme de su lado y que siempre iba a seguir con todas mis responsabilidades correspondientes como padre, que ellas me hicieron también saber que me querian mucho y que pasara lo que pasara, también ellas siempre iban a quererme como su padre, llegandose después de esto el momento más difícil de toda mi vida, y decido abandonar mi hogar con mi ropa y un poquito de mis cosas personales más importantes, ya que yo decido hasta el último momento conportarme como todo un caballero con mi esposa y mis hijas, no tocando en ningún momento parte de todas las pertenencias que habiamos acumulado durante varios años, debido a que yo todo eso lo habria comprado con la intención, de que mis hijas vivieran lo más comodas que pudieran y solo por el hecho de yo tener que mudarme, no podía ser un cobarde y tratar de quitarles lo que yo mismo les habia comprado con muy buena intención, dejandole incluso a Georgina la casa que con mucho sacrificio habiamos construido en México, ya que desde el primer momento de tomar la decisión de construirsela, yo esto lo hice para darle a ella una gran prueba de amor y como un agradecimiento por todas las cosas que ella me habria soportado durante todo nuestro matrimonio, haciendoles también a ellas la promesa que a pesar de todo, yo nunca me iba a ir a vivir a algún lugar que estuviera lejos de ellas, para así siempre poder estar pendiente de todas sus necesidades y para que siempre pudieran contar con todo mi apoyo, así fuera moral o económico, por lo que desde el momento de yo mudarme a lado de Dawn, este seria uno de los puntos que yo dejaria muy claro con ella, para así yo tener la oportunidad de siempre velar por el bienestar de mis hijas y principalmente por el de mi muñequita Jennifer, que ya para este tiempo contaba con 4 años de edad, siendo esos los años que yo nunca y ni por ningún tesoro del mundo deseaba perderme de verla crecer, más que todo por lo muy apegada que ella estaba hacia mi desde sus primeros años de vida, más que todo al yo estar viviendo unos días muy dificiles en mi vida, por lo que ella seria la que llenaria de mucha felicidad y alegria mi mundo y mi corazón, para suerte de nosotros cuando yo me mudo a vivir a lado de Dawn, nosotros encontramos un lugar muy bonito a pocas cuadras de donde viven mis hijas, por lo que yo siempre tendria mucho contacto con ellas desde el momento de mi partida de su hogar.

Es entonces que después de yo comenzar mi nueva vida con mi nueva pareja, los primeros días resultan ser muy duros para mi, debido a que comienzo a extrañar mucho a mis hijas y el estar separado de mi esposa por primera vez en muchos años, pero en mi nueva vida las cosas me comienzan a salir super bien, ya que mi nueva pareja resultaria ser para mi una mujer encantadora y muy buena, esto debido a que desde los pimeros días de estar compartiendo nuestras vidas juntos, yo comienzo a observar en ella, que ella comparte muchas cosas en comun con mi ex pareja, en la forma de como tratarme y de cuidarme, ya que para Georgina, yo siempre estaba primero en todo lo que ella hiciera, incluso tratandome desde los primeros días como "papi" a la que también cuando le tocaba salir de compras, en la única persona en que ella pensaba, era en mi, por que yo reconosco fueron miles las ocaciones, que cuando aun ella necesitando algo personal, a esta no le importaba y lo que hacia era venir donde mi con cualquier cosita de regalo en cada una de sus salidas, haciendo esto ella con la intención de hacerme ver lo mucho que me amaba y siendo esta una de las cualidades que más me gustaba de esa maravillosa mujer, llegando a ser estas en su mayoría, unas de las cosas que yo observo en mi nueva pareja, por lo que desde esos primeros días, yo comienzo a sentir que Dios me habria bendecido con al menos ayudarme a caer en muy buenas manos.

Pero después de todo esto, las cosas para mi no serian nada faciles, debido a que ahora que yo tendria una nueva pareja y quedaria con Georgina con una relación muy estrecha, basada mas que todo en la responsabilidad de padres, nosotros a pesar de todo lo vivido por muchos años, continuariamos a pesar de todo manteniendo nuestras relaciones sexuales por un periodo de casi dos años después de nuestra separacion, lo cual vendria a ser algo que a ninguno de los dos nos daria ningún beneficio, ya que esto lo que haria, seria que talvéz ambos siempre mantuvieramos la esperanza de talvez algún día volver a estar juntos, y lo cual a estas alturas de nuestras vidas, seria ya algo prácticamente imposible que pudiera suceder, debido a todos los años de mentiras y traiciones en los que yo estuve viviendo a su lado, por lo que después de este tiempo mejor ambos tomamos la decisión de poner fin a nuestras relaciones sexuales, lo cual fue algo que nos ayudó mucho, ya que después de unos días de terminar con ellas, nosotros comenzariamos a llevar una bonita relación de ex parejas y como unos muy buenos amigos, esto debido a que lo teniamos que hacer para el bienestar, tanto de nosotros, así como el de nuestras hijas.

Fue entonces que después de todos estos problemás vividos durante este año 2003 y lo de nuestra separacion, esa navidad yo decidiría pasarla junto a mis hijas y mi ex esposa, para así tratar al menos de compartir estos días tan especiales para estar en paz y armonia con los seres que uno más ama en su vida, la cual si pudimos pasar con mucha felicidad, más que todo por poder estar todos juntos, a pesar de todo lo vivido durante todo el año.

Cuando por fin se llegó el año 2004, este yo lo comenzaria con algunos incidentes como los de el año anterior y el primero de este año, seria que cuando yo tengo que ir a hacer un mandado a la avenida Bergenline de Unión City, lo cual se trataba de que yo tendria que ir a arreglar unas cosas relacionadas con el seguro de mi automóvil y cuya oficina esta localizada en este poblado en el que viven miles de exiliados cubanos y en la que incluso el mismo alcalde es cubano, ciudad que en esos días también fuera sacudida por un fuerte escándalo de corrupción policial, debido a que la mayor parte de esta gente en la alcaldía son cubanos, los que creyeron poder comenzar a actuar corruptamente en este país sin ser descubiertos, pero el gusto de estas acciones no les duraria mucho, y estos en muy corto tiempo, fueron fuertemente investigados por el F.B.I, poniendo a mucha de esta gente en la carcel y volviendo esto a dar una muy mala imajen de esta comunidad, la que en muchas veces se a jactado de ser una comunidad muy sobresaliente con su trabajo, demostrando en esta ocasión que ninguna nacionalidad que vive en los Estados Unidos, puede llegar a querer ser más importante que las demás, ya que es muy fácil caer en un acto que pueda hacer quedar en verguenza a toda una misma comunidad, así sea de el país que esta sea, y es entonces que en esta ocasión cuando ya me encontraba en la esquina donde estaba situada la oficina a la que yo me dirijia, en esa esquina me encuentro con un trabajador de esa ciudad que se encontraba barriendo la calle, y como yo en esa ocasión llevaba puesta una camisa de El Che muy bonita que apenas habia comprado, por lo que este señor al verme lo primero que hace es parar de hacer su trabajo y a dirijirse a mi, preguntandome ¿oye chico tu sabes quien es ese gran asesino que traes en esa camisa?, a lo que yo desde el primer instante y sin pensarlo dos veces le respondo, "claro que se quien es y por eso la compre", haciendo esto que este señor que también resultaria ser cubano, se enojara mucho al escuchar mi respuesta, diciendome que como le hubiese

232

gustado verme con esa camisa por las calles de Miami y que si algún día me atrevia a hacer esto en esta ciudad, no tardaria ni un día en que alguien me cortara la cabeza, teniendo yo que responderle que no toda la gente que vive en Miami son ignorantes como el o como muchos cubanos que viven en estas ciudades, y que lo de arrancarme la cabeza estaria por verse, ya que yo no estaria amarrado cuando algún loco exiliado se me acercara, y lo que yo haria en esta ocasión para no caer en la ignorancia de este señor, es seguir caminando hacia el lugar donde yo me dirijia, dejandolo solo con su ignorancia, ya que incluso al ignorarlo, este seguiria con sus insultos hasta que logré entrar a la oficina a la que me dirijia, siendo este uno de los más fuertes altercados que viviria a principios de este año, por lo que el resto de este transcurriria para mi de una forma muy exitosa con lo de mi coleccion, ya que este habria sido el año en que yo talvez llegaria a acumular una gran cantidad de articulos, de los que ahora son parte de mi gran colleccion, y otro de los mejores sucesos con los que atravezaria este año, es que antes de este llegar a su fin, yo volveria a reencontrarme con mis amigos o mejor dicho con mis dos grandes compañeros cubanos, con los que al volver a vernos en esa ocasión, esta vez llegariamos a tener una de las mejores conversaciones que yo jamás haya llegado a tener con otras personas, debido a que en esta ocasión tocamos varios temás referentes a la vida y la historia de nuestro querido comandante "Ernesto El Che Guevara", y en la que el punto principal, seria la forma en que este habria llegado a ser capturado y posteriormente ejecutado, por lo que al principio yo procedo a explicarles a ellos la teoria que existe en toda latinoamerica con lo de la supuesta traición por parte de el comandante Fidel Castro, y a la evidencia que existe de que a la hora de El Che partir de Cuba con su gente, estos habrian llegado a un acuerdo, el cual era de que cuando estos ya estuvieran internados en una de las selvas Bolivianas, ellos recibirian toda la ayuda que necesitarian para iniciar en ese país el movimiento revolucionario que El Che habria planeado, y a lo cual Fidel le habria prometido, que al ya estar en posición el le haria llegar todos los equipos necesarios para dicha misión, y lo que vendria a suceder después de ya el estar en la posición adecuada para recibir toda esta ayuda, es que cuando el comienza a querer tener comunicacion con Fidel, esto nunca llegaria a ocurrir, debido a que nunca llegaron a tener ninguna clase de contacto y seria esto lo que causaria que al verse abandonados en una selva muy espesa y en la que El Che llegaria a sufrir un fuerte ataque de astma y con las reservas de alimentos y medicinas ya por agotarse, a estos no les quedó otra alternativa, más que de sarlir a uno de los poblados más cercanos a la selva, donde el y su gente se encontraban, siendo esta una de las evidencias que existen sobre la traición de parte de Fidel Castro, y todo esto debido a que en el primer momento que El Che y su gente abandonaran Cuba, él lo haria usando una identidad falsa, ya que este viaje lo haria usando un pasaporte con el nombre de Ramon Benitez, por lo que también tendria que haber cambiado su aspecto físico y haber tenido que eliminar su barba y también cortar su pelo, el cual lo hizo completamente a rape y tuvo que usar espejuelos (Anteojos como se les conoce en otros países), y fumar tabaco en pipa para así aparentar ser un hombre de mucha mayor edad, viajando el primero a el país africano de El Congo, donde en unos días al no tener exito en ese país con sus planes, este decide viajar a Bolivia, para intentar en ese país formar un foco revolucionario que lo ayudaria a crear nuevos movimientos en la region latinoamericana, siendo ahí donde nace la duda de esa supuesta traición, ya que fidel Castro seria uno de los unicos que sabria de las intenciones de El Che y que dado a las circunstancias en las que el y todos sus hombres fueron capturados, cuando ya se les terminaron todos los suministros de abastecimiento de medicinas y alimentos y al ya no contar con la ayuda prometida por el comandante Fidel Castro, a estos no les quedaria otra alternativa más que la de salir de esa selva, siendo cuando salen que se encuentran con que ya toda esa area estaba completamente rodeada por miembros de las fuerzas armadas de ese país, los cuales se encontraban en ese lugar en busca específicamente de EL Che y su gente, haciendo esto que cuando El Che es capturado y ejecutado, todo esto despertara la sospecha de que alguien tenia que haber dado la información de el lugar exacto donde estos se encontraban, y como uno de los unicos que sabrian con exactitud el lugar donde el se encontraba, debido a que el único con el que el habria intentado hablar fue con Fidel Castro, por lo que existe la posibilidad que este hubiera jugado un papel muy importante en lo sucedido y llevó a este gran guerrillero a su muerte, pero todas estas son solamente especulaciones de mucha gente, ya que incluso el comandante fidel castro sabe de esto y el mismo llegaria a declarar en más de una ocasion, en la que algunos periodistas le harian esta pregunta relacionada con este tema, a lo que el respondió muy seguro de si mismo, que el no habria tenido nada que ver con lo ocurrido a quien fuera por muchos años su gran amigo y compañero, quien también por muchos años seria su brazo derecho durante y después de la revolucion que los llevo a ambos a obtener la fama a nivel mundíal que ambos adquirieron después de esa gran eventura guerrillera, a lo que incluso el declaró publicamente que solo el tiempo y la historia le daran a el la razon de lo sucedido, es así que al yó terminar de darles esta humilde opinión a estos dos señores con lo referente a este tema, después de esto ellos proceden a explicarme un poco lo que ellos saben con lo relacionado a este tema, y esto es que para ellos que conocieron a El Che en persona y que saben lo inteligente que el era, ellos no creen en esa teoria, debido a que tampoco ellos creen que Fidel Castro hubiese sido capaz de traicionar de esa forma a alguien a quien por muchos años el incluso trataba de hermano, y lo que ellos me explicarian supuestamente, fue que ya a "El Che" lo tenia muy bien vigilado la C.I.A (agencia central de inteligencia), de los Estados Unidos y que estos habrian sido los que se encargaron de rastrearlo hasta que dieron con su paradero y se deshicieron de el de la forma en que lo hicieron, esto debido a que en el momento en que El Che es capturado, estos miembros de las fuerzas armadas Bolivianas reciben ordenes directas de esta agencia de ejecutarlo en ese mismo lugar donde fue capturado, lo

235

cual habria sido en el poblado llamado La Higuera el que esta situado en el area de Vallegrande, siendo ahí donde el y su gente son ejecutados en el interior de la escuelita de el pueblo, por lo que después de estos amigos darme esta explicación, yo llegaria a comprender lo valioso de su información, esto debido a que es mucha la gente en latinoamerica, que no sabe las diferentes versiones que existen referentes a la muerte de este gran comandante Guerrillero.

Después de todo esto las cosas para todos nosotros siguen igual que como terminaramos el año anterior y seguimos manteniendo esa relación de familia mucho más estrecha que antes, y más que todo por estar viviendo cerca, ya que viviendo cerca seria la única forma, en la que yo siempre podria estar muy pendiente de todas las cosas de mis hijas y de asegurarme que estuvieran bien y que nada les hiciera falta, durante todo el transcurso de ese año 2004, todas nuestras cosas familiares siguen en la misma situación, lo único es que durante este año, ya Georgina y yo comenzariamos a tomar conciencia de el cambio que nuestras vidas han dado y tratamos de mantenernos en una muy buena comunicacion, para así estar siempre unidos mas que todo esto lo hicimos por el bien de nuestras hijas, lo bueno es que ya para este tiempo mi vida con mi nueva pareja también comienza a hacerce muy solida, debido a que los dos habriamos llegado a formar una pareja, en la que desde el principio acordamos siempre tratar de mantener una muy buena comunicacion, para así resolver cualquier diferencia que surgiera entre ambos, más que todo por que al comenzar a vivir juntos y de comenzar a platicarnos lo de nuestras ex parejas, ambos comprendimos que eso fue algo que en ambos matrimonios falló y eso fue algo que los dos decidímos usar como un ejemplo, para así hacer que en nuestra relación no llegara a ocurrir lo mismo, ya a finales de ese año y a pesar de algunas cuantas fuertes discuciones que hubiesemos tenido con Georgina a consecuencia de mis acciones, esa navidad la volvimos a pasar juntos con mis hijas, ya que esta era una de las unicas y mejores ocaciones, en las que yo les podria demostrar que aun que yo no estuviera viviendo a su lado, ellas siempre eran las personas más importantes de mi vida y que pasara lo que pasara yo siempre iba a estar a su lado.

Cuando yá se llega el año 2005, en este todas las cosas comienzan muy bien para latinoamerica, debido a que en todo el continente se comienzan a dar los cambios políticos que El Che siempre habia soñado, todo debido a que este año comenzaria siendo todo un exito para todos los partidos abanderados con el ideal socialista y en cuyos cambios políticos el que tomaria la ventaja y aprovecharia dichos cambios para ayudar a impulsar a otros partidos de izquierda en la region latinoamericana, vendria a ser Venezuela encabezado por su presidente Hugo Chavez, quien después de unos años de estar en el poder de este país, llegaria a convertirse en un gran amigo y el aliado numero uno de el comandante Fidel Castro, tomando este desde el primer momento de esa gran alianza, la responsabilidad de apadrinar y ayudar a todos los partidos izquierdistas de todo el continente, para así tratar de en un futuro no muy lejano, llegar a formar un frente político que luchara unido contra los avances imperialistas de el gobierno de los Estados Unidos, después de Venezuela el segundo país que se uniria a este nuevo movimiento de cambio en la region, vendria a ser Bolivia, ya que este mismo año, este país le daria toda su confiansa y apoyo a el señor Evo Morales, quien también vendria a ser el primer presidente de descendencia indigena de esa gran nacion suramericana y el que después de recibir todo el apoyo de su comunidad, la cual es la gran mayoría en ese país, este lograria ganar la presidencia con una victoria muy significativa en contra de los otros candidatos participantes en dicha contienda electoral, convirtiendose este en el tercer aliado político de este nuevo frente socialista, encabezado por el presidente cubano Fidel Castro, por lo que después de este tomar las riendas de este país, lo primero que hace es unirse a el señor Hugo Chavez para de esa forma buscar los medios de unir fuerzas, tanto políticas, así como economicas, para poder ayudar a otros partidos de izquierda de la region que se encuentran en muy buena posición de poder vencer democraticamente a los gobiernos de dichos países y los cuales han estado gobernando dichos países por muchos años, esto debido a que estos siempre habrian recibido todo el apoyo y la manipulacion e intervencion de el gobierno de los Estados Unidos. Es entonces que después de que estos dos gobiernos suramericanos unen sus fuerzas a lado de el gobierno Cubano, todas las cosas a nivel latinoamericano comenzarian desde esos días a dar un gran giro político que ninguno de los gobiernos en turno se esperaban, ya que en muy corto tiempo, el siguiente país que estaria por recibir el efecto de estos cambios, vendria a ser el de Chile, esto debido a que después de tantos años de inestabilidad social y política que este habria vivido durante los años de la dictadura de el ex presidente y militar Augusto Pinochet y que este siempre estuviera cayendo en manos de presidentes que siempre habrian servido a los intereses de el gobierno de los Estados Unidos, y no a los de toda su población en general, esto llevaria a que la ciudadanía entera le volteara la espalda a todos los partidos, cuyos gobiernos nunca le habrian demostrado a la ciudadanía estar luchando por sus intereses y llega a ser todo eso lo que lleva a esta población a optar por la única opción de cambio que les quedaba en las proximás elecciones presidenciales que se llevarian a cabo en ese mismo año, y llega a ser entonces que cuando se llega el día de esa gran esperada eleccion, el pueblo se tira por completo a votar para elegir de forma indiscutida a la candidata por el partido de izquierda de Chile, la que vendria a ser, la primera mujer que llegaria a ganar la presidencia de este país, siendo así que en ese verano de el año 2005, la señora Michelle Bachelet es elegida presidenta de dicho país, ayudando esto a dar mucha más fuerza a la formacion de este bloque socialista y a el que en ese mismo año el señor presidente de Venezuela llegaria a declarar como el comienzo de la "Revolucion Bolivariana", y también nombraria a la formacion de dicho bloque, como el inicio de "El Socialismo De El Siglo 21".

Siendo así que después de todo el exito obtenido por los países miembros de este bloque socialista, ese año llega a ser llamado por algunos periodicos y otros medios de información usando la imajen de El Che Guevara como bandera, como el año del triunfo de la izquierda latinoamericana.

En lo personal para mi también este año vendria a ser muy importante en lo político, ya que para este año yo me encontraria muy avanzado con el projecto de mi coleccion de articulos de "El Che", y con los planes de tratar de formar un club de admiradores, el que también serviría para que yo iniciara con el negocio, que yo tanto habia soñado algunos años atrás, el cual consiste en dedicarme a vender toda clase de articulos de coleccion, por lo que yo desidiera comenzar este negocio, para así dedicarme a estudíar más profundamente todo lo relacionado con la vida de este personaje tan admirado y querido por miles y miles de personas por todo el mundo, siendo así que en el mes de Abril de este mismo año, yo tomaria parte de un gran articulo de primera plana en uno de los periodicos más importantes de el area donde yo vivo y en el que mi amigo periodista que decide redactar y publicar dicho reportaje, este escoge hacerlo usando como titulo de este articulo "Pasíon vs Moda", articulo en el que este periodista entrevistaria a varias personas de diferentes nacionalidades y de diferentes clases sociales, para comparar la opinión política de cada uno, haciendo esto que como yo vendria a ser el personaje principal de dicho reportaje y en el que a la hora de yo ser entrevistado, fuera muy evidente mi forma de pensar con respecto a lo que yó pudiera opinar sobre mi manera de ver las cosas, más que todo las positivas que es lo que todos los que admiramos a El Che vemos de el y todo lo que este habria hecho por tratar de cambiar el destino de todos los países de latinoamerica, pero al momento de yo dar mi opinión esto no pasaria a ser más que eso, una simple opinión a mi manera de ver las cosas, ya que para mi, El Che fue un personaje muy bueno y alguien que luchaba por la libertad de los pueblos y por la libertad de la gente más pobre y explotada de todo el continente americano, pero que para otros que tienen otra forma de ver las cosas, este no era más que como lo declarara un señor Cubano al ser entrevistado por este peridista, que para el, este no era más que un asesino a sangre fria y el que se encargaria en esos tiempos de controlar los escuadrónes de fusilamiento, formados por el comandante Fidel Castro en los años después de ganar la revolucion, por lo que después de decir esto, este señor procede a entrar a una tienda donde tenian en exivicion una camisa con la imajen de El Che y lo que este hace es comprarla y prenderla en llamás frente a este periodista, a lo que cuando esto estaria sucediendo, un policia se acerca y pregunta ¿ que es lo que esta sucediendo?, por lo que, lo primero que le responde este señor, es diciendole muy enojado "este fue el que fusiló a mi padre en Cuba", y es ahí entonces que el policia le dice también ser Cubano y que comprendía su enojo, diciendole que el no habia visto nada de lo sucedido, retirandose de ese lugar sin hacerle nada a este señor, a lo que el dueño de la tienda donde este habria comprado dicha prenda de vestir, dijo al preguntarsele sobre lo que el opinaba de lo que ahí acavaba de ocurrir, que gente como este que se hacen llamar cubanoamericanos ! estan locos!, dejando su respuesta nomás en eso, a otra de las tiendas donde este reportero entraria para entrevistar a el dueño con referencia a la mercancia de El Che que estos ahí venden, este le responderia que sí ha tenido muchas confrontaciones con estas personas, y que estos incluso habrian llegado al punto hasta de amenazarlo para que deje de vender esa clase de mercancia, pero que el les habria respondido que si El Che era un asesino, ese era su problema y que a el eso no le importaba, haciendoles ver de esa manera que ahí es una tienda y no un establecimiento de ningún partido político o alguna oficina de gobierno, y que si los clientes le pedían que vendiera camisetas con la imajen de "Osama Bin Laden" que el con mucho gusto se las venderia, dejandolos con esto muy enojados y diciéndoles que ellos no eran nadie para decirle lo que podía o no vender en su establecimiento comercial, en otro de los lugares que este reportero visitaria para entrevistarlos sobre este tema, el dueño en esa ocasión se comportaria de una forma diferente a los demás, ya que este cuando esta gente le hizo saber su version de lo que ocurria con dicha clase de mercancia, este optó por decirles que a partir de ese día el iba a dejar de vender toda clase de mercancia con dicha imajen y que el en realidad no sabia nada referente a la vida o a la historia de dicho personaje, pero que no queria ninguna clase de confrontacion con esa comunidad, siendo estas solo opiniones de personas opuestas a la exivicion de dicha imajen, pero tambien existe la opinión de mucha otra gente por todo el mundo que considera a "Ernesto El Che Guevara" como el último lider revolucionario de latinoamerica, que habria sido capáz hasta de dar su vida para liberar a toda esta gente de el dominio y la explotacion de el gobierno de los Estados Unidos, y para quienes el usar una camisa o una gorra con la imajen de El Che, no es solo una moda, sino una forma muy clara de dejar saber a los demás sus ideales y orgullo de ser buenos revolucionarios.

En el verano de este mismo año, yo volveria a vivir uno de los peores momentos de mi vida como revolucionario, y todo es debido a que en este verano yo decido asístir con mi novia Dawn y uno de mis amigos que tengo que simpatiza con mi ideal revolucionario, un día domingo de ese mes que se llevaria a cabo el desfile de la independencia de Cuba, el cual haria su recorrido sobre toda la avenida "Bergenline", atravezando en este recorrido las ciudades de North Bergen, West New York y terminando en la ciudad de Unión City, por lo que cuando nosotros ese día decidimos asístir a este, yo lo habria hecho con la idea de llevar a rapartir unos volantes que ya habia hecho, donde anunciaba lo de mi negocio de El Che que yo estaba por querer comenzar, por lo que también me llevo unas grandes Banderas para colocarlas a los lados de mi vehículo y para así también poder documentar las diferentes reacciones de la mayoría de exiliados que asístirian a dicho evento, siendo así que cuando nosotros llegamos a ese lugar donde habriamos escojido para esperar que ese evento iniciara, y ya estando en ese lugar, no tardariamos mucho tiempo en comenzar a recibir las primeras reacciones de las personas que al ver la imajen de El Che, a algunos se les podía observar la felicidad que sentian al ver esta imajen y por otro lado también estarian las reacciones de las personas a las que el simple hecho de ver esa imajen, se les podía observar y sentir el gran coraje y odio que esto les causaba.

En esta ocasión una de las personas con las que yo tendria mi primera discucion, vendria a ser una señora cubana, la que desde el primer momento de iniciar nuestra gran discucion, comenzaria por demostrarme su gran educación, ya que al ella comenzar a explicarme lo que ella sentia y sabia con respecto a la historia de "El Che", pero lo más bueno de mantener esta larga conversacion, es que esta estaria basada en el mutuo respeto por la opinión de cada uno, haciendo esto que esa fuera una de las personas más educadas con las que yó me hubiese encontrado durante todo el tiempo y los años que tardaria en recolectar toda la información necesaria para la creacion de este libro, ya que es de esa forma como yo llegaria a obtener la mayor parte de la información que necesitaba para este gran projecto, es entonces que al terminar mi conversacion con esta señora, ambos nos despedimos de una forma muy respetuosa, ya que esa era la mejor forma de yo también demostrarle a ella y a los que se encontraban presentes escuchando nuestra discucion, que yo también soy una persona educada y respetuosa, con la que en cualquier momento se puede entablar cualquier conversacion referente a el tema que en esta ocasión se estaria tratando, es así que después que esta señora se marcha de ese lugar, yo llegaria en ese instante a tener mi primer enfrentamiento verbal con uno de esos señores Cubanos mal educados, el que al momento de ver las diferentes imajenes de El Che frente a el, comienza por preguntarme lo mismo de los otros de las ocaciones anteriores, pero este en esta ocasión, va un poco más lejos y desde el principio me dice que si tanto amo a ese asesino, que por que no me voy a vivir a Cuba, por lo que a mi no me queda de otra, que responderle que ese es mi problema y que soy libre de poder escoger donde vivir y que solo por el hecho de admirar la historia de ese personaje, esto no me hacia ser una persona que no pudiera vivir donde me diera mi regalada gana, y que mi forma de ver a El Che era como un heroe y no como un asesino, y que gracias a su lucha, Cuba pudo llegar a obtener su libertad de la dictadura en la que estaba antes de esta revolución, llegando a ser este comentario que haria a este señor explotar de corage, ya que yo no habria ni terminado de darle mi opinión y el comienza a decirme muchas cosas ofensivas referentes a El Che y que este no habia sido más que un asesino y un ladron, en fin este señor en esta ocasión yo creo que me habria dicho de todo lo que para el hacia de El Che uno de los personajes más asesinos de la historia, por lo que yo tendria que explicarle que su opinión era algo que yo respetaba, pero que ya para mi todo estaba muy claro y que yo admiraba a este personaje, por las cosas que yo sabia que el habia hecho por cambiar el rumbo para el bien de toda la gente pobre de nuestro continente, a lo que el biene y me contesta que el lo único bueno que habria hecho en su vida, seria asociarse con Fidel Castro para apoderarse del poder en Cuba y así comenzar a llevar a la isla a la ruina en que la tienen, siendo ahí que yo le respondo que los motivos por los que Cuba esta sumergida en una crisis económica, es por algo que el y todos sus compatriotas saben muy bien y que a pesar de ellos saber el gran daño que le ocacionan a su gente, estos siguen apoyando ese embargo comercial implantado por el gobierno de los Estados Unidos a cambio de una pequeña limosna que este les brinda y por lo cual se venden para propagar por todo el mundo el odio que ellos tienen por este sistema, que a pesar de todo lo que ha sufrido con este embargo, le ha sabido demostrar a todo el mundo que cuando un pueblo se encuentra unido, no hay nada que impida que este pueda sobrevivir a cualquier atropello y a cualquier ataque impulsado por los enemigos de la verdadera libertad, haciendole yo a este señor la pregunta de que si el me puede dar una explicación con respecto a lo que a llevado a el gobierno a cargo de la isla a la miseria en la que se encuentra, respondiendome él, que lo que tiene a esta isla así es por la clase de gobierno que esta en su poder, siendo ahí que yo le pido que se ponga a pensar en el gran daño que a esta isla le han causado los más de cuarenta años de ese embargo y que ellos a pesar de saber todo el gran daño que este le hace a su gente, aun así continúan apoyando y aplaudiendo esta semejante canayada, y es al yo decirle estas cosas que este señor mejor opta por cambiar el rumbo de nuestra conversacion política a una de insultos verbales que era como el habria comenzado desde que vio dichas imajenes en mi vehículo y que esta era una de las unicas formás de defenderse de el y muchos de sus compatriotas, haciendo esto que al yo comenzar a escuchar las ofensas que este personaje habria comenzado a lanzar contra mi persona, yo mejor optaria por poner fin a dicha discucion, diciendole a este que él ya era un señor de edad avanzada y que el era uno de los más indicados para dar un buen ejemplo a los demás , si se pudiera comportar como un señor de respeto y no como el vulgar callejero que estaba demostrando ser en ese momento, por lo que cuando yo termino de decirle estas palabras, esto haria que este buscara otra forma más ignorante de defenderse y esta fue que el en ese mismo instante sin que nosotros nos dieramos cuenta, lo que hace al retirarse un poco de nuestra vista, es llamar a la policia y le dice que nosotros estamos en ese lugar buscando la forma de crear un disturbio público, pero lo que llega a suceder al momento que un policia llega a observar nuestro comportamiento a el lugar donde nosotros nos encontrabamos, es que ahí no estaba ocurriendo nada de lo que este señor les habria dicho, esto debido a que yo lo que hacia, era tomar la opinión de una sola persona a la véz y nunca respondía con insultos a nadie de los que me ofendían, haciendo esto que cuando este policia se acerca a observar lo que nosotros estabamos haciendo, este no encuentra nada malo en nuestro comportamiento y mejor opta por retirarse de ese lugar sin decirnos ni una sola palabra, ya que este no encuentra ningún motivo por que hacerlo y es cuando el se retira, que este señor regresa donde nosotros nos encontrabamos y comienza de nuevo a amenazarnos, diciendonos que no se va a quedar tranquilo, hasta ver que nosotros fueramos hechados de ese lugar por la policia, a lo que yo le respondo que eso no me asusta, por la simple razon de que nosotros no le estamos faltando el respeto a nadie, como el lo estaba haciendo con nosotros, y es al yo decirle esto que el decide retirarse, pero no antes hecharnos una y mil maldiciones, las cuales yo tendria que ignorar para no caer en sus provocaciones, por lo que cuando este se retira, nosotros comenzamos a recibir las opiniones de algunas personas de diferentes nacionalidades, como la de una joven pareja mexicana, que cuando la muchacha observa una de las banderas, se nos acerca y me pregunta ¿de donde sacastes esa bandera de El Che tan bonita?, a lo que yo le respondo que esa habria venido desde la ciudad de puebla en México, poniendose ella muy alegre y comentandole frente a nosotros a su novio, que esa bandera le gustaria mucho tenerla en exivicion en la sala de su casa, haciendo esto que también yo me sintiera muy bien al ver que mucha gente tienen al igual que yó, esa gran impresión cuando ven diferentes clases de imajenes con el rostro de este gran personaje, siendo entonces que después de estar hablando con esta pareja, en ese momento se me acerca alguien para darme su opinión respecto a este tema y esta resulta ser una muchacha cubana de unos 20 años de edad, la que al acercarseme lo primero que hace es preguntarme que si yo alguna véz habia estado en Cuba antes, por lo que yo al responderle le digo que no, pero que muy pronto lo hare, es ahí que ella me contesta, que como yo puedo estar dando opinión de un país que no conosco, pregunta a la que yo tengo que responderle, que no es necesario haber estado en un país para conocer su situación, así sea la económica o la política, ya que todo el conocimiento que uno obtiene en la vida es basado a estudios de historia y de escuchar historias de personas, como las cosas que yo estaba escuchando en este momento, por lo que después de que ella me dice que ella nacio en Cuba, pero que sus padres se la trajeron para los Estados Unidos muy chica, pero que ella siempre escuchaba hablar mal a sus padres y a sus familiares de Fidel Castro y de El Che, y que debido a lo que ella siempre había escuchado, ella siempre habria crecido con esa opinión de estos dos personajes, pero en realidad ella no sabia más que eso, de las opiniones negativas de toda su familia y es por eso que para ella, estos dos personajes no significaban más que unas personas malas, por lo que yo le tendria que aconsejar en ese momento, que no es bueno dejarse llevar por lo que los demás le dicen a uno, ya que aun que estas sean opiniones que vengan de sus padres o de su familia, ella no podía creerse de todo lo que le dijeran, debido a que también estos podían estar equivocados, haciendole yo la pregunta de que si ella sabia de la historia de su familia y de los motivos por los que estos tuvieron que salir de Cuba, respondiendome ella inmediatamente que no, teniendo yo que decirle en ese momento, pero sin faltarle el respeto, que talvéz ni ella sabia los motivos por los que sus padres talvéz fueron expulsados de la isla, o las razones por las que ellos salieron de esta, y es ahí que esta muchacha lo último que hace es pedirme una disculpa por su forma de hablarme al comienzo de nuestra conversacion, diciendole yo que no se preocupara por que todos en la vida cometemos cierta clase de errores y muchas veces lo hacemos impulsados por nuestra ignorancia, llegando entonces a despedirnos de una forma muy amigable.

Es entonces que después de hablar con esta muchacha, ya las cosas para mi estarian por tomar otro rumbo y el cual era algo que en ese momento yo no me esperaba, ya que en el momento en que esta muchacha se retira, en ese mismo instante llega donde nosotros un señor Cubano de edad muy avanzada, que desde el momento en que está frente a nosotros, comienza a hacernos una serie de amenazas y a lanzarnos unos fuertes insultos, faltandonos el respeto de una forma muy vulgar, por lo que yo tengo que recurrir a pedirle que por favor se retire de nuestra vista, ya que nosotros no estamos ahí, con la intención de discutir de esa forma tan vulgar con nadie y mucho menos para pelear, pero es después de yo decirle esto, que este señor nos amenaza con llamar a la policia argumentando que nosotros estamos ahí provocando un fuerte escándalo, a lo que yó le respondo que si eso es lo que el quiere hacer que lo haga y que tiene toda la libertad de el mundo para hacerlo y que yo a eso no le tengo ningún miedo, ya que en ningún momento creo haberle faltado el respeto a nadie, por lo que en el momento que yo termino de decirle a este señor todas estas cosas, este señor en ese momento hace como que se retira, pero esta retirada es momentanea, ya que a unos minutos de el haberse perdido de nuestra vista, nosotros de repente vimos llegar como unas cinco patrullas de la policia y los que se dirijieron hacia nosotros, actuando como si nosotros estabamos haciendo algo malo, por lo que proceden más que todo a dirijirse a mi persona, llegando donde mi exijiendome que les enseñara mi identificacion, por lo que yo les pregunto a estos policias el motivo de este atropello, contestandome uno de ellos, que habian recibido una llamada de una persona que les habia informado que nosotros nos encontrabamos formando un escándalo en la via pública, por lo que a mi en ese instante no me quedó más que exijirles y tambien, tuve que hacerles ver a estos, que cual era el escándalo público que ellos habian encontrado a la hora de llegar donde nosotros estamos parados, contestandome uno de ellos que ninguno, pero que esa era la obligación de ellos, llegar a asegurarse que ahí no estuviera ocurriendo nada malo, es entonces que yo procedo a preguntarle el motivo de estarme exijiendo o para pedirme alguna identificacion, haciendo yo esto de una forma muy seria, ya que esa es una de las cosas que yo más llegaria a detestar durante toda mi vida, el hecho de ser confrontado injustamente por agentes policiales, siendo ahí que yo le digo a este policia que como no hay ningún problema, yo no tengo por que enseñarle ninguna identificacion, debido a que en ningún momento ellos me habian encontrado haciendo algo en contra de la ley, haciendo esto que como la mayoría de estos policias eran Cubanos y solo estaban acompañados por uno que era italiano, pero lo malo de esto era que ellos tenian la orden de hacer que nosotros nos retiraramos de ese lugar antes de que pasara por ahí el desfile de toda esa gente Cubana, por lo que al yo no tener la intención de dejarlos ver mi identificacion, es ahí que el policia italiano se me tira, agarrandome de una forma muy violenta y me lleva a estrellar sobre la parte trasera de su patrulla, diciendome que estoy arrestado por revoltoso, a lo que yo le respondo que lo que ellos son es unos cobardes, por que el único motivo de ellos querer expulsarnos de ese lugar, es por que no quieren que mi vehículo con las imajenes de El Che, fuera visto por la gente de dicho desfile, pero que podían hacer conmigo lo que quisieran, pero que mi ideal nunca me lo iban a hacer cambiar y que estaba muy orgulloso de ser un digno representante de el ideal de "El Che Guevara", haciendo con esto que el señor cubano que era el único que les podía haber hecho la llamada mintiendo sobre lo que en verdad estaba ocurriendo, se acercara a la patrulla a insultarme y sin que estos policias hicieran algo al respecto, ya que hasta incluso ellos disfrutaban ver como este señor me decia que era un maldito comunista y que haber si ahora que iba para la carcel, El Che o Fidel Castro me iban a sacar de ella, teniendo yo que decirle a este, que estaba muy orgulloso de ser un comunista y de no ser un arrastrado de los gringos, haciendo esto que al yo responderle esto, estos policias agarraran un gran odio contra mi persona, debido a que desde ese mismo instante, incluso ellos que supuestamente eran los que tenian la ley en sus manos, fueron los primeros en disfrutar la clase de disparates e insultos que algunos ansianos Cubanos me lanzaban frente a ellos y ellos sin hacer absolutamente nada, por evitar que esa gente se acercara a la patrulla donde ya ellos me tenian arrestado antes de llevarme a la estacion de policia, por lo que ya al verme arrestado injustamente, entraria en un estado de nerviosismo y de mucho coraje, por lo que desde ese momento perdí la razon por un buen rato y comenzé a tratar a todos esos policias de ser unos racistas y unos ignorantes, debido a que ellos se comenzaron a dirigir a mi como "El Comunista", por lo que yo les dije que todos eran unos estupidos e ignorantes, por que en todo el país habemos miles y miles de personas con el mismo ideal y que yo no soy ni el primero ni el último comunista en todo el mundo, logrando con esto hacerlos a todos sentir muy mal por su forma de conportarse, siendo ellos supuestamente una gente preparada y educada, y también

248

logrando con esto yo sentirme muy bien, ya que a pesar de estar a punto de ser puesto en una celda, al menos antes de esto, habria logrado con lo que les dije, ponerse a pensar por un buen rato por la injusticia que estaban cometiendo conmigo, pero lo bueno de todo esto para mi, es que yo sé lo malo que estos se van a sentir cuando se den cuenta, que yo todo esto lo hacia con la intención de recaudar toda esa información, para la creacion y publicacion de este libro, por lo que yá yo estaba preparado para cualquier situación que se pudiera presentar, siendo así que a unos minutos de haber llegado a dicha estacion policial y de haber vivido unas series de enfrentamientos verbales, yo por fin soy puesto en una celda, en la que tendria que pasar durante toda la noche y en la que en más de una ocasión fui insultado por alguno de los policias cubanos, los que al referirse a mi persona nunca lo dejaron de hacer como "El Comunista", y también incluso estando en ese lugar, yo llegaria a tener un fuerte altercado verbal con uno de estos, debido a que este no contubo su impulso y esto lo hizo de una forma muy vulgar y de una forma que yo jamás me hubiese imajinado, haciendo esto que yo le tuviera que responder de una forma más vulgar que la de él, para así hacerlo sentir mucho más mal de lo que ya este se sentia con mi simple presencia en ese lugar, por lo que este al escuchar mi respuesta, mejor desidiera marcharse de ese lugar llevandose con el ese gran coraje que mi insulto le habria causado, es entonces que después de 18 horas de yo pasar detenido en ese lugar, yo fui puesto en libertad en la mañana de el día siguiente y con los cargos de conducta desordenada, los cuales yo tendria que pelear en un juzgado, para tratar de hacerle ver a el juez encargado de ese juicio, de la gran injusticia que yo habria sido víctima en dicho desfile, por lo que este juez después de estudíar toda la evidencia, toma la decisión de reducir los cargos a uno de menor importancia, logrando yo con esto mi cometido, el cual era de recaudar toda esa valiosa informacion, como la que logré recaudar con todo lo vivido durante todo ese incidente, siendo este el incidente más serio que yo tendria que vivir durante el transcurso de este año, por lo que el resto de todo este, las cosas en lo familiar serian para Georgina y para mi algo que nos llenaria de muchos recuerdos y de felicidad, debido a que otra vez tendriamos que volver a comenzar con la misión de tener que llevar a nuestra muñequita a la escuela todos los días en la mañana, al igual que lo habriamos hecho con nuestras dos primeras hijas a casi un promedio de trece años de diferencia, las cuales para este año nos darian la alegria de ver uno de nuestros sueños realizados, el cual era el de verlas a ellas graduarse de high school (equivalente a bachillerato en la mayoría de países de latinoamerica), lo que hacia que nosotros nos sintieramos muy satisfechos de poder ver que todos nuestros esfuerzos y sacrificios de padres, por fin nos estarian dando los resultados que tanto anhelabamos.

Otra de las cosas que en ese año nos llenarian de mucho orgullo de padres, fue que antes de ellas terminar ese año escolar y graduarse, también ellas dos, que eran parte de el equipo de atletismo de la escuela secundaria donde estudíaban, equipo de el cual nuestra hija Joanna era la capitan, siendo en este verano que este equipo logra ganar el campeónato estatal, y lo cual era algo que en el ambito deportivo de esta ciudad nunca habia ocurrido, por lo cual esto vendria a ser algo histórico para la ciudad donde vivimos, ya que esta era una hazaña jamás vivida en esta ciudad, lo cual lograria hacer que nuestro apellido quedara registrado para siempre en la historia deportiva de ese lugar, ya que después de ellas haberle dado este campeónato a dicha ciudad, la alcaldía habria decidido hacerles un gran reconocimiento por su merito obtenido y este reconocimiento fue el de instalar a las entradas y salidas de la ciudad unos grandes letreros, en los cuales escribieron "Bienvenidos a Palisades Park, casa de las campeónas estatales de el estado de New Jersey de el año 2005), por lo que después de todos estos acontecimientos de este año, nosotros no podíamos esperar más que tratar de hacer que nuestra unidad familiar se fortaleziera un poco más de lo que ya estaba.

Al llegarse el año 2006, en este año las cosas politicamente para latinoamerica resultan ser otra vez muy buenas, ya que a medíados de este año el Bloque izquierdista formado por Cuba, Venezuela, Bolivia Y Chile, estaria por fortalezerce con el ingreso de dos nuevos aliados muy importantes, uno perteneciente a el area suramericana y el otro a la centroamericana, esto debido a que este año marcaria el retorno a el poder en la república de Nicaragua, de el F.S.L.N (Frente Sandinista De Liberacion Nacional), liderado por el ex comandante guerrillero Daniel Ortega, el cual recupera el poder de esa nacion, después de haberlo perdido a principios de la decada de los noventas, el cual en esta ocasión y a pesar de toda la intervencion de el gobierno de los Estados Unidos, por tratar de todas formás posibles de evitar que este país cayera en manos de este partido político, pero que el pueblo ya cansado de tanta pobresa y corrupción a la que habia sido sometido por parte de los últimos gobiernos, los que no servian más que para enriqueserce ellos mismos y servir de titeres a el gobierno imperialista de los Estados Unidos, no importandoles a la gran miseria que someterian a toda su población, este en estas elecciones presidenciales decide darle la espalda a ese gobierno en turno y toma la determinacion de no dejarse engañar por nadie y da a el partido de izquierda, una segunda oportunidad de demostrarles si en esta ocasión eran capaces de ayudarles a salir de la miseria a la que fueron sometidos por los últimos tres gobiernos, Haciendo esto que desde el primer momento de anunciar el lanzamiento de Daniel Ortega como candidato a la presidencia, este comienze a recibir la mayor cantidad de apoyo de toda la población y él que también es beneficiado con recibir toda la ayuda y apoyo necesario de los países con gobiernos de izquierda ya en el poder, lo cual comienza a beneficiar de una muy buena forma, a toda la gente más pobre y desprotegida de ese país, logrando con esa unidad, que el pueblo fuera el más beneficiado.

Por lo que cuando ya el señor Daniel Ortega gana las elecciones y retoma el poder, todo para su gobierno comienza de una forma muy positiva, así como para todos los demás países miembros de este nuevo bloque socialista., el siguiente país que se uniria a este Bloque es Ecuador, el que también su población toma la determinacion de brindarle todo su apoyo a el candidato de el partido de izquierda, esto debido a la mala administracion de los gobiernos derechistas en los últimos años, los que habrian sumergido a este país suramericano en una pobresa extrema, a el cual terminaron de hundir, cuando uno de sus últimos gobiernos, decide sin motivo alguno cambiar su moneda nacional, implantandoles el dolar americano, lo cual no hizo más que descontrolar la economía de este país, logrando con esto que la población les diera la espalda y decidíeran brindar todo su apoyo a el señor Rafael Correa, ya que para todo este pueblo, este seria el único candidato que para ellos representaba las unicas posibilidades de volver a recuperar la estabilidad económica de el país, siendo así que al llevarse a cabo dichas elecciones presidenciales, este ganaria de una forma muy abrumadora la presidencia de dicho país, sin la necesidad de tener que recurrir a una segunda vuelta electoral y dando esto por consiguiente un nuevo miembro a el bloque de izquierda latinoamericano.

En este mismo año, yo llegaria a centrar mi atención en iniciar un club que se especializara en tener la mayor cantidad de miembros que se dedicaran a coleccionar articulos de El Che Guevara, para así llegar en un futuro no muy lejano a formar el club de admiradores de El Che más reconocido de el mundo y así comenzar a compartir todas las experiencias vividas por todos y cada uno de sus miembros, esto debido a que es muy conocido, que en cada lugar la gente tiene una forma y un punto muy diferente cuando de el tema de El Che se trata, por ejemplo en El Salvador, este personaje es visto como el guerrillero más famoso de todo el mundo, el cual es admirado y respetado de la mejor forma posible, otro ejemplo es el que me diera por internet un ciudadano boliviano, y este es de que en su país, en el lugar en el que se encuentra la escuelita donde El Che fuera ejecutado, este me dice que este lugar se ha llegado a convertir en una especie de santuario, a el cual asísten todos los años miles y miles de personas a rendir tributos a este gran idolo revolucionario, lo mismo me haria saber un amigo argentino, el que me comentó que en su país se ha creado un museo muy famoso que esta situado en la casa donde habria nacido "Ernesto El Che Guevara", el que también es uno de los principales centros de atraccion en la ciudad de Rosario en la provincia de Santa Fe, Siendo todas estas pequeñas notas que yo comenzaria a recibir por parte de muchas amistades que comparten mi mismo ideal respecto con el tema de El Che Guevara.

Ese mismo año 2006, yo seria invitado a tener una muy importante participación en un documental que se estaria preparando con mucha anticipación para ser lansado a todo el mundo en el año 2007, que seria el año en que se celebraria por todo lationamerica el aniversario numero 40 de la ejecución de este guerrillero tan querido por todo el mundo, los cuales comienzan a producir dicho documental visitando muchos de los lugares que el Che visitaria en su vida y en los que dejaria una innumerable cantidad de amistades, Pero el centro principal a visitar es Cuba, ya que es ahí donde el dejaria una huella imposible de borrar, por la cual esta gente decide visitar a la pequeña parte de la familia de el Che que todavía viven en esa isla, asi como a las amistades que aun le sobreviven, como su gran amigo Alberto Granado el cual se radicaria en Cuba para ejercer su profecion de bioquímico, otra de las familias a las que estas personas visitarian con el objetivo de entrevistarlas para la producion de dicho documental, es a la de el señor "Alberto Korda" ya que gracias a esa famosa fotografía que este señor habria tomado, Fue que este personaje logró llegar a ser muy reconocido por todo el mundo y la impresión de su familia seria algo que en dicho documental no podria faltar, siendo así que después de visitar todos los lugares de el mundo que El Che habria visitado, ellos viajan a la ciudad de Miami en el estado de la Florida, para ahí recoger las opiniones de muchos de los exiliados Cubanos de esa ciudad, por lo que cuando ellos estan por terminar su visita a esta ciudad, es que ellos me llaman y me preguntan que si estoy listo para colaborar con ellos en la produccion de este gran documental, a lo que yó sin pensarlo dos veces les hago saber que estoy más que listo y dispuesto a poner lo mejor de mis conocimientos para mi participacion, llegando a ser entonces que al ellos terminar de recolectar toda la información en la ciudad de Miami, ellos viajan de esa ciudad rumbo a la ciudad de Nueva York, para después transportarse hacia mi lugar de residencia, y es entonces que cuando estas personas llegan a el lugar donde yo resido, que lo primero que hacen es comenzar a grabar en video mi automovil, ya que este es lo que a mi más me identifica donde quiera que yo voy, esto debido a las diferentes formás de calcomanias que acostumbro poner a su alrededor, Por lo que después de hacer esto, ellos centran su atención en mi persona, ya que ese día yo usaria una de las camisas más bonitas que tengo en mi coleccion, y la que a ellos les llamaria mucho la atención en el momento de conocernos y de hacer nuestros respectivos saludos, después de esto ellos me piden comenzar mi entrevista en mi casa, siendo así que cuando llegamos a ella, estos se llevan una muy buena impresión, ya que al nomás yo habrir la puerta, ellos comienzan a observar una variedad de posters que yo tengo por todas las paredes, haciendo ellos que yo vuelva a cerrar la puerta para comenzar a hacer su grabacion desde el momento de yo entrar a mi apartamento, comenzando ellos a grabar desde ese momento y es así que desde que yó habro la puerta, ellos comienzan a grabar poster por poster, preguntandome la historia de como y donde yo habria conseguido cada uno de ellos, a lo que yo les responderia con mucha facilidad, debido a que eso es algo que yo llevo muy claro en mi mente, por lo que no seria muy difícil de responderles la prosedencia de cada uno de ellos, pero lo más importante de todo estaria cuando ellos ven la sala de mi casa, ya que ahí es donde yo tengo puesta la mayor parte de mi coleccion, esto debido a que las paredes son muy amplias y esta es una sala super grande y espaciosa como para convertirla en lo que yo la habria convertido, en un museo total de El Che Guevara, quedando ellos muy sorprendidos de ver la gran cantidad de articulos que encontrarian en esa sala, por lo que proceden a preguntarme de donde habia sacado esa gran colección?, teniendo yo que responderles que esa coleccion, es el fruto de diez años de sacrificios, debido a que toda esa gran coleccion, la habria comenzado a crear desde el año 1997 y que a partir de ese año yo me habria dado a la tarea de ir donde fuera por conseguir las piezas que fueran, para así llegar a ser yó en un futuro no muy lejano, el dueño de la coleccion más grande de articulos de El Che en todo el mundo, por lo que al ellos ver todo esto me hacen saber que en ninguna parte de las que ellos habian visitado y que incluso ni en Cuba, habian visto una coleccion tan inmensa como la mia, Por lo que después de estos ver todos los articulos de la sala, yo paso a invitarlos a la recamara que es donde yo guardo una gran coleccion de camisetas, en la cual tengo una inmensa variedad de estilos, los que no se pueden encontrar muy fácilmente en cualquier lugar, es así que cuando ellos terminan de ver la mayor parte de mi coleccion, proceden a entrevistarme y esto lo hacen con una pregunta muy importante, siendo esta, de que ¿cual es mi forma de pensar y de sentir respecto a la historia de el comandante guerrillero Ernesto El Che Guevara?,contestandoles yo que su historia y su forma de haber vivido su vida, son las cosas que yo más admiro de él, pero que lo más importante de todo, es la forma en que el dio su vida por defender su ideal, haciendo esto que ellos me preguntaran en ese momento, que ¿que hubiera hecho yo si me hubiera tocado vivir en los tiempos de El Che?, respondiendoles yo sin pensarlo dos veces, que no me hubiera importado luchar y morir a su lado, ya que con él compartimos exactamente la misma forma de pensar con respecto a la libertad de nuestros pueblos y de como buscar de la mejor manera posible, el liberarlos de la explotacion de el imperialismo a la que estaban comenzando a ser sometidos en esos tiempos, después de esto ellos me hacen la pregunta ¿que de donde me salio la idea de crear esta gran coleccion? a lo que yo les respondo, que eso era algo que habia sentido gracias a la gran admiracion que siempre habia sentido por este personaje y que la idea de crear esta gran coleccion, me nacio después de ponerme el tatuaje de su imajen en mi espalda, ya que fue después de esto, que yo me habria propuesto llegar a ser el dueño de la coleccion más grande de todo el mundo de articulos relacionados a El Che, y que debido a mi gran fanatismo y admiracion, yo habria tomado la determinacion de sacarle muy buen provecho a esta situación y así en un futuro no muy lejano si fuera posible, poder llegar hasta a subsistir economicamente de este negocio, lo cual para mi seria magnifico, ya que así estaria dedicandole más tiempo a la creacion de mi coleccion y recopilando mucha más de la información necesaria para la creacion de este libro, con el cual espero que si todo sale bien y después de vender unos cuantos miles de copias por toda latinoamerica, llegar a organizar una fundacion que se encargue de ayudar a muchas familias en toda america latina que tengan familiares desaparecidos por consecuencia de haber sido secuestrados por las autoridades de sus respectivos gobiernos, siendo yo un sobreviviente de esto, y ya que como yo lo explicaria en mi autobiografia en las paginas anteriores, yo hasta estos días tengo a uno de mis mejores amigos de infancia desaparecido, debido a que desde el día que el fuera secuestrado por el escuadrón de la muerte de mi país, nunca más hemos vuelto a saber que fue lo que paso con el, y yo se que así como yo perdí a mi gran amigo, también muchas familias, no solo en mi país, sino que en toda latinoamerica han vivido las mismás consecuencias que traerian todas las clases de conflictos armados que se vivieron en la mayor parte de países de nuestro continente, tal es el caso de Chile que en los años de la dictadura de el señor Augusto Pinochet, así como también es el caso de el Perú, que en los años de la tirania de el japones Alberto Fujimori, el cual este después de haber cometido muchas barvaridades y muchos crímenes de Guerra en contra de miembros de los grupos revolucionarios "Sendero Luminoso" y de el M.R.T.A (movimiento revolucionario Tupac Amaru), de los cuales existen muchas pruebas y evidencia, que lo acusan directamente en muchas másacres de las que el es señalado como el autor intelectual, y después también de habersele comprobado todo el dinero de el gobierno que habrian usado para cometer muchos actos de corrupción en el país, ya que como lo habria declarado el que en esos días era su brazo derecho el señor "Vladimiro montecinos", el que al verse en una prision de maxima seguridad de el país, no le quedó de otra, más que la de declarar y de acusar como autor intelectual y lider principal de todas estas acciones a su jefe, el cual en esos tiempos en que aun era presidente y el mismo que unos años antes se dirijia a todos los lideres de los grupos revolucionarios " como unos delincuentes y ladrones", resultando después de unos años, ser él el más corrupto de ese país y quien al verse descubierto, lo primero que hace es huir de el Perú hacia Japon, país desde donde el declararía publicamente ser japones y no peruano, para así tratar de evitar algún día ser extraditado a su país, donde le esperaria un largo juicio, en el que al ser encontrado culpable enfrentaria unos buenos años en prision.

Esta es una historia que se repetiria por muchos países de latinoamerica y en la que la mayoría de esta gente se han salido con la suya, quedando todos estos grandes casos de corrupción en la impunidad y de los cuales estos gobiernos hicieron desapareser a mucha gente, de los que algunos eran testigos de estos actos de corrupción y en otros, estos simplemente eran gente comun y buenos ciudadanos, que lo único que hicieron fue organizarce en algún grupo político, para de esa forma luchar en contra de estos gobiernos corruptos, tal como fue el caso de mi gran amigo "Toño", y es por todo esto que espero llegar a realizar este sueño de crear esta fundacion en memoria de mi comandante y así comenzar a encontrar a algunas de las personas desaparesidas, no solo en mi país, sinó que en cualquier país de america latina, donde yo se que existen muchas madres y padres que lloran la desaparicion de más de un ser querido, por lo que cuando yo termino de explicarles todas estas cosas a estas personas encargadas de la produccion de dicho documental, ellos lo que hacen, es felicitarme y desearme todo el exito del mundo con ese projecto.

Después de ya ellos grabar en video todos y cada uno de los articulos de mi coleccion y de ya haber obtenido una pequeña parte de la entrevista que ellos querian documentar, ellos me preguntan que si yo estoy dispuesto a ir con ellos a Union City, ya que ellos sabian de la innumerable cantidad de ocaciones en que yó habria tenido fuertes enfrentamientos verbales con algunos de los exiliados cubanos que viven en ese lugar, por lo que ellos me hicieron saber que para ellos seria muy interesante documentar alguno de esos incidentes, por lo que yo les digo que si acepto hacerlo, para que de esa forma quedara bien documentada la forma de comportarse de estas personas, a los que a la hora de tocar el tema de El Che Guevara o de Fidel Castro, se les olvida su educación y no tienen el más minimo de respeto hacia los demás, fue así que ese día cuando salimos de mi casa, yo decido llevarlos hacia una calle donde yo sabia que no tardariamos mucho tiempo en que uno de esos señores, que después de llegar a los Estados Unidos, lo primero que hacen es olvidarse de su gente en la isla y llegando a este país al día siguiente, ellos mismos comienzan a llamarse Cubano-americanos, siendo así que al nosotros llegar a la calle que yo habria escojido para buscar a uno de estos personajes, no tardariamos ni cinco minutos de haber estacionado mi vehículo y ya teniamos a el primero de ellos, el cual desde el primer momento llega hechandonos unas grandes maldiciones al ver las imajenes de El Che en mi vehículo, y el que por casualidad resultaria ser el mismo señor con el que yo habria tenido un fuerte enfrentamiento verbal unos meses antes, pero esta véz al verme con estas personas, trata la manera de hacerme sentir humillado, ya que al momento de discutir sobre el tema de El Che Guevara, el toma una aptitud muy ofensiva hacia mi persona y comienza hasta por tratarme con unas frases muy vulgares, a las que yo tendria que aprovechar para hacerle ver su gran falta de educación y respeto hacia los demás, pero lo bueno de esta ocasion, seria que yo no estaba solo y yo sabia que esta véz no corria el riesgo de que uno de estos locos me tratara de hechar a la policia, ya que desde el comienzo de nuestra discución, las personas encargadas de producir dicho documental les hicieron ver a todas estas personas, que ellos la única intención que tenian, era la de documentar las diferentes formás de reaccionar de algunas personas cuando de el tema de El Che se trata, y es por eso que después de nuestro primer altercado verbal, este señor comprende un poco lo que en realidad estaba sucediendo, teniendo el que cambiar su forma de hacerles ver su opinión a estas personas, por lo que comienza a explicarles que su odio hacia El Che, es por que este habia sido el que habria participado en el fusilamiento de su padre en un lugar conocido como "La Cabaña", lugar que fuera utilizado por los miembros de la revolucion, para fusilar a todos aquellos traidores de la patria y a muchos asesinos de el derrocado gobierno de el señor Fulgencio Batista.

Por lo que después de el darles la version de lo sucedido a su padre, que estos me preguntan a mi lo que yo opinaba respecto a lo que este señor les acavaba de decir, teniendo yo que responderles, que yo no sabia la verdad de lo sucedido con el padre de él, ni la clase de asesino que talvéz este habria sido como miembro de el gobierno anterior y que para haber muerto fusilado, era por que no era ningún santo, ya que era muy necesario para el nuevo gobierno el deshacerce de toda esa gente, para así evitar que estos se convirtieran en un gran problema en el futuro, lo cual sucederia con muchos de los que fueron expulsados de la isla, los que en muy poco tiempo se organizaron en los Estados Unidos, apoyados por la C.I.A para formar la famosa Brigada "2506", participando todos estos en la fallida invasíon a la Bahia de cochinos el día 20 de abril de el año 1961, teniendo este señor una reacción muy violenta a la hora que yo termino de darles esta explicación, ya que el toma mi declaración como una gran ofensa a la memoria de su padre, teniendo yo que repetirle, que lo que yo estoy haciendo es simplemente cumpliendo con dar una opinión a mi forma de pensar y de ver las cosas, por lo que el vuelve y me continua diciendo que yo soy un comunista, que lo único que hago es apoyar a esos asesinos, teniendo yo que contestarle, que lo de asesinos en este caso es justificable, por que esa es la única forma de terminar con esa clase de gobiernos, haciendole yo a este señor una pregunta muy importante y la cual es ¿que en que guerra no hay muertos y que si el fuera a participar en una de ellas cual seria su intención, sino la de matar a todo el enemigo que se cruce por su camino? respondiendome él de una forma muy ignorante, que el nunca habria participado de algo así, por lo que a mi no me quedó de otra, más que de volverle a repetir que las guerras son para matar y no para ir a dar de besos a el enemigo, lo bueno después de todo esto, fue que ya para todo esto el lugar donde nos encontrabamos se habia convertido en un punto de discucion, esto debido a que cuando muchos de los transeuntes se dieron cuenta de lo que ahí estaba sucediendo, algunos de ellos decidieron pararse un momento y dar su opinión al respecto, algunos de ellos a favor y otros en contra de este ideal, creando esto un ambiente un poco ostil y alto de tono, esto debido a que algunos de los que opinaban en contra de mi forma de pensar, estos lo hacian con un tono muy abusivo, incluso diciendome uno de ellos que si yo tanto adoraba a El Che, que por que no me iba a vivir a Cuba, ya que ese es el lugar donde todo comunista como yo debe de estar, teniendo yo que contestarle a esta persona que no fuera tan ignorante, por que personas con mi misma forma de pensar y de sentir habemos muchos miles en todo el país y que eso no significa que por nuestra forma de pensar, no tengamos los mismos derechos que tienen otras personas con una forma diferente a la de nosotros de ver la vida, otro señor resultó ser el más ignorante de todos los demás, ya que este la única opinión que dio, fue la de decir que los Cubanos son unas personas muy queridas y respetadas por el gobierno de los Estados Unidos, por lo que no me quedó otra más, que de decirle que personas como el son capaces de vender si es posible hasta su alma al díablo y no solo arrastrarsele a este gobierno explotador, siendo entonces que cuando yo termino de decirle todo esto, este señor sale preguntandome lo más estupido que alguien me haya hecho en ninguna de las discuciones anteriores y esta fue la de preguntarme ¿que si yo tengo papeles para vivir legalmente en este país?, teniendo yo que responderle, que si pero que eso no es el punto que esta en discucion, haciendole yo ver en ese instante que esta es la forma más estupida que el escogió para defender su punto de vista referente a el tema en discución, por lo que el procede a insinuarme entre todas las personas ahí presentes, que yo hasta he de ser un indocumentado ilegal, por lo que incluso este lo hace pidiendome que le enseñe alguna clase de identificacion personal, procediendo yo a jugarle una gran broma, debido a que ese mismo día, yo habria comprado en una de las tiendas que visitamos antes de llegar a este lugar, una licencia de revolucionario con la fotografía de El Che y la cual al uno sacar de la cartera, parese que fuera una identificación muy real, pero lo único es que esta licencia contiene toda la información y toda la historia personal de este famoso guerrillero, por lo que cuando yo procedo a entregarle a este señor esta identificacion en su mano, diciendole yó que esa es la única identificacion que tengo en mi poder, y la cual me identifica como revolucionario y un hombre de lucha por la justicia y la libertad, haciendo en ese momento que cuando toda la gente ahí presentes vieron lo que yo le habia enseñado, todos se comenzaran a reir a carcajadas, ya que a todos les gustó mucho la forma en que yo me burle de este señor, logrando con esta broma, que el se enojara mucho más de lo que ya estaba, siendo entonces que después de todo esto y como de una hora de estar en ese lugar y de estas personas haber grabado todo lo sucedido en video, ellos me hacen saber que por ese día ya tenían suficiente y que ya podíamos retirarnos de ese lugar, por lo que cuando nosotros le ponemos fin a toda esa discucion que ahí se armó, yo le hago saber a toda la gente ahí presentes el motivo de toda esa discucion, por lo que muchos de los que sinpatizan con mi ideal, comienzan a preguntarme la forma en que podían mantener contacto conmigo, por lo que al yo ver su gran interes con respecto a el documental y a toda mi coleccion, yo me dispongo a darles a algunos de ellos mis numeros de telefono, para así mantener contacto con estas personas, que después de unos días algunas llegarian a ser grandes amigos mios, procediendo después de esto a despedirnos de toda esa gente y nosotros pasar a retirarnos de ese lugar, quedando de acuerdo con las personas de este documental, de volvernos a reunir el día siguiente, ya que ellos me hacen saber que se han puesto en contacto con unos miembros de una organización de exiliados cubanos, por lo que ellos me piden que los acompañe, para ellos hacernos una entrevista muy importante para su documental, por lo que yo acepto y les hago saber que estoy disponible para colaborar con ellos en todo lo que yo pudiera.

Siendo entonces que en la mañana de el día siguiente cuando ya se estaba por llegar la hora de nuestra reunión, junto con mi novia Dawn nos dispusimos a llegar a ese lugar exactamente a la hora acordada, llevandome yo en ese instante una gran sorpresa al llegar, ya que entre todas esas personas de esta organización de exiliados, se encontraba el señor que más me habria ofendido el día anterior, pero el que en esta ocasión al verme, lo primero que hace es extenderme su mano y me pide perdón y disculpas por todo lo sucedido el día anterior, a lo que el me explica lo exitado que se habria puesto a la hora de esa gran discucion, pero que en realidad no me guarda ningún rencor, por que ha aceptado que yo tengo toda la razon y que cada quien tenemos una forma muy diferente de ver las cosas y eso es algo que se tiene que respetar.

Ese día el tema que estos deciden exponer, era sobre los cientos de hombres que fueron fusilados después de el triunfo de la revolucion, por lo que ellos portaban una gran Bandera con la foto de El Che de fondo, llena con muchos nombres de personas que fueron fusilados bajo el mando de los comandantes Fidel Castro y Ernesto El Che Guevara, a los que esta gente culpa por todos estos asesinatos y los que al comenzar a ser entrevistados, lo único que hacen es poner a estos dos comandantes Guerrilleros como los peores asesinos en la historia de la humanidad, por lo que después de esto ellos proceden a dirijirse a todos los que portan articulos con la imajen de El Che, de ser unos ignorantes, y es después de escuchar esto, que las personas de el documental me hacen a mi la pregunta sobre esa opinión, teniendo yo que defender mi punto de vista y volverles a repetir a estos señores, que todos los fusilamientos ocurridos después de estos ganar dicha revolución, eran muy necesarios para así deshacerse de todos esos asesinos de el regimen de Fulgencio Batista y que ellos en ningún momento podían probar la clase de personas que todos estos eran, pero que este nuevo gobierno en el poder, no podía correr el riesgo de permitir que toda esta gente al vivir, volvieran en un futuro a volverse en una amenaza para la estabilidad del país, haciendo esto que estos señores se sintieran otra vez muy ofendidos y que me acusaran de yo también ser un asesino, teniendo yo que volver a decirles lo mismo una y otra véz hasta hacerlos entender, que ellos tienen una forma muy diferente de ver las cosas, y que todo lo que yo les habria explicado, es simplemente mi forma de ver las cosas y que por logica esta era la forma positiva de yo entender todo lo sucedido, pero que ellos tenian la suya y que eso era algo que yo tenia que respetar, teniendo yo en ese momento que exponerles un nuevo ejemplo y el cual es el más claro que ayuda a limpiar la memoria de el comandante "Ernesto El Che Guevara", y este es de que durante todos los años que este estuvo en el poder junto a el comandante Fidel Castro y que este a pesar de algunos años haber sido presidente de el banco nacional de Cuba y que a pesar de también haber sido ministro de la industria, este al momento de morir, existen muchas pruebas y evidencia de que este a pesar de haber desempeñado estas posiciónes muy importantes, este al morir, muere dejando a su familia completamente en la miseria y que incluso en su carta de despedida, este le pide a el comandante Fidel Castro que si a el le llegara a suceder algo, que por favor le ayude con su familia, siendo esta la prueba más clara de que si este hubiese sido el corrupto y asesino que estos dicen, este hubiese dejado a su familia en una mejor situación económica, quedando todo esto como una evidencia de que este gran revolucionario, luchaba de todo corazón por defender la libertad y los derechos de la gente más pobre y humilde de todo el mundo, Logrando yo en ese momento que esos exiliados por primera véz me dieran toda la razon, ya que después de tantos libros y documentales, este es un punto que nunca nadie ha podido mencionar.

Por lo que después de estos reconocer este punto de vista muy importante, la discucion ese día se volvio mucho más tranquila, esto debido a que a partir de yo decirles todo esto, estos señores llegarian a comprender, que de la misma forma en la que ellos defendían sus diferentes puntos de vista, también yó estaba muy bien informado y que mi punto de vista también lo defendía no solo con palabras, sinó que también con mucha evidencia e información veridica de lo sucedido, logrando con esto ganarme el respeto de estos señores, siendo entonces que después de ese día al todos terminar de dar nuestros respectivos puntos de vista y de que ya las personas de el documental nos hicieran saber que estan muy satisfechos con toda la información obtenida todos nos dispusimos a despedirnos de una manera muy amistosa, ya que incluso a partir de ese día, todos quedariamos como muy buenos amigos con estos señores cubanos, por lo que al terminar mi participacion en este importante documental y de que este fuera uno de los sucesos más importantes de este año, esto debido a que después de este, uno de los últimos sucesos de mayor trascendencia que llegaria a suceder con respecto a la historia de El Che, seria que a fines de el mes de diciembre, la mundíalmente reconocida corporacion llamada "Target", la cual cuenta con cientos de tiendas al rededor de todo el mundo y que en esos días fue forzada a retirar de sus tiendas, por algunas criticas que esta corporacion recibiera de parte de algunos miembros de la comunidad cubana en el exilio, los cuales forzaron a esta gran corporacion a retirar de sus estantes un C-D con la imajen de El Che, ya que esta compañia habria elaborado en esos días dicho C-D con la simple intención de atraer a los admiradores de este personaje, pero que esta se habria dejado manipular por una pequeña parte de esta comunidad en el exilio, los que hicieron creer a esta corporacion, que lo que ellos estaban haciendo era crear mucha inconformidad entre los criticos, que ven a este revolucionario como un asesino y un simbolo de totalitarismo, pero la explicación que "Target" diera a todos los medios de información, fue que ellos habian creado dicho producto con la simple intención de crear un articulo con el propósito comercial y no con la intención de ofender a aquellas personas que opinan diferente a los que si son grandes admiradores de este personaje, y como yo les hiciera ver a unas de estas personas, de las cuales en esos tiempos de mucha comercializacion y explotacion de toda clase de imajenes, ya que otra de las imajenes de los últimos tiempos, ha llegado a ser, la que hiciera muy famosa el señor Al Pacino, en la pelicula "Scarface", imajen que después de más de 20 años de su produccion a llegado a ser una de las prendas que todo joven debe tener y la que incluso esta gente que tanto llora al ver la imajen de El Che en una camisa, talvéz ellos si permiten a sus hijos o nietos usar prendas de vestir con la imajen de "Scarface", imajen que no es más que la personificacion de un narcotraficante asesino, pero que a la hora de hacer dicha critica, estos no ven más aya de su propia ignorancia, esto debido a que lo que El Che pueda representar para ellos, eso no les da ningún derecho de querer hacer que todas las personas en el mundo, que de verdad sienten gran admiracion y respeto por este personaje lo dejen de hacer, esto debido a que para la gente que de verdad admira a este gran icono de la libertad, estos lo hacen por lo que él en vida luchara, por tratar de hacer cambiar el destino del mundo, y que este no cayera en el mundo capitalista como en el que ahora vivimos, ya que todo esto lo único que ha fomentado en toda la población mundíal, es que la gente más pobre y desprotegida tenga cada vez mucho menos oportunidades de sobresalir, esto por que al estos caer en la trampa de el capitalismo y globalizacion comercial, esto los convierte a estos, en la parte de la poblacion con mucho menos oportunidades de crecimiento económico, Debiendose esto a que la mayor cantidad de los productos que son fabricados en el mundo, son fabricados con la única intención de hacer que esta sea la gente que más los consuma y así lograr mantenerlos a estos en la ignorancia de siempre, esto debido a que muchos de estos productos son creados sin importar el mensaje que estos representen, ya que la gran diferencia entre ellos, es habeses que articulos como el de "Scarface", lo que representa para la juventud es violencia y formás faciles e ilegales de ganarse la vida, más en cambio articulos como los de El Che, lo que representan es un gran idealismo de filosofia política, siendo esto algo que la corporacion "Target" no tomó en cuenta a la hora de retirar dicho articulo, ya que esto también nos molestaria mucho a todos los admiradores de este personaje, esto por que esta admiración es por su lucha política y no por la moda que su imajen a creado en el comercio mundíal, por lo que incluso debido a esta gran comercializacion y explotacion de dicha imajen, su familia a decidido luchar por poner fin a esta gran industria de mercancia con la imajen de este famoso Guerrillero, estando esta familia a punto de entablar algunas demandas en contra de compañias a las que ellos creen explotan dicha imajen, sin importarles lo que esta en realidad representa, siendo una de ellas, la mundíalmente reconocida compañia "Swatch" la cual fabrica toda clase de relojes y la que ese mismo año lanzaria al mercado un reloj de puño con la imajen de este personaje, el que se comenzaria a vender por todo el mundo, debido a que este se convertiria en un articulo de coleccion que todo admirador deberia de tener.

Otra de estas grandes compañias a demandar, también seria la mundialmente reconocida fabricante de vodka "Smirnoff", ya que esta usaria dicha imajen en una de sus botellas para promoverla a nivel mundíal, y suspendiendo su produccion al darse cuenta de todos los problemas legales que esto les llegaria a causar, por lo que después de todas estas controvercias que dicho articulo produjo, los representantes de la corporacion "Target", mejor decidieron retirar este articulo de el mercado para así ellos evitar caer en un juego de reclamos políticos por parte de los que estarian a favor y en contra por la venta de esta pieza de coleccion, poniendo ellos mejor fin a esta gran controvercia.

En el aspecto laboral este año, yo lo comienzo trabajando en un negocio que haria durante todo el transcurso de todo este año, el cual consistia en comprar carros en Nueva Jersey y transportarlos hasta la frontera de México y ahí venderselos a personas que bienen desde México en busca de comprar esa clase de vehículos que yo estaba llevando, la ciudad fronteriza que yo escogeria para este negocio, es la ciudad de El Paso Texas, ciudad en la que en muy poco tiempo llegaria a conocer mucha gente, dando esto lugar a que yo comenzara a darme cuenta de las cosas que sucedían en ese lugar y así abrirme camino para llegar a tener una muy buena clientela para mi negocio de compra y venta de vehículos, siendo de esta forma que la mayor parte de este año, yo me la pasaria entre muchos viajes, para así poder de esa manera tener las entradas de dinero que tanto necesitaba, más que todo debido a que en este año, nuestra hija Joanna estaria por comenzar a estudíar sus años de Universidad y los gastos que esto nos ocacionaria, vendrian a exijirnos un poco más de sacrificio para poder solventarlos a tiempo y así no dar lugar a que ella tuviera ningún contratiempo o retraso en sus estudios.

Una de las unicas cosas que no me gustarian de estar haciendo esa clase de negocio, seria que tendria que pasar mucho tiempo alejado de mi familia y más que todo de mi muñequita Jennifer, ya que para estos días ella cuenta con siete años de edad, con la que siempre hasta el día de hoy hemos mantenido una relación de dos seres inseparables.

Haciendo esto que dichos viajes siempre fueran un poquito tristes para mi.

Pero lo bueno después de todo seria él que yo siempre aprovecharia estos viajes de negocios para sorprenderla en cada uno de mis regresos con muchos regalos, para así hacerla sentirse muy feliz y hacer de esa forma que también ella me esperara con mucha desesperación por ver con que nuevos regalos le llegaba en cada uno de mis regresos.

Ya en este año mi relación con Georgina comienza a caer en un estado de mucha discucion, en las cuales el tema siempre seria todo lo malo, hecho por ambos en el pasado y lo que llegaria a hacer que los dos nos distanciaramos mucho más de lo que ya estabamos, dando esto lugar a que ella comenzara a conportarse un poco más exijente conmigo con respecto a lo económico, esto más que todo debido a que al ella no trabajar durante todos los años que estuvimos juntos, ya al estar separados, ella siempre esperaba que yo cumpliera totalmente con todos los gastos de nuestro hogar, cosa que yo a pesar de ya no estar juntos, siempre traté de estar al día con mis responsabilidades, pero al comenzar a aumentar nuestros gastos con lo de los gastos de la universidad de nuestra hija Joanna, seria todo esto lo que llegaria a crear en mi un estado de desesperacion y de mucha preocupacion por poder encontrar la forma de como poder ganar más dinero y más que todo de una forma más rapida y como en todos mis viajes a esta ciudad fronteriza, yo llegaria a conocer gente de las que algunas se dedicaban a diferentes clases de actividades, incluyendo a algunas de estas, que se dedicaban a el negocio de compra y reventa de vehículos usados a lado de territorio mexicano y esto me abriría el camino para que yo me hiciera en muy corto tiempo de una muy buena clientela y que siempre tiviera personas ya esperándome con los vehículos que yo tuviera disponibles para venderles y es durante estos viajes que yo aprovecho a todos los años de estar recolectando toda clase de articulos de coleccion de el che y de también haber recopilado toda clase de información relacionada a los últimos acontecimientos sucedidos con su historia, por lo que a partir de el día 11 de marzo de este mismo año 2007, yo comienzo a escribir este libro, al que yo tomaria la decisión de ponerle como titulo "Tras La Sombra de El Che Guevara", esto basado a la clase de vida revolucionaria que he vivido durante toda mi vida y la cual estoy seguro es compartida conmigo por miles y miles de revolucionarios por todo el mundo, ya que todos nos distinguimos por tratar de conservar, a pesar de cualquier circunstancia o cambios políticos que el mundo este viviendo, nuestro ideal y nuestro espíritu revolucionario.

Es así que en los primeros días de yó haber iniciado estos viajes y de haber comenzado a escribir este libro, por suerte mia a medíados de ese mes de marzo, surge de imprevisto una gran polemica relacionada con información concerniente a los restos de ese famoso comandante guerrillero, debido a que en estos días de repente surge un ex agente de la C.I.A de nombre "Gustavo

Villoldo", el que en esos días reabre el debate sobre los restos de el Che, y como el mismo comienza cuando da su versión de todo lo que aconteció durante los hechos, que en una noche de el mes de octubre en las afueras de la ciudad de Vallegrande en Bolivia, el ayudaria a enterrar secretamente el cadáver de "Ernesto Che Guevara", junto con los cadáveres de dos de sus compañeros, y todo esto el asegura que habria ocurrido en el año 1967, por lo que el relata que esa noche, le cortó un poco de cabello a "El Che" y que anotó todas las coordenadas geográficas exactas antes de hechar los tres cadáveres en una fosa común, el señor Villoldo, quien es un exiliado cubano de Miami y quien fuera contratado hace cuarenta años por la C.I.A, para ayudarles a atrapar a el Che, dice estar contando su historia por primera vez, para decir que los restos de " El Che Guevara" todavía se encuentran enterrados en Bolivia y no en el mausoleo que se encuentra en santa clara que es donde se ha considerado que sea su tumba oficial, y este señor incluso dice estar seguro que de la muestra de pelo en su poder, se puede sacar una muestra de A.D.N de el Che y que dice estar dispuesto a permitir que sea analizado y que el resultado sea comparado con los restos de el cadáver que se encuentra en la tumba de "Santa Clara".

Otra de las cosas que este señor dice, es que para probar lo que el dice necesita de la ayuda de los familiares de "El Che", para también comparar esas muestras de A.D.N y que también necesitaria los permisos de los gobiernos de Cuba y Bolivia, para examinar los que por ahora se cree son los restos de "El Che Guevara".

Aún que todo esto por ahora no es muy probable que pueda suceder, La revelación de este señor lo que hace es añadir más intriga a el gran debate internacional sobre una de las figuras más reconocida de la revolucion cubana.

Debate que comenzaria a fines de la decada de los noventas cuando el gobierno cubano, anuncio con mucha alegria, el haber encontrado los restos del Che en Bolivia y que yá los estaba llevando rumbo a Cuba.

Este señor quien es un granjero retirado de 71 años que ahora reside en miami - dade, asegura que quiere cerrar su circulo personal con el che, a quien el señor Villoldo considera "un asesino a sangre fria" por haber ordenado el fusilamiento de cientos de cubanos, y por ser el hombre, junto a Fidel Castro, de ser los grandes responsables en parte por que su padre cometiera suicidio, y el que dice "no comprender a los jóvenes que creen que El Che merece admiración", ya que para él este no era más que un "monstruo", a lo que el sostiene que los cientos de personas que asisten todos los años a rendir sus respetos a la tumba de el Che en Santa Clara, y a los que el dice estar engañados por el gobierno cubano.

Historia a la que el agrega haber sido uno de cuatro hombres presentes a la hora de sepultar a El Che, y que asegura también ser el único que conoce las coordenadas de el lugar exacto, con lo que considera que esta polemica puede ser aclarada de una vez por todas, ya que el dice que "si el fuera el que estuviera en ese lugar a el le gustaria que sus hijos y toda su familia supieran donde es que esta enterrado", ya que el dice tener ocho hijos y un total de 17 nietos.

Supuestamente existen documentos que antes eran secretos pero que ahora han sido revelados por la C.I.A. además de algunas de las biografias de El Che, que confirman que el señor villoldo estuvo allegado a este caso, y el cual hablo por primera vez de su papel en dicho entierro y comentó su escepticismo sobre el pronunciamiento de el gobierno de Cuba a uno de los periódicos más importante de la ciudad de miami en el año 1997, pero quien dice no haber querido hablar en ese tiempo de la muestra de cabello de "El Che" que tiene en su poder y los que dice estan un poco descoloridos por el sol, ya que asegura tener guardados entre un pedazo de papel, y que tampoco quiso hablar al respecto en el libro que el publicara en el año 1999 el que lleva el titulo de "Che Guevara El final de un mito", y que ademas de la muestra de cabello, también tiene en su poder un album de fotos y el mapa que se utilizó durante la misión para buscar el cadáver de

El Che y sus compañeros guerrilleros, donde también asegura tener las ordenes de su misión y las ultimás huellas digitales que le tomaran a "El Che Guevara".

El señor Villoldo dice no estar haciendo todo esto por dinero, sinó por que quiere que yá se sepa toda la verdad.

Declaraciones a las que todavía el gobierno cubano no ha hecho ninguna clase de comentarios, pero, a los que algunos funcionarios de el gobierno boliviano y algunos científicos argentinos que participaron en la búsqueda de los restos, han reaccionado de una forma muy defensiva, a lo que uno de los antropologos forenses que participó en el descubrimiento de los huesos en el año 1995, y quien declaró a la prensa argentina no tener ninguna clase de duda de que el esqueleto encontrado fuera de El Che, pero que al mismo tiempo declaró, que todo esto lo habian hecho apoyados en las memorias y díarios de los generales bolivianos retirados que ayudaron a localizar los cuerpos y por lo que también aseguran en sus declaraciones, no haber realizado ninguna prueba de A.D.N a dicho cadáver, pero que si encontraron una chaqueta que aseguran perteneció al Che, la cual contenia un poco de tabaco en un bolsillo secreto.

Por lo que esto se consideró como un indicio super importante, pero a lo que el señor Villoldo responde muy claramente en la recuperación de el cuerpo de El Che.

Pero que no estuvieron presentes la noche en que el logro sacar su cuerpo de la morgue de el hospital de Vallegrande, el cual era el lugar donde la prensa internacional se habia reunido tras la noticia de su captura y de su ejecución, a lo que el señor Villoldo piensa que esta expedición de antropólogos encabezada por los cubanos accidentalmente tropezó con otra tumba anónima de guerrilleros ejecutados, ya que otra de las inconsistencias que el ve en este caso es que este equipo de excavación dijo haber encontrado a El Che junto con los restos de otros seis hombres, a lo que el señor Villoldo comenta muy extrañado "que ellos esa noche enterraron a tres hombres o sea al Che y a dos de sus compañeros" y que no puede ser posible que "¿treinta años después, salgan con que en ese

mismo lugar encontraron los restos de siete hombres enterrados?"
!como si los muertos se reprodugeran o se multiplicaran dijo el
en forma de burla!, después de el señor Villoldo también otros
han cuestionado la versión oficial, ya que en el mes de febrero de
este mismo año 2007, una investigación de una revista llamada
"letras libres" la cual es una revista hispano-mexicana muy leida
en europa y en México, la que este mes publicó una historia
titulada " operación la historia de una mentira estatal", en la que
ellos alegan que lo de el descubrimiento de los restos de El Che
fue todo un truco de propaganda montado por Fidel Castro para
que todo esto coincidiera con el 30 aniversario de su muerte y con
esta celebración "reimpulsar el fervor revolucionario de el país",
dice el señor Villoldo que el y El Che desde hace mucho tiempo
compartian un pasado muy poco agradable, y que se conocieron
por primera véz en Cuba a los pocos días de estos haber tomado
el poder en 1959, y que cuando El Che fue nombrado presidente
de el banco nacional, lo primero que haria fue desmantelar todos
los indicios de capitalismo en todo el país.

Siendo para el un objetivo muy importante una distribuidora
de la "General Motors" que era propiedad de el padre de el señor
Villoldo, quien también se llamaba Gustavo, a lo que el dice
recordar cuando El Che le dijo que la empresa de su padre era
una de esas empresas a desmantelar, haciendo esto que esta familia
quedara en la ruina y que debido a lo sucedido, tres semanas
después su padre se suicidó tomando un frasco de pastillas para
dormir.

Después de esto el señor Villoldo dice que pudo escapar y
se fue a miami donde al llegar lo primero que hizo fue sumarse
a la brigada 2506, teniendo participación en la fallida invasión
de Bahía de Cochinos la que fuera muy respaldada por la C.I.A.
Pero que luego de ese fracaso permanecio en esa "agencia," el
señor Villoldo dice en su relato, que en el año 1965 recibio la
llamada de su jefe en la C.I.A y que este le preguntó si estaba
interesado en una misión especial para ir tras El Che en el Congo,
donde este estaria tratando de iniciar una revolucion.

A lo que el dice que respondio sin dudarlo en ningún momento que "si".

Relata el señor Villoldo que a su llegada a este país africano ya El Che habia desaparecido, pero que a fines de el año 1966 El Che reaparece en las selvas de Bolivia, tratando de iniciar en ese país una nueva revolución, y es ahí que el señor Villoldo dice haber sido nombrado jefe de esta operacion junto con tres exiliados cubanos más, acompañados por "Rangers" bolivianos, entrenados por boinas verdes estadounidenses, quienes se encargarian de guiarlos por esa selva, pero es hasta el día 8 de octubre de el año 1967, que durante una breve batalla, que El Che es herido en una pierna y posteriormente capturado, muriendo en esta batalla la mayor parte de sus 50 hombres, después de ser capturado El Che, es trasladado a una escuelita de la aldea conocida como "La Higuera", donde el señor Villoldo dice haberse dado cuenta de la noticia de su captura en el momento en que el llegaba a las oficinas de la misión en Vallegrande, donde el se puso en contacto con los funsionarios de Washington para recibir instrucciones, mientras todos incluyendo a El Che esperaban con inpaciencia las ordenes de la casa Blanca y de el señor presidente boliviano Rene Barrientos Para decidir sobre la suerte y el destino de este famoso Guerrillero.

Un comentario que el hijo de el ex-presidente boliviano hiciera, fue de que El Che cometio un gran error al invadir ese país, ya que en ese tiempo su padre era por entonces el presidente de Bolivia y quien se encargo de dar la orden de ejecución de "El Che" y que este no comprendio que este presidente era muy popular entre los campesinos y que por esto, estos lo ignoraron a la hora de querer convenserlos a luchar en contra de ese gobierno.

Otro de los exiliados cubanos que trabajo con el señor Villoldo en dicha misión, fue Felix Ismael Rodriguez que asegura haber estado junto a El Che en sus ultimas horas en la escuelita de la Higuera, por lo que el señor Rodriguez declaró a unos periodistas de Miami que El Che sabia que su final estaba cerca cuando escucho los disparos hechos por el escuadrón de fusilamiento que ya habrian comenzado con ejecutar a sus compañeros revolucionarios.

A lo que el señor Rodriguez dice que El Che le pregunto ¿van a matarme también? "y que cuando el le respondio que si", el dice recordar que en ese momento "El Che" vomitó.

El día que el cadáver de El Che seria trasladado en avion hasta el hospital de Vallegrande, el señor Rodriguez quedaria afuera de dicha misión, y seria el señor Villoldo el único asesor estadounidense en ese sitio, mientras algunos altos funsionarios decidían el proximo paso, existen algunas imajenes filmadas de ese día en las que se muestra a fotografos, reporteros y a algunos vecinos de ese lugar caminando alrededor de el cuerpo sin camisa, y el que estaba marcado por las balas de "El Che".

Entre una de las mas grandes personalidades que asistieron a observar el cadáver, estaba el presidente de ese país el señor "Rene Barrientos", quien en una ocasión declaró haber tenido sentimientos encontrados sobre la ejecución de "El Che", ya que también su hijo declaró en otra ocasión que su padre nunca quiso matar al Che, más que todo por motivos humanitarios.

Pero que su ejecución habria sido decidida por el alto mando de el país y que a el no le quedo más que aceptar esa orden.

Fue entonces que después de esta ejecución a el señor Villoldo la C.I.A le dio la orden de disponer de el cadáver de El Che y que evitara de la forma que fuera que el gobierno de Cuba lo recuperara.

Por lo que algunos funcionarios bolivianos trasaron un plan para enterrarlo secretamente en una pista aerea que estaba en construcción.

Y es entonces que el señor Villoldo dice que salió equipado con un camión y una excavadora cubierta por una lona y que salio acompañado de tres agentes Bolivianos, y que llegaron un poco después de las dos de la mañana de el día once de octubre de ese año 1967, y que sacaron los cadáveres de El Che de 39 años y a dos de sus compañeros guerrilleros de la morgue y los colocaron en la parte trasera de el camión donde los cubrieron con la lona y se dirigieron rumbo a el aeropuerto en donde se encontraba la pista en construcción, donde el dice que los tres cuerpos fueron lanzados en una foza común que previamente habian abierto, por lo que el trabajo de la excavadora fue el de cubrir inmediatamente ese hueco para que nadie se diera cuenta de lo que ahí habia sucedido, y asegurando el señor Villoldo ser el único que apuntó todas las coordenadas exactas de donde estos tres cadáveres quedaron enterrados, a lo que también el asegura, que ya tenia en su bolsillo una muestra de cabello del Che por que queria tener una prueba en su poder que comprobara que el habia cumplido con su misión.

Estas son declaraciones a las que este señor dijo estar seguro que crearian una gran controversia entre todos los admiradores de El Che, pero como él lo dijera muy claro en su entrevista, que si los restos que se encuentran enterrados en el mausoleo de Santa Clara continúan sin examinarse y la muestra de pelo que el tiene en su poder sin analizarce, nunca se sabra la verdad y que él lo único que desea, es que toda la familia de El Che sepa donde es que de verdad se encuentra enterrado su ser querido, a los que el asegura son los unicos a los que les entregaria las coordenadas para dar con ese lugar.

Siendo entonces que después de este señor dar esta nueva versión sobre lo sucedido con los restos de el comandante guerrillero "Ernesto El Che "Guevara", con esto lo que hizo fue abrir una nueva polémica con respecto a la aclaración con lo que enrealidad sucedio el día de su captura y su ejecución, ya que esta version de lo sucedido ese día, es mucho más diferente a la de 1987 donde estos periodistas relatan todo lo sucedido durante las ultimas 24 horas de El Che.

Ya que en dicho reportaje estos aseguran que El Che fue el primero en haber sido ejecutado y no sus compañeros como lo dice este señor en sus declaraciones, y tambien mas que todo que los restos de este si fueron encontrados en el area que este mensiona, pero una de las cosas que estas declaraciones dejarian muy claro, es todo lo que el gobierno de los Estados Unidos estuvo involucrado, tanto como en su captura así como en quienes fueron en realidad los que se encargaron de dar la orden de su ejecución, así como también de todo lo involucrado que estos estuvieron en el intento por sabotear el triunfo de la revolución, al apoyar a estos exiliados en el planeamiento y el financiamiento de la fallida invasión a Bahía de Cochinos en abril de el año 1961.

Otro de los grandes acontecimientos de el año 2007, vendria a ser la conmemoración de la muerte de este gran idolo revolucionario, por lo que después de ya 40 años de su muerte, su imajen continua dando mucho de que hablar, esto debido a que la gente de todo el mundo continua admirando el ideal de este personaje y esto lo hacen de generación tras generacion y más que todo debido a que dicha imajen continua siendo exivida tanto como en camisetas y posters, así como en una inmensa cantidad de artículos de coleccion por todo el mundo y la cual en algunos lugares despierta la curiosidad de mucha gente, las que muchas veces sin saberlo relacionan dicha imajen de este gran idolo revolucionario con la de una estrella de rock, incluso yo personalmente he hablado en algunas ocaciones con muchachos de corta edad, a los que yo habria observado vistiendo camisetas con el simbolo de El Che, a los que a la hora de yo preguntarles si saben quien fue, o lo que significó para el mundo la persona en dicha camisa, ellos me llegarian a responder que no saben quien fue, pero que si les llamo la atención el ver a mucha gente en diferentes lugares de el mundo usandolas, y que ese era el motivo por el que ellos también compraban las camisas con dicho simbolo.

Otra de las cosas que también mucha gente se pregunta cuando ven dicha imajen es ¿que es lo que en realidad representa esta imajen o este personaje?, siendo esta una pregunta que para personas de diferentes generaciones biene a tener un significado muy diferente, ya que para algunas personas, esta imajen lo único que representa es un mensaje de rebeldía política y el cual en estos tiempos talvéz no sean muchos los que comparten dicho mensaje, pero que a pesar de más de cuarenta años de la inmortalización de el rostro de este gran icono revolucionario, este a pasado a ser un simbolo de idealismo y de libertad para millones de personas alrededor de todo el mundo, y para otros pocos este también representa un simbolo de odio.

Pero como lo dijera el propietario de una tienda situada en la ciudad de Unión City en el estado de Nueva Jersey, que al hacercele la pregunta de lo que para el significaba el tener esas camisas en exivicion en las vitrinas de su tienda, el lo que responderia fue que el motivo de tenerlas en exivicion era por que estas se vendían mucho, ya que sino se vendieran eso para el no tendria ningún significado.

Otra de las preguntas que mucha gente se hace al ver dicha imajen es la ¿que de donde surgio esta imajen?, y la verdad o respuesta a dicha pregunta no son muchos en el mundo en saberla y la cual es que esta fotografía, que con la muerte de el comandante guerrillero "Ernesto Che Guevara" llegaria a tomar toda la fama que tomaria por todo el mundo, fue tomada por el señor fotógrafo Alberto Korda, en el año 1960 en el momento en el que este comandante se encontraba en un momento de meditación mientras asistia a el funeral, de los más de cien cubanos muertos en la explocion de un barco belga en el puerto de la habana, de la que estos lideres cubanos culparon directamente a el gobierno de los Estados Unidos y es aprovechando un descuido de el comandante guerrillero que este fotógrafo aprovecha el momento para tomar esa foto, que seria la que a la muerte de "El Che, inmortalizaria su imajen y su vida para siempre.

Este señor fotógrafo fallece en el año 1998 en la ciudad de la Havana en Cuba y era a el a quien le pertenecen los derechos de dicha imajen, la cual el se encargaria de que esta se hiciera muy famosa por todo el mundo después de la muerte de este gran comandante guerrillero y de todos sus compañeros haber sido ejecutados en el poblado de nombre la higuera en su fallido intento por desarrollar un foco guerrillero en ese país suramericano, los que habrian sido ejecutados por las fuerzas armadas de dicho país bajo las ordenes de el gobierno norteamericano y los cuales después de su ejecución fueron sepultados en una fosa comun para así tratar de borrar la huella de dicho crimen y también hacer que toda la gente, más que todo a la de latinoamerica que en esos días era la que más admiraba a este gran hombre por su forma de luchar en contra de las dictaduras de esos tiempos y la que siempre mantuvo la esperanza de que algún día este llegara a sus países a luchar por liberarlos de esa clase de gobiernos represores, pero la realidad a todo esto y para toda esta gente vendria a ser cuando este es ejecutado en Bolivia un día 9 de octubre de el año 1967, y la prueba principal también vendria a ser cuando los restos de este personaje son descubiertos en el mes de noviembre de el año 1995, ya que después de varios años de investigaciones estas por fin permitieron encontrar dichos restos los cuales fueron repatriados a Cuba, donde reposan desde el día 17 de octubre de el año 1998 en un monumento construido a su honor en la ciudad que lo vio nacer heroicamente luchando por su libertad "Santa Clara", siendo así que después de todos los acontecimientos ocurridos durante la conmemoración de los 35 años de su muerte, ya que para este tiempo en que ya sus restos estarian descansando en un lugar apropiado, esto volveria a levantar el espíritu de todos los revolucionarios de todo el mundo, ya que para la celebracion de los 35 años de su ejecución, la imajen de El Che volveria a tener el mismo auge y fama que habria obtenido después de su muerte, pero la única diferencia vendria a ser que en esta ocasión todo eso vendria a ser de una forma un poco más comercial, ya que debido a toda la gran popularidad que esta celebracion le volveria a dar, mucha gente alrededor del mundo se daria a la tarea de comenzar a explotar comercialmente dicha imajen y la cual a partir de esos días se comenzaria a ver en miles de formás de objetos y en muchas formás de arte, que era como toda esta gente buscaba la manera de sacarle la mayor ventaja económica posible a la explotacion de esa imajen.

Pero el suceso más importante que contribuiria con dicho auge comercial seria en el año 2004 con la produccion de la pelicula "Díarios de motocicleta", la cual dio a conocer a todo el mundo los viajes que El Che habria realizado por toda sur america a unos años antes de unirse a la revolucion cubana, la que seria la que habriria el camino a esta gran comercializacion de dicha imajen.

Viniendo a ser todos estos acontecimientos los que me impulsarian a inspirarme en ir a muchos lugares con la idea de obtener toda clase de articulos con la imajen de El Che que se estarian fabricando en diferentes partes del mundo, dando todo esto a que a mi, se me ocurriera la idea de escribir este libro, el cual a parte de conmemorar los cuarenta años de la muerte de este gran comandante guerrillero, este también lo comienzo a escribir con el motivo de poner al día a todos los compañeros revolucionarios de todo el mundo, de los últimos acontecimientos ocurridos en los últimos años.

Esto debido a que después de que el señor escritor mexicano Jorge. G. Castañeda publicara su libro titulado "Compañero" en el año 1998, y despues de el libro publicado por el señor Gustavo Villoldo en el año 1999 titulado "Che Guevara el final de un mito", han sido muchos los acontecimientos ocurridos y los que tienen mucha relación con la historia de este famoso "comandante guerrillero".

Espero que la historia e información que incluyo en las siguientes paginas, sean de el mejor agrado de todos los admiradores y seguidores de este gran comandante guerrillero, ya que de esta inmensa gama de información y de todas mis experiencias vividas, fue que nacio toda la inmensa cantidad de articulos de mi coleccion personal, los cuales tambien hacen ver la gran cantidad de articulos de este personaje que se pueden comprar y adquirir por quien sea en diferentes partes de todo el mundo.

Uno de los grandes acontecimientos que marcarian el comienzo de la conmemoración de los 40 años de la partida de este famoso guerrillero, vendria a ser una gran exivición que se llevaria a cabo en una de las universidades más importantes de el estado de Nueva Jersey "Rutgers", en la cual se estaria presentando una gran variedad de obras de arte con la imajen de El Che a el público en general desde los días 15 de mayo hasta el día 8 de junio, la que fuera organizada por un reconocido historiador de dicha universidad, a el que cuando alguien le hace la pregunta de el ¿por que de dicha exivición?, este lo que responderia es que lo que lo inspiró a organizar dicho evento fue el motivo de que dicha exivición fuera para celebrar la vida de un hombre que habia muerto cuarenta años atrás y que a pesar de el tiempo esa imajen sigue muy viva para muchas personas alrededor de todo el mundo, y que ese es el motivo de el por que de dicha exivición.

Otra de las celebraciones que se llevarian a cabo en esos días seria una gran jornada cultural en el museo de arte e historia de el condado de el Bronx en la ciudad de Nueva York, en la que también se estaria presentando una gran variedad de obras relacionadas con la vida e historia de este gran revolucionario.

Pero de todos los acontecimientos sucedidos durante esta conmemoración, talvéz el más importante vendria a ser la publicación de el gran documental en el que yo habria tenido una gran participación, que también estudía los últimos acontecimientos sobre la vida de este personaje, y todo debido a la gran fama que mi coleccion de articulos de "El Che" me estaria comenzando a dar, ya que es mucha la gente por varios lugares de los Estados Unidos y de algunos países de latinoamerica que saben que talvéz yo sea la persona con la más grande coleccion de dichos articulos y lo cual me a abierto el camino a ser entrevistado en algunas ocaciones por diferentes medios de información en el area en que resido desde ya hace muchos años, por este motivo yo soy invitado a tener una muy buena participación en ese importante documental.

El cual me brindaria la oportunidad de llegar a recolectar mucha más información para la creacion de mi libro, el que espero sea el suceso más importante durante la conmemoración de los 40 años de la partida de este comandante Guerrillero, ya que el titulo de este libro "Tras La Sombra de El Che Guevara", es inspirado más que todo en todas las cosas que yo hubiese vivido por varios años y las que también son experiencias compartidas por todos mis compañeros revolucionarios de diferentes partes de todo el mundo, esto debido a que ahora en el siglo 21 no es fácil llevar una vida de revolucionario sin tener que pagar las consecuencias de mucha ignorancia, ya que como lo explicara en paginas anteriores, desde el primer día en que yo comenzara a vivir mi vida tras la sombra de el che, yo habria llegado a ser víctima de diferentes clases de atropellos bervales por diferentes lugares, pero de los cuales siempre supe como salir adelante, gracias a ser una persona de un ideal muy claro y definido, ataques de los cuales la mayoría vendrian de parte de algunos exiliados cubanos que son los que más odían la ideologia de este personaje, pero teniendo como recompensa después de todos estos incidentes, de haber llegado a conocer a mucha gente, los que después de todos estos hechos me hacian ver el gran respeto y admiracion que sentian por mi, después de ellos haberme visto personalmente con la valentía con que siempre defendía mi ideal.

Otra de las cosas que a mi me llegaria a llenar de mucha satisfaccion en esos días, seria que muchos jóvenes se me acercarian a preguntarme sobre la historia de El Che, y con los que siempre llegaria a tener unas largas conversaciones, en las que yó les haria saber entender a ellos, todos los aspectos positivos y también los negativos sobre la historia de este famoso personaje, por lo que después de estas largas conversaciones, estos muchachos quedaban completamente satisfechos de poder saber desde ese día lo que El Che significaba para el mundo.

Otra parte muy importante que yo incluiria en esta historia es relacionado con la cantidad de personalidades famosas de el mundo de el espectaculo y deportivo que en más de una ocasión habrian recurrido publicamente a demostrar la gran admiracion que ellos sienten por este gran idolo revolucionario, siendo uno de ellos y el que talvéz vendria a ser el pionero en implantar dicha moda, el gran jugador de futbol Diego Armando Maradona de la seleccion nacional de Argentina, quien después de verse involucrado en algunos escandalos relacionados con el consumo de drogas se ve obligado a retirarse de este deporte y es también obligado a asístir a muchas clases de tratamientos de reabilitacion contra el consumo de drogas, siendo esto lo que a él lo impulsa en una de esas ocaciones a internarse en un hospital especializado en esa materia en la Havana Cuba, donde el llegaria a recibir uno de los mejores cuidados medicos disponible en todo el mundo y donde al él encontrarse por un buen tiempo en este país, el comenzaria a tener una muy buena amistad con el comandante Fidel Castro, relación de amistad que con los meses se fue fortaleziendo de una forma tan estrecha, que con el tiempo llegó a hacer que estos dos personajes compartieran mucho tiempo juntos, y que esto hiciera que después de un tiempo este famoso jugador declarara publicamente su gran amistad con el gobernante Cubano y también su gran admiracion por el sistema que este habria implantado en este país, siendo así que un tiempo después de ellos comenzar esa gran amistad y de este jugador estar viviendo por un largo tiempo en esta isla, a finales de la decada de los noventas, este de repente aparece en diferentes programás de televisión de todo el continente americano, enseñando un tatuaje de El Che que el se habria hecho en su brazo derecho y el que al hacerle la pregunta, de el por que de dicho tatuaje, este respondiera que este se lo habia hecho como un homenaje y por el gran respeto que sentia por este gran revolucionario, siendo el de esta forma el primero de los personajes famosos de el mundo deportivo en lucir con un gran orgullo dicha imajen.

Después de Maradona el segundo personaje de el mundo deportivo en plasmar esa imajen en su cuerpo vendria a ser el gran campeón mundíal de boxeo de los pesos pesados Mike Tyson, quien después de unos años de ser el campeón absoluto en su peso y quien a principios de su carrera no tenia ningún tatuaje en su cuerpo, pero al este comenzar a llevar una vida de millonario, también comienza a llevar una vida muy desordenada, todo esto ocacionado por la fama que obtendria al llegar a convertirse en un boxeador muy bien pagado, siendo todos estos factores los que contribuyen a que este comenzara a consumir diferentes clases de drogas y también a consumir mucho alcohol, y que a todos estos vicios se le sumara el hecho de que este también comenzara a malgastar gran parte de su fortuna en mujeres, lo cual seria que en muy poco tiempo lo llevara a tener serios problemás con la ley, por lo que este poco a poco fue cayendo en un estado descontrolado en su vida y comenzaria a comportarse de una forma muy rebelde por donde quiera que iba, por lo que después de un muy buen tiempo y de mucho mal comportamiento con las autoridades, este comienza a ser acosado por estas, de tal manera que este también comenzaria a sentir mucho odio por el sistema de gobierno de su país, siendo por eso que en una de sus ultimás peleas por un campeónato mundíal que el tendria programada para finales de el año 1999, este a la hora de ser presentado a salir a el cuadrilatero, lo hace luciendo unos grandes tatuajes con la imajen de El Che Guevara y otro de Mao Sedong plasmadas en su estómago y el que a la hora en que le preguntan en una entrevista el motivo de haberse tatuado esas dos imajenes, este responde que esto lo habia hecho para enseñarle a la gente de los Estados Unidos, que en otros países de el mundo si existen gentes, que si han luchado por la verdadera libertad y democracia de el mundo y no como lo que hace el gobierno de su país, que como el mismo lo declarara, lo único que este hace es engañar y explotar a los países más pobres, llegando a despertar él en esos tiempos con esas declaraciones, más rencor por parte de el gobierno y de las autoridades en contra de su persona, ya que debido a todo esto el comenzó en esos días a recibir mucho más acoso de parte de todas las autoridades de su país, pero logrando el también con esta accion, ganarse el respeto y la admiración de todos los que de verdad somos amantes de la verdadera libertad y democracia.

Otro de los sucesos de mucha importancia que ocurriria en esos días, fue el hecho de que como ya en esos días nos encontrabamos viviendo los últimos días de el siglo 20, en el año 1999 el grupo de rock mexicano El Tri saca a la venta un CD titulado Fin De Siglo, en el que ellos hacen un gran homenaje a algunos personajes y a algunos sucesos de mayor trascendencia durante ese siglo, y como ya es muy conocido por toda latinoamerica, la gran admiración que el dueño y fundador de este grupo "Alex Lora" tiene hacia El Che, por lo que este no dudaria en rendirle un homenaje, al incluir su nombre en una cancion titulada Fin De Siglo y donde el también incluiria su imajen en la portada de este CD, logrando con esto volver a dar mucha popularidad entre todos los jóvenes a dicha imajen, y a mantener muy vivo el espíritu revolucionario de todos los revolucionarios de todo el mundo, a todo esto también contribuiria que cuando este grupo comienza una gran gira por todo el continente americano, este en su escenario también incluiria una gran bandera de El Che Guevara, lo cual seria algo muy bonito de admirar a la hora de estar frente a el escenario, logrando con esto que mucha gente asístiera a sus conciertos para así tener la oportunidad de admirar esa gran imajen, por que como de todos los personajes de esta historia, es muy conocido que el cantante de este grupo no niega su gran admiracion y respeto por El Che y por todo lo que este hizo por tratar de evitar que todos los pueblos de america latina cayeran bajo el dominio de el imperialismo, el que también en algunas de sus canciones siempre usa un pequeño espacio para hacer más de alguna protesta política en contra de dicho gobierno, siendo esto algo que el no lo hace solo con el gobierno de los Estados Unidos, sinó que también hasta con el mismo gobierno mexicano, debido a que este es y a sido por muchos años, uno de los gobiernos más arrastrados con el gobierno de los Estados Unidos y el cual biene a ser otro gobierno que tampoco vela por los intereses de su población más pobre y necesitada.

Otro grupo que también vendria a unirse a esta ola de famosos que admiran sin ninguna reserva a El Che, es el grupo de rock

"Rage Against The Machine", los que también desde su inicio comienzan a mostrar en sus escenarios grandes banderas con esta imajen, grupo de el que su cantante se llegara en muy corto tiempo a hacerse muy famoso en todo el continente americano, por su gran participación en actividades políticas y sociales, siendo una de ellas su gran apoyo brindado a el movimiento revolucionario de México, el que lleva el nombre de ejercito zapatista de liberacion nacional (E-Z-L-N) el cual es encabezado por el sub comandante Marcos y que surgiera a la luz pública el día primero de enero de el año 1999, ya que desde el inicio de dicho movimiento revolucionario, el cantante Sack Rocha comenzaria una gran amistad con el líder de esta organización revolucionaria, dandose este a la tarea de iniciar a informar a todo el mundo durante todas sus giras, el nacimiento de este nuevo movimiento revolucionario, y a quienes el incluso comenzó desde esos días a brindar mucha ayuda económica, llegando en esos días a realizar algunos conciertos, en los que todo lo recaudado seria utilizado para donarselo a esta organización armada, dandoles a estos toda la fuerza y popularidad mundíal que tanto necesitaban, para así seguir adelante en su lucha en favor de la gente más pobre y necesitada de todo ese país.

Otra de las formás que este grupo utilizaria para demostrar su gran admiración y respeto hacia El Che, es que ellos utilizarian su imajen en una de sus camisetas, de las cuales esta vendria a ser una de las más vendidas en todos sus conciertos.

Por otro lado una de las personalidades famosas en tener un fuerte altercado con la comunidad de exiliados de la florida, fué el mundíalmente reconocido cantante y guitarrista Mexico-Americano "Carlos Santana", debido a que este durante una presentación que haria durante una entrega de premios, y esto es por el motivo de el en esa ocasión aparecer en televisión luciendo una camiseta con la imajen de El Che, siendo después de esto que toda la comunidad cubana exiliada de miami se lanzó contra su persona, criticandolo de ser un comunista y un mal educado, al usar esa imajen en un programa que el sabia seria transmitido a nivel mundíal, los que incluso al día siguiente de esto haber ocurrido, exigieron de parte de este que se disculpara publicamente por haber cometido ese error, incluso amenazandolo con boicotear algunos de sus eventos y las ventas de sus discos, por lo que a este artista no le quedó en esa ocasión otra alternativa, más que la de salir en un famoso programa de televisión muy popular y reconocido y visto en todos los países de latinoamerica, en el que cuando uno de los presentadores de dicho programa le hace la pregunta respecto a la indignacion que el habria causado en esta comunidad, lo que él le responde muy tranquilamente a este reportero de una forma muy inteligente y esta es que el toda su vida a sido un gran admirador de "El Che Guevara", y que el no sabia que este fuera un gran asesino, sinó que todo lo contrario, ya que este se hizo muy famoso por su forma de luchar en contra de la injusticia de todos los gobiernos, en contra de la gente más pobre y que esto no lo convertia en ningún asesino, procediendo el a decir que si él al haber aparecido con dicha imajen habia ofendido a esta comunidad, el lo que dijo fue que si les pedía perdon por lo sucedido, pero que eso no cambiaria su forma de pensar al respecto de este personaje haciendo esto el con un doble sentido, ya que a la véz que les pide perdon a estos, al mismo tiempo les hace saber lo de su forma de pensar, siendo esto algo que esta gente tendria que aceptar, ya que una imajen no se puede comparar con la forma de pensar de cualquier persona.

Otra de las personalidades famosas envuelta en un caso similar vendria a ser la popular cantante mexicana "Thalia", la que en el año 2006 causaria una gran polemica con esta misma comunidad de exiliados cubanos, y todo sucede cuando en una ocasión esta tendria que ser entrevistada por un canal de televisión y cuando esta aparece lo hace usando una gorra (cachucha como se conoce en algunos países de america latina), con la imajen de El Che, y que al día siguiente de su entrevista esta comunidad se lanzaria en su contra de la misma forma como lo habrian hecho con Carlos Santana, no quedandole a esta otra alternativa más que la de aparecer en ese mismo programa pidiendole perdon a toda esta gente, a la que dijo en su explicación por lo sucedido que ese habia sido un regalo que le habia dado un fan y que ella ni sabia ni quien era ese personaje, pero diciendo a la véz que pedía perdon a todos los ofendidos por este mal momento causado por su ignorancia al respecto de esa imajen.

Otra de las personalidades famosas que vendria a mostrar con gran orgullo su admiración por El Che, seria el delantero de la seleccion nacional de futbol de Uruguay, ya que este en el partido celebrado en la ciudad de Maracaibo en Venezuela, el cual fue un partido de cuartos de final de la copa america 2007, la cual se habria celebrado en Venezuela durante el mes de julio, y en ese encuentro se habrian enfrentado las selecciones nacionales de Uruguay y la de el país anfitrion Venezuela, y lo que sucede al transcurrir unos minutos de el segundo tiempo de ese encuentro, donde el marcador se encontraba hasta ese momento empatado uno a uno, es que este jugador en un momento de descuido de la defensa de el equipo Venezolano, aprovecha y saca un tremendo disparo de larga distancia que agarra desprevenido al portero de esa seleccion y le anota lo que vendria a ser uno de los goles más bonitos de dicho campeónato, el que a la hora de celebrar su anotacion, lo que hace es salir corriendo desde el centro de el campo de juego hacia la orilla de ese campo, donde se encontraban apostados muchos de los reporteros que se encontraban cubriendo ese encuentro, y este con mucho orgullo se levanta la camiseta y comienza a enseñar los tatuajes de El Che y de Simon Bolivar que trae plasmados en su brazo derecho, llegando este a ser uno de los últimos personajes famosos que no ocultaria su gran admiracion por este gran Guerrillero amante de la libertad y de la lucha por los derechos de la gente más pobre y desprotegida de nuestro continente.

Por lo que después de este último, el último suceso de mucha importancia a nivel mundíal vendria a ser, que el día domingo 12 de agosto de este mismo año 2007, el famoso y mundíalmente visto programa de caricaturas "Los Simpsons", le dedicaria todo el episodio de ese programa, para hacer una satira de Fidel Castro en la que el personaje principal de dicho programa se ve obligado a escapar de los Estados Unidos, llegando este a Cuba, pero lo que sucede aya es que cuando el logra llegar a la Havana, este se topa con Fidel Castro y este le roba el billete de un trillon de dolares que es por lo que huye de los Estados Unidos, para que el gobierno no se lo quite, pero lo más importante de el show es que cuando este se encuentra en una oficina, este ahí ve al Che Guevara, al que ellos personifican con una cerveza en una mano y con un puro de tabaco en la otra, poniendolo como un vicioso, por lo que ellos terminan ese episodio, de que al este ser robado, no le queda de otra más que regresarse a los Estados Unidos en una balsa, burlandose de esa forma de el metodo usado por todos los que deciden abandonar esa isla.

Ya en el mes de octubre que es el mes en que se llevarian a cabo todas las celebraciones de el cuarenta aniversario de la muerte de el comandante guerrillero Ernesto El Che Guevara, todo comienza el día siete de octubre con un gran reportaje que es transmitido a toda latinoamerica, por el famoso programa de televisión "Primer Impacto" de la cadena de televisión Univision, el cual es sobre un restaurante museo que se encuentra en la ciudad Boliviana de Vallegrande, en el que se puede observar una gran variedad de articulos de coleccion de este personaje, restaurante en el que también todos los utencilios usados han sido fabricados con la imajen de este famoso idolo revolucionario.

Para el día ocho de octubre se llevan a cabo en la ciudad de la Paz en Bolivia, como celebracion de el cuarenta aniversario, las celebraciones oficiales de dicha conmemoración, las cuales comienzan con caravanas y caminatas turisticas, incluso también se lleva a cabo un torneo de futbol y una gran ceremonia religiosa, por lo que todos estos actos continuarian hasta el día nueve de ese mes, que es cuando se cumplen exactamente las cuatro decadas de el asesinato de este personaje en manos de el jefe de el ejército Boliviano Mario Teran, en la famosa aldea de nombre La Higuera, donde también se reunirian miles y miles de admiradores de "El Che", donde en una entrevista realizada por la agencia de noticias EFE a el director de la fundacion "Che Guevara" en bolivia Fernando Valdivia, este explicaria que desde ese día se celebraria en ese lugar dicha conmemoración, la que vendria siendo celebrada desde el año 1997, con delegados de Argentina, Brazil, Cuba, Chile, Perú, Uruguay, México, Venezuela, Italia y una gran cantidad más de países latinoamericanos y de algunas otras partes del mundo, Según el señor Valdivia, esto no se haria como una celebracion de recordacion nostalgica del Guerrillero, sino que como una recuperación de ideas concretas para avanzar en los ideales de "El Che", todo esto en busca de "la unificacion y el fortalezimiento de la lucha de nuestro continente", llevandose a cabo dicha reunión en la ciudad de Vallegrande, población que esta situada a 770 kilometros al sureste de la ciudad de la Paz, donde los restos de El Che estarian durante 30 años, hasta que estos fueron repatriados a Cuba en el año 1997.

Por lo que el día martes nueve de octubre se llevaria a cabo un acto "político- religioso- cultural", en el que habrian participado representantes "de la teologia (medicos religiosos aimaras), en un encuentro que seria inedito en esta historia", Según el señor Valdivia, en esa ceremonia se hablaria de la "resurreccion del che", con invocaciones a los usados por los aimaras, etnia a la que pertenece el señor presidente Boliviano Evo Moralez, esto pese a que El Che era ateo y por tanto este no creia tener alma, pero su figura y su tragica muerte han alimentado una gran creencia entre los campesinos de la region que estos le prenden velas y le piden milagros, siendo esto algo que si El Che estuviera vivo no desaprobaria todas esas expreciones en su honor, ya que El Che fue un hombre lleno de mucho amor así como también fue un buen Guerrillero.

Uno de los actos principales se habria celebrado el día lunes ocho de octubre, en vallegrande exactamente en la pista aerea donde el ejercito Boliviano y la C.I.A habrian enterrado sus restos y donde ahora alli hay un gran monumento en su memoria, el cual fue erigido con la colaboracion de conbatientes que pelearon junto a el por mucho tiempo.

El nacionalista, indigenista e izquierdista presidente Boliviano Evo Morales anuncio que al visitar este lugar, el lo hacia para rendir un gran homenaje y demostrar su gran admiracion y respeto a este Guerrillero "simbolo de igualdad, justicia, honradez y dignidad", por lo que el dijo muy claro que la única diferencia entre ambos, es que "El Che" Buscó la igualdad y justicia por medio de las armás, y que el, esto lo hace por medio de la democracia y la lucha política pacífica. Ese día domingo 7 de octubre habria partido de vallegrande rumbo a la higuera una gran caminata en forma de romeria, para así el lunes llevar a cabo en ese lugar la dispúta de un gran torneo de futbol, el cual llevaria el nombre de la "copa Che Guevara", donde también desde ese día se llevarian a cabo recorridos turisticos en los que se intentaria llegar a todos los lugares más reconocidos por este Guerrillero durante su aventura en Bolivia.

Tambien se habria llevado a cabo visitas a museos Guevaristas y a la ciudad de pucará, que fue donde los militares Bolivianos tuvieron su base central junto con la gente de la C. I.A cuarenta años atrás en los días en que efectuaron la operacion de captura y ejecución de este famoso comandante Guerrillero.

También en cuba a la hora de celebrar los cuarenta años de la partida de este gran Guerrillero, alli todo comenzaria con actos de conmemoración por todo el país, pero el acto principal se llevaria a cabo en la ciudad de Santa Clara, que es donde se encuentra el monumento memorial que lleva el nombre de "El Che" y el cual guarda sus restos, donde a ese lugar llegarian delegaciones de muchos países del mundo, principalmente de El Salvador, México, Venezuela, Bolivia, Nicaragua, Chile, Ecuador, Argentina y de muchos otros países más, ceremonia de recordacion en la cual todo se centraria en revivir el espíritu revolucionario de la juventud de todos estos pueblos, para así mantener muy viva la imajen y el espiriru de lucha y libertad de este gran Guerrillero.

Otro de los grandes eventos que también se llevarian a cabo el día de la conmemoración de este aniversario, seria uno en la ciudad de San Francisco en el estado de california, el cual habria sido organizado por el partido de izquierda de El Salvador "F.M.L.N "los cuales llevarian a cabo una gran jornada político cultural, en la que el centro principal seria la celebracion de la caida de este gran comandante Guerrillero, jornada en la que se llevaria a cabo un concurso de poecia y música, para tambien recordar a este guerrillero como si este nunca hubiera muerto, sinó que como un simbolo que todavía vive en los corazones de toda la gente de el mundo, que aun viven sus vidas tratando de llevar y de vivir con su gran ejemplo.

Ya para terminar con las celebraciones de el aniversario numero cuarenta de la muerte de el comandante Guerrillero cubano- argentino Ernesto El Che Guevara, esto vendria a ser de la forma más inesperada que todo el mundo se pudiera imaginar, ya que a principios de el mes de noviembre el señor ex agente de la C.I.A que a principios de año habria anunciado a todo el mundo sobre el mechon de pelo perteneciente a El Che que el tenia en su poder y después de que este habria asegurado que los restos de El Che que se encuentran en el mausuleo de santa clara no son los de El Che, este en el mes de noviembre reaparece y esta véz con la propuesta de poner en subasta los articulos pertenecientes a este famoso Guerrillero que tiene en su poder, incluyendo el mechon de cabello el cual él en todo momento habria asegurado no estar interesado en ninguna clase de dinero, pero en esta ocasión aparece pidiendo la cantidad de cien mil dolares a la persona interesada en obtener estas valiosas piezas de colección, las cuales hasta ese día no se sabia si en realidad pertenecian a este personaje, pero las cuales aun así fueron objeto de mucho interes de personas interesadas en tener en su poder estas piezas tan historicas, las cuales fueron subastadas en la ciudad de dallas texas en el mes de noviembre y las que fueron compradas por un reconocido empresario de esa ciudad, causando esta subasta una gran polemica debido a todo lo que este señor habria declarado unos meses antes con esta controvercia.

Es así entonces que al llegar al fin de esta historia lo único que me queda es desear a todos los que lean este libro, que les guste y lo disfruten mucho y que en unos cuantos años más esperen la continuacion de esta, para así explorar un poco más la historia de este gran personaje.

EPILOGO

La revolucion cubana fue un hecho histórico que no solo marcó al pueblo de Cuba, sinó que a toda latinoamerica y a gran parte de el mundo, la cual se llevó a cabo después de numerosos combates entre el ejército de el entonces presidente " Fulgencio Batista" y el ejército revolucionario de Fidel Castro y Ernesto "El Che " Guevara, logrando la victoria estos últimos en el mes de enero de el año 1959, siendo así que después de estos llegar al poder y comienzan a implantar un gobierno que comenzaria a velar por los intereses de la clase más desprotegida de ese país, dichos cambios tanto sociales así como políticos comenzarian a verse no solo en este país, sinó que estos también llegarian a impactar de gran manera a todos los países de latinoamerica, ya que debido a todos estos cambios positivos que esta revolucion le traeria a el pueblo cubano, todos los movimientos revolucionarios de america latina tomarian con los años a esta revolucion cubana como un claro ejemplo de que cuando el pueblo se une y lucha todo puede ser posible, haciendo de esta forma que a unos pocos años de esta revolucion, más toda la inspiración que dejaria "El Che Guevara" con su muerte, todos estos movimientos revolucionarios, ya en la decada de los ochentas se dieron a la tarea de iniciar algunas revoluciones en casi toda la mitad de los países latinoamericanos, teniendo esto como consecuencia que en todo el continente se desatara una gran violencia militar, la que también causaria la separacion de muchas familias, de las cuales en la mayoría de casos sus hijos tuvieron que verse obligados a tener que emigrar a diferentes países de todo el mundo, tal como fue el caso mio, que después de haber vivido muchos problemás políticos, tuve que verme en la triste necesidad de tener que abandonar a mi familia y a mi querida patria, para irme en busca de un futuro mejor y diferente, tanto para mi, así como para toda mi familia.

Otro de los hechos que estas revoluciones causarian en todo el continente, seria el que al varios países encontrarse en guerras civiles, todos esos gobiernos recurririan a combatir a estos movimientos revolucionarios de una forma muy cruel y despiadada, ya que al ver todo el apoyo que estos recibian de toda la población civil, estos gobiernos al verse en peligro de perder el poder, lo que comenzarian a hacer para evitar que esto sucediera, fué que formarian escuadrónes de la muerte, los cuales se encargarian de secuestrar a toda aquella persona que para ellos representaba alguna amenaza o peligro para sus respectivos gobiernos, siendo de estos los jóvenes los más afectados, ya que estos serian los que más apoyarian a todos estos movimientos armados en todos los países latinoamericanos, y estos vendrian a ser por tal motivo el objetivo principal de estos escuadrónes de la muerte, ya que en la decada de los ochentas, serian miles y miles los que desapareserian de la fas de la tierra en manos de estos asesinos, y de los cuales también son miles y miles de historias por todos los rincones de el continente, donde se sabe de gente que fueron sacadas de sus casas y nunca más se supo de sus paraderos, países de los cuales a pesar de todos los años transcurridos, sus gobiernos actuan como si todo esto nunca hubiese ocurrido, siendo por tal motivo que yo pido por este medio a todos aquellos señores que en su debido momento fueron miembros de estos escuadrónes de la muerte y participaron en el secuestro y desaparición de mucha de esta gente, por favor dejarme saber si saben de lugares donde existan fosas comunes donde se encuentren enterradas algunas de estas personas desaparecidas, y esto lo hago con un sentido humanitario y no con la intención de represalias, ya que esto es con el motivo de aliviar el dolor de todas estas madres que aun sufren por la perdida de sus seres queridos, la recompensa que yo ofresco por dicha información es de 2.500 dolares (dos mil quinientos dolares), y esto se hara en total anonimato, lo único que pido es que esta información condusca a encontrar fosas comunes que contengan restos de personas desaparecidas en cualquier lugar o rincon de toda latinoamerica, el numero al que se pueden comunicar es "011- 503- 220-3026" por favor hacer la llamada por cobrar desde cualquier país de america latina y preguntar por Douglas Fuentes, escritor de el libro ."Tras La Sombra de El Che Guevara".